L 法商大数据

— 保单案例裁判思维 —

AW QUOTIENT

BIG DATA

谭芳 桂芳芳 ◆著

新华出版社

图书在版编目（CIP）数据

法商大数据：保单案例裁判思维 / 谭芳，桂芳芳著 —北京：新华出版社，2017.11

ISBN 978-7-5166-3588-9

Ⅰ.①法… Ⅱ.①谭… ②桂… Ⅲ.①保险法—研究
—中国 Ⅳ.① D922.284.4

中国版本图书馆 CIP 数据核字 (2017) 第 269722 号

法商大数据：保单案例裁判思维

作　　　者：	谭　芳　　桂芳芳		

责任编辑：王　婷		封面设计：王雪晨	

出版发行：新华出版社

地　　　址：北京石景山区京原路 8 号	邮　　　编：100040
网　　　址：http://www.xinhuapub.com	经　　　销：新华书店
购书热线：010—63077122	中国新闻书店购书热线：010—63072012

照　　　排：众书网	
印　　　刷：北京柏力行彩印有限公司	

成品尺寸：170mm×235mm　　1/16	
印　　　张：20.5	字　　　数：290 千字
版　　　次：2017 年 11 月第一版	印　　　次：2017 年 11 月第一次印刷

书　　　号：ISBN 978-7-5166-3588-9	
定　　　价：98.00 元	

图书如有印装问题，请与印刷厂联系调换　　电话：63895881

主　　编：

　　　　谭　芳　桂芳芳

编委会成员：

　　　　孙祥武　张温文

　　　　刘佳佳　丁雪琴

序　言
preface

　　"欠债不还，离婚不分，诉讼不给"，是这些年的保险营销金句。有人信了，却发现客户好像不信，更逐渐发现法院也不信，越来越多的判决和我们的预期完全相反。我们开始迟疑动摇，我们开始犹豫担心，保险工具对财富规划的意义到底在哪里？

　　一份保单其实是一份复杂的法律合同，对这份合同的权利以及依据合同可以获得的保险金等价值应该如何处理，法律的规定可能未必明确，或者保险公司的规定和有的法律规定相悖。但是作为有专业要求和行业情怀的金融从业者，你一定希望给客户一份经得起时间考验的财富规划方案。

　　从两年多前，我们开始研究法商大数据，希望从法院的海量判决中找到司法裁判的思路。我们一起进行案例检索，从几十个有效案例开始研究，形成一篇篇小文章，再从几百几千个有效案例开始分析，制作了一个个裁判大数据报告。我们研究的主题，有离婚保险分割，保单强制执行，投保人如实告知义务，保单当事人死亡处理，以及信托中的受托人义务等。这两年，我们已经形成了几百万个案例的数据库，而且还在持续更新中。

大数据，又称巨量资料，指的是所涉及的数据资料量规模巨大到无法通过人脑甚至主流软件工具，在合理时间内达到撷取、管理、处理，并整理成为帮助企业经营决策等目的的资讯。[①] 由此可见数据量大、种类多以及数据价值大是大数据的特点。法律行业的大数据在秉承大数据基本特点的同时，又具有其他行业不同的特点。比如作为法律行业主要数据载体的裁判文书和裁判观点，就裁判文书本身是巨大到无法计算的，但因法律行业的种类和具体法律要点的不同，法律数据又是可以获得的。

也许你会问，这些大数据有什么用？通过对法律大数据争议要点的整理和分析，不仅可以获得较为全面的争议种类和裁判要点，也能够为相关从业人员提供有价值的参考。大数据时代，我们需要让数据自己发声。大数据预测能给我们一个更安全高效的社会，有了法商大数据，我们能通过数据统计预判财富新趋势，还能通过典型案例读懂个案背后的裁判思维，帮助我们科学地进行保单规划。

也许你又会问，我没有那么多时间阅读大数据报告，怎么办？没关系，我已经为你进行了分析整理，形成了统计报告，我还会根据大数据报告为你的保单与财富规划提供法律建议。

我们一起用大数据的结果进行法商会诊，找到自己信服又能帮助客户的方法，大家会发现从此以后可以更有底气地为客户进行保单规划了。

当然，大数据提供的不是最终答案，我们一直在持续更新不断精进，更好的方法和答案还在不久的将来，还在你我他，在每个人身上。用专业与情怀做事，我们终将成功。

[①] 张晓芳：《"大数据"时代对内蒙古人力资源管理的思考》，《内蒙古统计》，2013 年 8 期。

目　录
contents

第三章　人寿保险是否能被强制执行

前　言

第六章　受益人死亡保险单处理

前　言

一

人寿保险
离婚分不分

BIG DATA

前　言

　　私人财富领域不断发展，保险正逐渐成为社会各界人士进行财富管理的重要手段。以家庭为单位的保险产品兼具有效理财、风险规避以及财富传承的多重功能，基于此，合理选择保险产品进行财富规划对家庭生活至关重要。因此，本章主要讨论大数据视野下离婚时夫妻保险分割的情况。

　　夫妻在婚姻存续期间对财产通常本着共同创造共同使用的理念，这也符合家庭生活的基本要求。但是，因为保险同其他财产不同，自身存在着特殊属性，倘若面临离婚的财产纠纷，保单分割就无法做到和其他财产一样泾渭分明。

　　离婚诉讼中的人寿保险涉及婚姻法和保险法两个法律分支，不论是出于维护法律公平正义的价值还是从解决财产纠纷的角度，必须做到两部部门法的兼顾。然而在当下的法律规定中，均没有关于离婚保险分割的具体条文，这也给实务中法院裁判提出了挑战。

　　离婚人寿保险分割的法律依据模糊，加上保险种类繁多，不同的保单又有不同的投被保人，这些设置均是影响保险产品分割的重要因素，再加上解决离婚纠纷的法官并不是全部精通保险的有关法律规定。面对这种情况，运用裁判文书的大数据分析来剖析问题的根源，总结法院裁判观点，对人寿保险从业人士和高净值人士的财富管理具有重大的参考意义。

　　本报告通过中国裁判文书网收集大量裁判文书，筛选对解决问题有参考价值的裁判文书，数据量虽少于其他行业内的大数据，但从五千余份数据中提取出的裁判观点和离婚人寿保险分割主要争议，却能够明确说明目前中国离婚保险财产纠纷的现状。

另外，通过对年限分布情况的分析，旨在发掘保险产品和金融行业的发展趋势；地域分布的现状展示人寿保险的市场分布和潜力；审理程序及主要案由的收集着力展示保单分割的时间节点和法律程序；保险险种的归纳一方面可以清晰地看到目前人寿保险产品的购买力度，另一方面能够掌握不同险种在离婚财产纠纷中的分割方法；最后，法院观点是大数据报告的重点，通过归纳不同案件情况下的法院裁判意见，掌握法律实务中的裁判标准，为理财人士和保险行业提供明确可参考的理财方向。

本报告采用法律行业新鲜度较高的可视化数据分析方法，用多张数据分析图呈现报告内容，复杂的法律关系不再是阻碍非专业人士理财的绊脚石。当汇集所有的法律问题之后，离婚保险财产分割的面纱也不再模糊神秘，而是清晰可见，帮助财富精英更加专业。

第一节　保险离婚分割案例大数据

一、全国离婚保险分割类裁判基本情况

（一）离婚保险分割类案件的数据来源

案例来源：中国裁判文书网、无讼案例

期限：2007 年至 2017 年 4 月 22 日（以最后一次访问裁判文书网为止）

法院：全国各级法院

限定案件类型：婚姻家庭纠纷

检索关键词：离婚、财产、保险

案例收集截止日期：2017 年 4 月 22 日

数量：采样 5119 件

其中裁判观点整理：717 件

【数据剖析】对于人寿保险离婚分不分，需要理解相关概念的内涵和外延，这也是进行数据采集分析的关键一步。为保证数据最大限度的精确和有效，检索关键词至关重要，本报告讨论的时间空间维度是 2007 年至 2017 年十一年间的中国除港澳台地区之外的各省份各级法院的裁判文书（不含民族语言裁判文书），检索关键词限定离婚、财产、保险，符合章节主要内容需求，在保险相关裁判文书中选取人寿保险可避免某些裁判文书对险种的表述模糊问题。在采样的案例中，符合人寿保险范围且有明确裁判观点的案件比例在稳定的范围内，由此，报告的数据来源和统计结果是有效的。

（二）离婚保险分割类案件的年度变化

案件数量

—— 案件数量

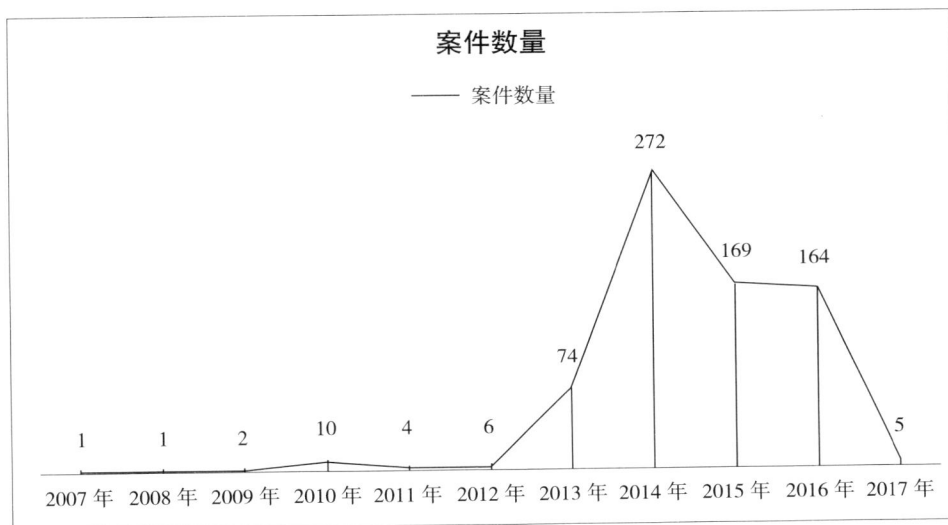

【数据阐明】根据案件数量年份分布图数据，2011—2012 年此类纠纷数量很少，2011 年 4 件、2012 年 6 件。2013—2016 年此类案件激增，2013 年 74 件，2014 年 272 件，2015 年 169 件，2016 年 164 件。

【数据剖析】2013 年 7 月，最高人民法院裁判文书网开通实施，因此 2013 年之前的裁判文书因为数据采集的影响，无法得出较明显的趋势。自 2013 年开始，离婚纠纷中保险分割案件持续增多，其中 2014 年到达阶段峰值。2015—2016 年保持相对稳定的态势，2017 年因时间尚不完整，无法直观得出发展趋势，但依照我国保险业发展，仍会保持稳定增长的态势。

根据保监会的数据显示，2014 年我国保费收入同比增速达到 17.5%，创下了国际金融危机以来的最高增长速度。与此相对应，保险公司的利润达到了同比增长 106.4%。2016 年，寿险业务原保险保费收入同比增长 31.72%；健康险业务原保险保费收入同比增长 67.71%；意外险业务原保险保费收入同比增长 17.99%。数据报告从 2007 年到 2017 年的统计年限也可以明显看出，人寿保险行业的发展空间和盈利尺度是其他行业无法比拟的，这也要求法律工作者和理

财人士在家庭财富规划中重点考量保险产品。

（三）离婚保险分割类案件的全国地域分布

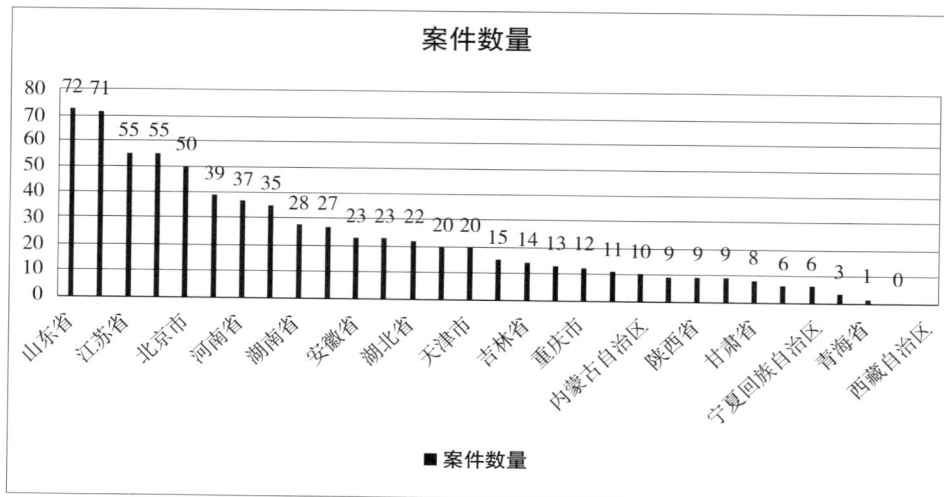

案件数量

【数据阐明】根据全国各地离婚保险分割裁判文书分布数据，山东省位居榜首，其余四位依次为：上海市、江苏省、河北省和北京市。

【数据剖析】从坐标可以看出保险产品的离婚分割在地域分布上有规律可循。沿海地区离婚保险分割类裁判要多于内陆地区，整体上东南部地区裁判数量多于西北部。究其原因，一方面人口基数和涉案人数存在地区差异，另一方面理财观念和保险产品市场的区域差异也是造成这项数据如此分布的原因。

（四）离婚保险分割类案件的审理程序概况

【数据阐明】在所有离婚涉及保险分割的案件中，一审程序占比74%，二审占比25%，重审和再审程序占比为1%。

【数据剖析】二审程序的比重较少，在统计案件时发现，单纯针对人寿保险财产分割的案件进入二审程序的比例更小，二审依法改判的情况鲜有发生。对此，我们认为一审依法公平裁判是二审占比较小的主要因素，是否存在当事人及法官对保险法及产品合同的不熟悉而放弃进一步的财产分割也尤未可知。总之，在购买和进行保险财富规划时明确各类利益，对各方利益和司法资源都是有百利而无一害的。

审理程序

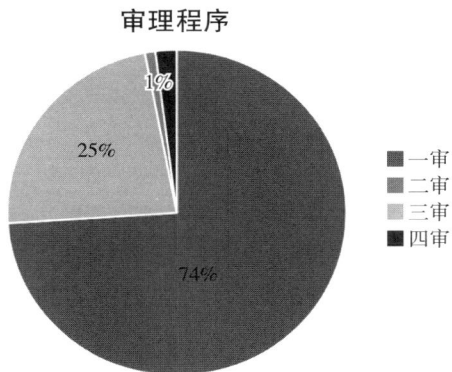

（五）离婚保险分割类案件的案由比例

【数据阐明】72%的保险财产纠纷是在离婚诉讼提起时提出的，28%为离婚后提起的财产分割诉讼。

【数据剖析】离婚案件的主要案由包括离婚时保险分割与离婚后保险分割，离婚时进行保险分割的事由主要是双方当事人进行协商，协商不成的，一方诉至法院，由法院进行裁决。

离婚后出现保险分割纠纷的事由有：（1）离婚时对共同财产没有进行分割，事后协商不成，诉至法院。（2）一方当事人不履行离婚协议中关于财产分割的约定条款或者当事人因离婚就财产分割达成的协议。

主要案由

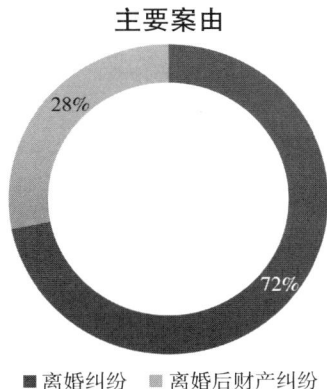

```
                              ┌─────────────────┐      ┌────────────────────────────┐
                              │  离婚时保险分割  ├──────▶│ 双方当事人进行协商,协商不成的,│
                              └─────────────────┘      │ 一方诉至法院,由法院进行裁决  │
                                      ▲                 └────────────────────────────┘
┌────────────┐                       │
│            │───────────────────────┘
│ 离婚保险分割 │                              ┌────────────────────────────┐
│            │                       ┌──────▶│ 离婚时对共同财产没有进行分割,│
└────────────┘                       │       │ 事后协商不成,诉至法院      │
                    ┌─────────────────┐       └────────────────────────────┘
                    │ 离婚后保险纠纷  ├───────┤
                    └─────────────────┘       │  ┌──────────────────────────────┐
                                              └─▶│ 一方当事人不履行离婚协议中关于│
                                                 │ 财产分割的约定条款或者当事人因│
                                                 │ 离婚就财产分割达成的协议     │
                                                 └──────────────────────────────┘
```

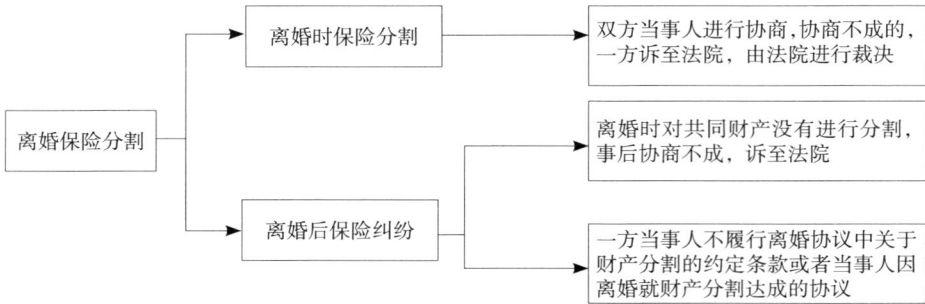

（六）离婚保险分割类案件的主要险种

【数据阐明】在统计过程中，涉案保险种类繁多，但投资型和储蓄型保险占比高，限于险种的分类问题，未列明具体占比。

【数据剖析】家庭收入常见的用途主要包括三个方面，即消费、储蓄和投资，消费对于家庭生活而言，属于刚性需求，在消费之外留有多余资金用于储蓄，储蓄的财富积累到达一定层次可将其中的一部分用于投资，以获取更高的收益来保值增值。

人寿保险在家庭生活中的配置目前也主要来源于这三种用途，在离婚的财产纠纷中，因为消费型保险的特性，一般身故或重疾时才会获得较高保险金，而报告主要针对的是夫妻二人离婚诉讼，消费型保险分割的情况极少。从大数据报告中可以看出，离婚诉讼或者离婚后财产纠纷中的占比最大的是具有高现金价值的保险。

（七）离婚保险分割类案件的争议点分析

【数据阐明】在离婚时的财产分割中，婚内购买的保险分割案529起，占所有案件的71%；为子女购买的保险分割及归属争议184起，占25%，对婚前购买的保险涉及分割纠纷的案件31起，占比4%。

【数据剖析】离婚时的财产分割最重要的两个问题是区分是否属于婚姻关系存续期间的共同财产以及涉及子女的保单的处理。具体而言，表现为婚内购买的保险是否属于夫妻间共同财产，婚前购买的保险在婚内缴费以及婚内领取的保险金是否属于夫妻共同财产，为子女购买的保险是否属于共同财产以及子女购买的保险应该如何缴费。

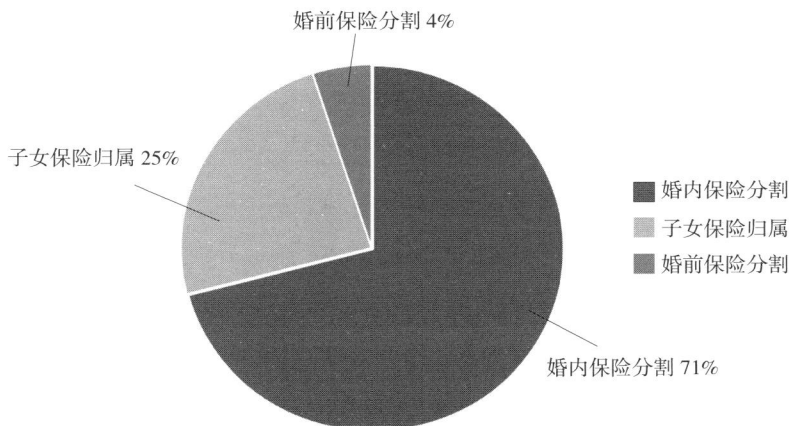

婚前保险分割 4%

子女保险归属 25%

婚内保险分割 71%

- 婚内保险分割
- 子女保险归属
- 婚前保险分割

其实，保险作为一种特殊的财产形式是有别于一般有形财产的，在离婚诉讼中的财产分割里，离婚时人寿保险的认定分为保险产品属性的认定和财产利益的认定两个部分，对为子女购买的保险是否认定为夫妻共同财产也是主要的纠纷争议点。这些纠纷争议的出现，与离婚保险涉及婚姻法和保险法不无关系。分析离婚保险纠纷的根本症结需要有先后顺序，理清何种争议之后再进一步讨论保险分类、婚姻法原则、保险法原则，这样的争议解决次序能够有效达成婚姻财产的分割。

二、离婚保险分割类裁判观点概览

（一）法院裁判观点综述

离婚保险分割在缺乏具体法律条文规定的情况下，出现了众多类型的裁判意见，涉及的类型大致包括在婚前购买的保险、在婚后购买的保险；一方在婚姻关系存续期间购买的保险、双方在婚姻关系存续期间的购买保险；保险合同中的当事人（投保人、被保险人、受益人）中某两方是同一人等等。具体裁判观点笔者已罗列于下文：

法院裁判观点一览

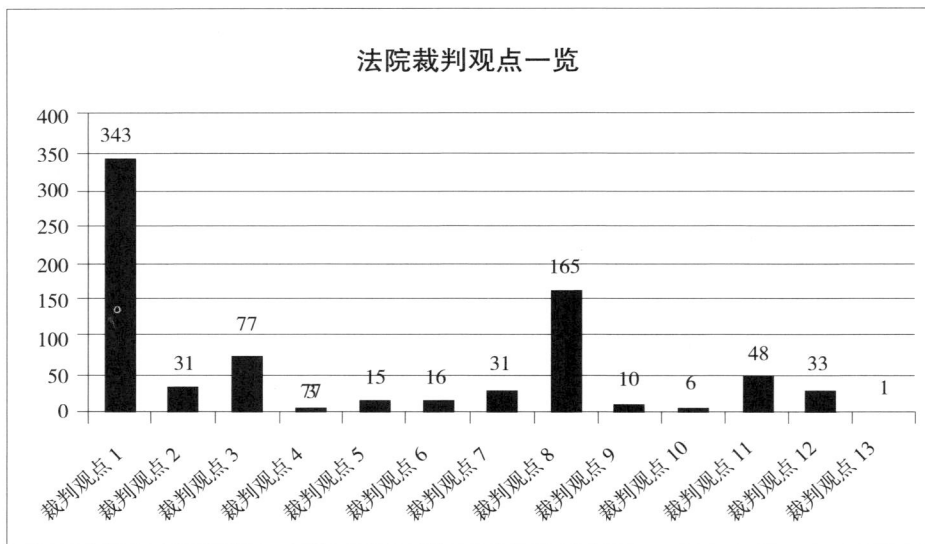

（二）法院裁判观点

1. 以共同财产所缴纳的个人保险费，投保人、被保险人、受益人均为夫妻双方中一方的情形

法院裁判观点①：投保人被保险人为同一人，给对方一半补偿款，或退保给对方补偿现金价值的一半。①

法院裁判观点②：夫妻双方互为投被保人，离婚后变更投保人，将保单转让给被保人，给对方一半补偿款，或退保，给对方补偿现金价值的一半；受益人为对方，离婚后变更受益人或退保，给对方一半补偿款。②

法院裁判观点③：夫妻双方在不同的保险中均分别作为受益人或领取红利，二人对保险合同均享有相应且大致相当的保险利益，各自所投保险归各自所有；若不相当，一方对差额予以补齐。③

法院裁判观点④：一方擅自投保且属于隐藏或转移夫妻共同财产的，分割

①【相关判例】（2014）闵民一（民）初字第 8238 号、（2014）绍嵊民初字第 1149 号

②【相关判例】（2016）鄂 1022 民初 539 号、（2016）苏 1102 民初 706 号

③【相关判例】（2015）浦民一（民）初字第 28775 号

夫妻共同财产时，可少分或不分。①

例外：婚姻存续期间购买的个人保险，法院认定为个人财产的情况

法院裁判观点⑤：认定缴纳的保费为个人财产的，该保险属于个人财产。②

法院裁判观点⑥：人身保险的保险利益主要表现为保险金。因合同及保险利益具有特定的人身专属性，应属于夫妻一方的个人财产，不属于夫妻共同财产，故对此不作处理。③

2. 子女作为保险合同当事人的情形

被保险人或受益人为子女的保险，仍视为共同财产予以分割

法院裁判观点⑦：以共同财产所缴纳的保险费，子女为受益人的，仍视为共同财产予以分割，若退保，保险费或现金价值双方予以分割，也可离婚后一方继续交纳保险费，保险权益由其享有。④

被保险人或受益人为子女的保险，属于父母对子女的赠与，不属于共同财产

法院裁判观点⑧：子女为受益人的，保险属于父母对子女的赠与，不属于共同财产的范围，依法不予分割，由父母协商或法院判决缴纳保费；婚内退保的，退保费属于婚生子女，由抚养人代为保管。⑤

3. 保险涉及第三人（夫妻双方父母或成年子女）的情形

法院裁判观点⑨：在夫妻关系存续期间，夫妻一方为投保人，双方父母出资投保，在未约定赠与一方的情况下，保险按照共同财产进行分割；⑥

法院裁判观点⑩：在投保人为第三人，受益人为夫妻一方的情况下，视为

---

① 【相关判例】（2016）粤 01 民终 8608 号、（2014）历民初字第 694 号
② 【相关判例】（2016）川 01 民终 2255 号
③ 【相关判例】（2016）豫 1726 民初 1189 号
④ 【相关判例】（2014）高民初字第 678 号（2016）、（2016）粤 0305 民初 10076 号、（2015）沪二中民一（民）终字第 272 号、（2014）宝民初字第 12 号
⑤ 【相关判例】（2014）嘉民一终字第 34 号、（2014）青民五终字第 1055 号
⑥ 【相关判例】（2011）浙绍民终字第 849 号

第三人对夫妻一方的赠与，保险不视为共同财产。[①]

4. 人寿保险，法院不予处理的情形

法院裁判观点⑪：夫妻协商处理，法院予以认可不再单独裁判分割；但存在法院认定离婚协议内容无效的情形。[②]

法院裁判观点⑫：保险合同涉及案外人（如子女、双方父母）的利益，故不予处理；或保险合同未到期，权利义务关系不明确，保险金额、现金价值或保险利益不确定，人寿保险不予处理。

【数据剖析】法院不予处理的情况较多，这也体现了保险合同分割情况的复杂性。例如法院认为保险期间尚未届满，分红金额尚不确定，对该保险暂不处理；同样，根据保险合同相对性，法院也会要求当事人向保险人（保险公司）主张，从而不予受理该纠纷；值得说明的是，诸多判决中有一例判决是因为一方未在离婚后两年内主张分割，致使超过诉讼时效而未能受理。

在审理过程中，也有法院认为在婚姻关系存续期间购买保险，已是处分共同财产的行为，合同已约定各自的权利义务，故不予处理。

法院裁判观点⑬：已理赔的保险分割：未成年子女死亡的保险金应作为子女的遗产由夫妻双方共同所有。[③]

---

① 【相关判例】（2014）合民一终字第 01209 号

② 【相关判例】（2012）梁法民初字第 02854 号、2014）乌前民初字第 590 号

③ 【相关判例】（2010）浙台民终字第 363 号

第二节　经典案例

一、以共同财产购买的保险怎么分？

观点一：投保人、被保险人为同一人，给对方一半补偿款，或退保给对方补偿现金价值的一半。[①]

案例一：原告许女士诉被告朱先生离婚后财产纠纷案

【基本案情】原告与被告于 2004 年登记结婚，同年被告在保险公司购买了某两全保险。2007 年原告曾至法院起诉要求与被告离婚，在法院就该案核对夫妻财产过程中，双方均未提及上述保险。2008 年 1 月被告自保险公司领取了生存保险金 4 932.99 元，2008 年 3 月被告因办理退保取得退保金 90 491.86 元。2008 年 9 月原被告经法院调解离婚，该案审理中，双方均同意财产另案处理。现原告以诉称理由诉至法院。

关于被告领取的保险金去向，被告表示购买保单时向他人借款 48 000 元，退保后予以归还，剩余款项用于生活开销，包括每月 1 500 元的保姆费用，此外还用于支付离婚诉讼的律师费 2 万余元，至调解离婚时上述款项已不存在。原告则表示购买保险时不存在向他人借款的事实，保姆费用系双方共同支出，而且其为离婚也聘请了律师，律师费用不应抵扣。

【法院判决】原、被告婚姻关系存续期间，被告购买保单一份，该保单利

[①]【相关判例】（2014）闵民一（民）初字第 8238 号、（2014）绍嵊民初字第 1149 号、（2014）嘉民一（民）初字第 5382 号、（2014）铜民初字第 2363 号

益应属夫妻共同财产。原、被告在法院调解离婚时，均同意财产另案处理，而此后双方之间的其他案件也未涉及保单利益的分割，故原告仍有权要求对被告领取的生存保险金及退保金计 95 424.85 元主张进行分割。被告称原告已放弃对上述款项进行分割，理由不能成立，法院不予采信。

经审查被告关于款项去向的陈述，被告称购买保单时欠有债务 48 000 元，但被告对此未提供相应证据证明，法院不予采信。关于保姆费一节，因原告自述其于 2007 年 10 月已离家与被告分居，故可认定保姆费由被告支付，结合被告的其余合理开支、被告自述的收入情况以及被告取款后至双方离婚的期间等情节，法院酌定被告应支付原告生存保险金及退保金的分割款 35 000 元。[①]

【案件评析】因保险是通过夫妻共同财产购买，故保险所得保险金及退保所得退保金属于夫妻共同财产，离婚时应予分割。

案例二：原告陈先生诉被告任女士离婚纠纷案

【基本案情】原、被告于 1976 年登记结婚，同年生育一子名陈乙。原告曾于 2008 年 3 月和 2009 年分别起诉至法院要求离婚但未成。现原告再次以夫妻感情破裂为由诉至法院要求与被告离婚。婚姻关系存续期间保险情况为：

①原告为自己投保的储蓄终身寿险，该保险自 1996 年 1 月 18 日至 2010 年 8 月共计缴纳保险费为 12 814 元；

②原告为被保险人的年金养老保险—品种 B，原投保人为被告，2008 年 12 月 18 日变更为第三人陈乙，该保险自 2003 年 9 月 3 日至 2008 年 12 月（每年缴费 11 860 元）共计缴纳保险费为 59 300 元；

③被告为自己购买的两全保险为分红型保险。自 2001 年 2 月 3 日生效，每年交费 4 259 元，2008 年 8 月 25 日原投保人任某某变更为第三人陈乙，自 2001 年 2 月 3 日至自 2008 年 8 月 25 日被告任某某共计缴费 29 813 元；

④被告为自己投保的年金保险，自 1999 年 6 月 10 日生效，每年缴费

---

① 【相关判例】（2016）川 01 民终 2255 号

2 410 元，2008 年 9 月 3 日原投保人被告变更成第三人陈乙，至 2008 年 9 月 3 日共计缴费 21 690 元。

审理中，原告认为年金养老保险—品种 B 的受益人为被告，故要求分割被告缴费部分的钱款，是否续保由被告和第三人协商决定。同样，被告缴费的其他保险均要求分割已缴部分的钱款。

【法院判决】原告陈某某给付被告任某某 6 407 元，储蓄终身寿险归原告陈某某所有；被告给付原告 125 301.51 元，被告名下的分红型两全保险和年金保险归被告任某某所有，而年金养老保险 – 品种 B 不属于原告陈某某所有。[①]

【案件评析】夫妻双方婚姻存续期间所购保险，离婚后保险一般归购买方所有，并支付对方保险费的一半。

观点二：夫妻双方互为投被保人，离婚后变更投保人，将保单转让给被保人，给对方一半补偿款，或退保，给对方补偿现金价值的一半；受益人为对方，离婚后变更受益人或退保，给对方一半补偿款。[②]

案例三：原告张女士诉被告孔先生离婚后财产纠纷案

【基本案情】1982 年原、被告登记结婚，2012 年 12 月双方感情不合经法院调解离婚，2013 年因财产分割事宜诉至法院。两人在婚姻存续期间，被告作为投保人在保险公司为原告投保年金保险（分红型），共交保险费 18 600 元，2012 年 10 月被告办理退保时得保险金及红利共 16 678.61 元。原告要求依法分割年金保险保险费 9 300 元。

【法院判决】对原告要求分割年金保险（分红型）保险费一节，因该保险费系在双方当事人婚姻关系存续期间所交纳，应为夫妻共同财产，被告在离婚前办理退保手续，在离婚诉讼中双方并未对该部分财产作出分割，故被告应给付原告相应的折款；退保时所得数额低于所投保险费系因被告不当处分所

[①]【案例来源】中国裁判文书网，案号：（2009）虹民一（民）初字第 5279 号

[②]【相关判例】（2016）鄂 1022 民初 539 号、（2016）苏 1102 民初 706 号

致，应由被告承担相应后果。被告给付原告年金保险（分红型）保险费折款九千三百元。①

【案件评析】保险费在双方当事人婚姻关系存续期间所交纳的，应为夫妻共同财产，离婚前退保，保险金及红利应平分。退保时所得数额低于所投保险费系因被告不当处分所致，应由被告承担相应后果。

观点三：夫妻双方在不同的保险中均分别作为受益人或领取红利，二人对保险合同均享有相应且大致相当的保险利益，应视为该共同财产已分割，各自所投保险归各自所有；若不相当，一方对差额予以补齐。②

案例四：原告高 1 诉被告徐 2 离婚纠纷案

【基本案情】1997 年登记结婚，按农村风俗举行了结婚仪式。后原告向法院提起诉讼。2001 年 10 月 12 日原告保险公司投保有长泰安康（B）、长寿养老（A）50 岁两种保险。被告在 1997 年起投有九九鸿福保险。

【法院判决】夫妻共同财产：原告高某某 1 和被告徐某某 1 各自所投保险归各自所有。③

【案件评析】夫妻双方均为自己购买保险，各自所投保险归各自所有。

观点四：一方擅自投保且属于隐藏或转移夫妻共同财产的，分割夫妻共同财产时，可少分或不分。

案例五：原告林某甲与被告冯某甲离婚后财产纠纷一案

【基本案情】原告与被告登记结婚后生育了儿子林某丙，2013 年 3 月起，夫妻二人分居，2014 年被告向法院起诉离婚，法院出具民事调解书准予二人离婚。

---

① 【案例来源】中国裁判文书网，案号：（2013）平民初字第 03720 号
② 【相关判例】（2015）浦民一（民）初字第 28775 号、（2015）浦民一（民）初字第 28775 号
③ 【案例来源】中国裁判文书网，案号：（2010）鲁民初字第 545 号

经过法院确认，2011年被告购买了一份"财富人生"保险，保险期限为十年，每年缴费3万元，已缴费三年，后停止缴费，现该保险的现金价值为46 000元，被告表示无能力继续缴费。案件的争议焦点集中于冯某甲是否存在隐藏、转移案涉财产问题。

【法院判决】涉案的"财富人生"保险，是原被告夫妻关系存续期间用夫妻共同财产购买，该保险的价值应属夫妻共同财产，双方离婚时未对该项财产进行处理，原告有权要求分割。虽然被告没有为该保险继续缴款，但其并没有解除保险合同及领取保险现值据为己有，不能证明其存在故意隐藏或转移该财产的事实，原告要求将保险的现金价值全部归其保管的依据不足。鉴于被告是该保险的投保人，该保险的权益可归其所有，由其按现金价值的一半补偿23 000元给原告。①

【案件分析】《婚姻法》第四十七条规定，离婚时，一方隐藏、转移、变卖、毁损夫妻共同财产，或伪造债务企图侵占另一方财产的，分割夫妻共同财产时，对隐藏、转移、变卖、毁损夫妻共同财产或伪造债务的一方，可以少分或不分。离婚后，另一方发现有上述行为的，可以向人民法院提起诉讼，请求再次分割夫妻共同财产。如果符合这一规定，在进行保险分割时，可以对隐藏财产一方少分，在本案中，正如法院判决，冯某甲没有解除保险合同及领取保险现值据为己有，不能证明其存在故意隐藏或转移该财产的事实。

案例六：原告马先生与被告卢女士离婚后财产纠纷一案

【基本案情】原告马先生与被告卢女士原系夫妻关系，2014年经过法院判决两人离婚，并对子女马某的抚养权及房屋的使用权分割做出了认定，但对于原、被告婚姻存续期间取得的保险权益、拆迁补偿款及车辆未进行分割。双方保险类型的财产如下：

① 2007年8月，被告以自己为被保险人使用家庭共同存款投保了保险费

---

① 【案例来源】中国裁判文书网，案号：（2016）粤01民终8608号

为 5 万元的人身保险（两全保险万能型）。2014 年 2 月，被告申请退保，保险公司退给被告现金价值 59 830.59 元，该款直接汇入被告个人的银行账户内。

② 2010 年 1 月，被告以自己为被保险人使用家庭共同存款投保了保险费为 21.5 万元的人身保险（两全保险分红型）。于 2014 年 3 月申请了退保，退回的现金价值总计为 225 805.61 元。该款项直接汇入了被告账户。

③ 2010 年 1 月，被告以自己为被保险人使用家庭共同存款投保了保险费为 21.5 万元的人身保险（两全保险分红型）。又于 2014 年 3 月申请了退保，退回的退保金价值总计为 225 745.36 元。该款项直接汇入了被告账户。

④ 2007 年 8 月 15 日，被告作为投保人以其与原告婚生子马某为被保险人购买了以"年交"为交费方式的人身保险一份，合同约定缴费期限为 3 年，现已交纳三年总计 6 万元的保险费，该份保险的现金价值为 62 750.4 元。

双方当事人争议的问题是：1. 原告主张的由被告退保的保险权益及被告卢某某为婚生子马某购买的保险是否应作为夫妻共同财产予以分割？ 2. 被告卢某某在离婚诉讼期间是否存在擅自转移财产的行为，原告马某某请求法院对被告少分或不分夫妻共同财产的诉讼请求是否成立？

【法院判决】法院认为，被告作为投保人和被保险人的三份保险合同，均具有保险和投资分红性质，被告投保所用保险金系原、被告夫妻共同财产，在原、被告婚姻关系存续期间，被告解除了保险合同，且将退保后所得保险现金价值从自己的银行账户内转走，对此事实，原、被告无异议，法院对此予以认定。婚姻关系存续期间购买的保险种类比较复杂，有些具有消费性质，有的指定受益人，有的未指定受益人。处理该问题应当依据《婚姻法》《保险法》等法律的规定，对具有分红、储蓄等财产性质的保险合同中的财产利益，应当作为夫妻共同财产加以分割。本案中，被告将本属于原、被告夫妻共同财产的退保的保险金占为己有，侵害了原告的合法权益，应承担相应的返还责任。原告主张的被告为子女购买的保险应视为原、被告作为父母对原、被告婚生子马某的赠与，且该保险合同作为投保人的缴费义务已经完成，不视为夫妻共同财产。

在离婚诉讼期间，被告解除了其与保险公司的保险合同，将退保后所得的保险金从自己银行账户内转走，且不能举证证明转走后的保险金用于夫妻共同生活，因此，本院认定被告存在离婚诉讼期间擅自转移财产的行为。《中华人民共和国婚姻法》第四十七条规定："离婚时，一方隐藏、转移、变卖、毁损夫妻共同财产，或伪造债务企图侵占另一方财产的，分割夫妻共同财产时，对隐藏、转移、变卖、毁损夫妻共同财产或伪造债务的一方，可以少分或不分。离婚后，另一方发现有上述行为的，可以向人民法院提起诉讼，请求再次分割夫妻共同财产"，因此，原告马某某请求法院对被告少分或不分夫妻共同财产的诉讼请求成立，根据被告卢某某的违法行为的性质及情节、造成的后果等因素，法院酌定被告卢某某按 60% 的比例返还原告马某某的保险金价值。[①]

案例七：原告陈女士诉被告赵先生离婚纠纷一案

【基本案情】原、被告自小认识，2004 年确定恋爱关系，2007 年 12 月登记结婚，2008 年 6 月生育一女赵某甲。现婚生女赵某甲随原告生活。原、被告系组合家庭，婚前双方的子女均已成年。因财产无法达成一致，诉至法院。涉案保险包括：

① 2010 年 1 月 30 日，被告购买了年金保险（分红型）一份，该保险约定交费期限为五年，每年交费 20 000 元，保险期间为 2010 年 1 月 31 日至 2020 年 1 月 30 日。

② 2015 年 1 月 27 日，被告购买了两全保险（分红型）一份，该保险约定交费期限为 3 年，每年交费 10 000 元，保险期间为 2015 年 1 月 28 日至 2021 年 1 月 27 日。

法院查明 2016 年 3 月 14 日，被告将 2010 年 1 月 30 日购买的年金保险（分红型）进行了退保处理，得退保费 101 268.51 元，生存金 5 303.20 元，

---

① 【案例来源】中国裁判文书网，案号：（2014）历民初字第 694 号

计 106 571.71 元；2016 年 3 月 15 日，被告将 2015 年 1 月 27 日购买的两全保险（分红型）进行了退保处理，得退保费共计 17 673.71 元。以上共计 124 245.42 元。

【法院判决】根据相关法律规定，夫妻感情确已破裂，在调解无效情况下，应予离婚。

夫妻共同财产是在婚姻关系存续期间取得的财产。婚姻关系存续期间，自合法婚姻缔结之日起，至夫妻一方死亡或离婚生效之日止。夫妻共同财产的来源，为婚后夫妻双方或一方所得的财产，法律直接规定为个人特有财产的和夫妻约定为个人财产的除外。夫妻对共同财产享有平等的所有权，夫妻对共同所有的财产，有平等的处理权，特别是夫妻一方对共同财产的处分，除另有约定外，应当取得对方的同意。结合本案，被告将夫妻关系存续期间购买的两份分红保险进行了退保，且将退保款取走没有告知原告，且不能提供证据证明取款的用途、去向，属转移夫妻共同财产的行为，侵占了原告的合法权益。①

【案件评析】在离婚诉讼审理阶段，夫妻一方若将婚姻存续期间购买的属于共同财产的保险擅自退保不予告知，可能存在婚姻法四十七条规定的隐藏转移财产的行为，故可以少分财产。

观点五：缴纳的保费为个人财产的，该保险属于个人财产

案例八：原告陈女士与被告周先生离婚后财产纠纷一案

【基本案情】上诉人（原审原告）陈女士和被上诉人（原审被告）周先生原系夫妻，2005 年 3 月两人登记结婚，2014 年 5 月经过法院调解离婚。在调解离婚时，夫妻二人未对存续期间缴纳的保险费进行分割，故原告向法院提出了财产分割的请求。法院经过查明，① 2005 年 1 月，被告在保险公司投保年"终身保险"，并于 2010 年 2 月附加投保"长久呵护住院费用补偿险"；

---

① 【案例来源】中国裁判文书网，案号：（2016）川 1024 民初 555 号

② 2008 年 2 月，被告在保险公司投保"终身寿险"，上述保险在夫妻关系存续期间缴纳保险费额合计约 57 360 元，原告要求进行分割；

另查明，2012 年 10 月，被告将位于某处的房屋以 528 000 的价格出售给案外人，当日，被告将 280 000 元售房款通过银行转账给原告。2012 年 11 月 8 日，被告用剩余售房款中的 200 000 元购买了保险公司"生命红上红 E 款两全保险（分红型）"。2014 年 12 月，被告将该保险退保，获得退费 207 973.19 元。一审认定为被告个人财产，原告不服上诉。

【法院判决】被告在夫妻关系存续期间缴纳的保费 57 360 元应属于夫妻共同财产，原告有权对此进行分割，双方各得一半。原被告出售房屋并将售房款进行分割，系双发自愿协商处分行为，视为双方对该房屋出售款已经进行了分割，合法有效，被告用自己分得的售房款在保险公司购买 200 000 元保险，系对其个人财产的处分，因此而取得的退保费不属于夫妻共同财产，原告无权进行分割。①

【案件评析】离婚后财产纠纷是指当事人双方离婚时，未对婚姻关系存续期间的夫妻财产进行分割，离婚后对于财产的分割问题产生的纠纷。在本案中，虽然被告的保险都是在婚姻存续期间购买或者缴费的，但不同的保险存在不同的分割方式，究其原因，主要是保费来源的不同。法院认定保费来自夫妻共同财产的保险，在离婚时予以平均分割，认定为个人财产缴纳的保险，根据公平原则，认定其为个人财产不予分割。

观点六：人身保险的保险利益主要表现为保险金。因合同及保险利益具有特定的人身专属性，应属于夫妻一方的个人财产，不属于夫妻共同财产，故对此不作处理或不予分割。

---

① 【案例来源】中国裁判文书网，案号：（2016）川 01 民终 2255 号

案例九：原告刘先生与被告刘女士离婚纠纷一案

【基本案情】原告与被告为夫妻关系，育有一子一女，目前随原告一起生活。婚后由于双方不注意感情的培养为生活琐事经常生气，家人矛盾的介入也对夫妻之间的感情造成影响。为此，原告向法院起诉请求离婚。原、被告对夫妻共同财产的认定与分割未达成协议，是该案审理的焦点。

【法院判决】关于原告的保险费问题，原告所投保险系人身保险，具有人身专属性，且在合同的履行过程中，依据合同的性质不宜作夫妻共同财产进行分割，因此，对被告该项分割要求不予支持。①

【案件评析】对于保险分割的判决，在大量的实际操作中均会做出相应的分割，或者按照合同相对性的原则不予受理，如同本案中的不予分割的情形较少，但因没有法律的明文规定，故做出此类判决也是实务中的一种裁判方式，在此予以说明。

二、为子女购买的保险怎么分？

观点七：以共同财产所缴纳的个人保险费，子女为受益人的，仍视为共同财产予以分割，若退保，保险费或现金价值双方予以分割，也可离婚后一方继续交纳保险费，保险权益由其享有。

案例十：原告殷女士与被告何先生离婚纠纷一案

【基本案情】原被告在 2001 年登记结婚，次年生下了儿子何小强。新婚燕尔，二人感情甚笃。然而好景不长，被告染上赌博恶习，家中负债累累，二人多次就偿还债务发生争吵。2011 年 7 月，夫妻二人因偿还赌债矛盾激化，原告起诉被告离婚，法院判决不准离婚，原告上诉后经二审法院调解，原告撤诉并与被告和好生活。被告多次保证戒赌，但并未付诸行动，双方矛盾恶化。原告在 2014 年向法院起诉离婚，双方均同意离婚，小强愿意随被告一起生活。

---

① 【案例来源】中国裁判文书网，案号：（2016）豫 1726 民初 1189 号

法院认定夫妻二人的感情最终破裂，准予离婚。2005 年，夫妻二人为小强投保了一份英才保险，在离婚时尚欠两年的保险费。

【法院判决】原被告均同意离婚，法院准予离婚。因婚生子何小强愿意随被告何某生活，国寿英才保险一份归被告何某所有（保险费由被告续交）。①

【案件评析】如属于用夫妻共同财产为子女购买的，婚生子女作为受益人保险一般不予分割，保险与孩子共同归由一方。

案例十一：原告韩女士诉被告顾先生离婚后财产纠纷一案

【基本案情】原告和被告因为感情不和，2009 年 5 月经法院判决离婚。在财产分割时，法院判决被保险人为婚生女顾小玉的平安保险不作为夫妻共同财产进行分割，保险权益归顾小玉所有。2016 年 1 月，原告韩女士得知被告顾先生在未告知的情况下，将女儿顾小玉的平安保险退保，故要求分割女儿平安保险的退保费，为此，原告诉诸法院。

【法院判决】被保险人顾小玉的保险权益已不存在，因此，原告关于对未处理的商业保险进行财产分割的请求，于法有据，法院予以支持。商业保险的保单现金价值是指带有储蓄性质的人身保险单所具有的价值，如果中途退保，保险公司按照保单的现金价值返还给保险人。被告投保的保险现已经退保，截至 2009 年 4 月，保单现金价值为 10 680.1 元。原告称已提取保险收益 5 000 元，但已取得的保险收益不影响其对保单价值的财产分割。商业保险应按照判决离婚时的保险现金价值进行财产分割。因此，原告应分得 5 340.05 元。②

【案件分析】夫妻双方为子女购买的保险，属于对子女的赠与，故在离婚时不作为夫妻双方共同财产予以分割，但离婚后退保，法院认为婚生子女的保险权益不存在，故而退保后的现金价值仍属于夫妻双方共同财产。

案例十二：原告周某与被告焦某某离婚纠纷案

【基本案情】原告和被告在 2006 年 6 月通过电视征婚广告相识恋爱，8 月

---

① 【案例来源】中国裁判文书网，案号：（2014）高民初字第 678 号
② 【案例来源】中国裁判文书网，案号：（2016）粤 0305 民初 10076 号

登记结婚，2007 年 2 月育有一女周鹭。婚后双方关系一度较好，2010 年 4 月，因被告的非婚生子焦阿里来沪治病后入住原被告家中，非婚生子女的介入和家庭经济问题导致夫妻二人渐生嫌隙，原告于 2013 年离家与被告分居。2014 年，原告两次向法院提出离婚诉讼请求，法院认定夫妻感情确已破裂，准予离婚。

2014 年 1 月，被告作为投保人和身故保险金受益人为周鹭投保了两全保险（分红险），并从被告名下的银行卡内支付了 1 年的保费 301 308 元。被告单方面决定为女儿购买的保险，原告诉讼后才知道此事。

【法院判决】被告于分居期间擅自动用夫妻共同财产为女儿周鹭购买金额巨大的保险，且身故受益人确定为被告，该行为缺乏夫妻间的共同合意，该购买保险的行为应为被告的单方行为，被告可以处分属于其的财产权益，但不能擅自处分属于原告的财产权益，故被告应返还原告该笔费用的一半金额。[1]

【案件评析】夫妻在分居期间的财产处理容易因缺乏共同合意而产生纠纷。在实务操作中，类似于本案的财产处理不视为夫妻双方对财产的处理，属于一方的行为，故不能同其他案件一样，认定为夫妻对子女的赠与。

案例十三：原告刘某某与被告张某某离婚后财产纠纷一案

【基本案情】原、被告原系夫妻关系，2003 年 12 月生育一子刘乙。2010 年 1 月，原、被告因感情不和办理了离婚登记手续，并签订离婚协议书，对子女抚养、财产分割等达成一致意见。该协议书第一条约定：男女双方自愿离婚，婚生子由原告抚养。

2010 年 2 月，双方经协商决定将夫妻共同财产 36 000 元在投保主险终身寿险（万能型），保险合同成立及生效日期为 2010 年 2 月 5 日，投保人为被告，被保险人为婚生子刘乙，身故保险金受益人为被告张某某，现已共计缴纳保险费 36 000 元。根据保险合同约定，终身寿险（万能型）系理财型保险产品，双方有最低保证利率年利率 1.75% 的约定，投保人被告张某某在保险合同签

---

[1]【案例来源】中国裁判文书网，案号：（2015）沪二中民一（民）终字第 272 号

订后的十日后可以申请领取保单账户价值，保险公司的保险责任仅为被保险人刘乙身故时，给付受益人被告张某某约定的身故保险金。截止到 2014 年 4 月 4 日保单现金价值为 36 404 元。

2010 年 2 月被告张某某为原告出具保证书一份，具体内容为："我于 2010 年 2 月 2 日在平安保险公司将我与刘某某共同财产 36 000 元投保，如我挪用这笔钱款，刘某某可到法院起诉，我将双倍赔偿。"

【法院判决】本案原、被告对双方离婚后共同协商将夫妻共同财产现金 36000 元购买保险这一事实无异议，但对原告是否有权对诉争财产予以分割存在争议，故本案的争议焦点为原告是否有权要求对共同财产 36 000 元予以分割；对此问题，法院认为，以夫妻共同财产 36 000 元购买保险系双方协商决定的，那么，投保人与保险受益人应为原、被告双方，这样才能显现出原、被告双方对该财产共同具有管控权，而不至于使另一个共有人无法管控共有财产，只承担义务而无法享受权利。但从被告购买（签订）的保险合同的具体内容来看，投保人与受益人均为被告，保险责任仅为被保险人刘乙身故后作为受益人的被告张某某可以领取保险金 50 000 元。诉讼中，经法院核实，该保险截止到 2014 年 4 月 4 日保单现金价值为 36 404 元，被告可以随时领取保单账户价值。而作为共同出资的原告却没有权利对该保险权利进行任何支配，基于保险公司的内部规定，原告甚至无法查询得知该保险合同的具体内容，原告的权利与义务极不对等，这对原告来说有失公平。另查被告张某某连其对刘乙所负法定义务都不能按期履行，其辩称购买保险是为双方之子提供的一份保障而不同意分割的意见显然不能令人信服，法院不予采信；该案中原、被告双方用夫妻共同财产购买保险仅是对夫妻共同财产 36 000 元的使用权进行了处分，并未对如何分割该笔钱款进行约定，即诉争款项系原、被告之间还未分割的夫妻共同财产，原告现要求予以分割于法有据，同时亦可充分保护原告的合法权益，法院应予支持。判决保险归被告所有，由被告给付原告人民币 18 000 元。此款给付原告后，上述保险合同是否继续履行由被告自行决定。[1]

观点八：子女为受益人的，保险属于父母对子女的赠与，不属于共同财产的范围，依法不予分割，由父母协商或法院判决缴纳保费；婚内退保的，退保费属于婚生子女，由抚养人代为保管。

案例十四：原告丁某甲与被告张某甲离婚纠纷一案

【基本案情】原告丁某甲与被告张某甲自由恋爱结婚并生育一女张某乙，婚后两人缺乏有效沟通，未能妥善处理彼此分歧，导致夫妻矛盾恶化，原告向法院起诉离婚。在一审时，法院经过调解，原告仍然坚持离婚，被告也表示同意，法院认定夫妻关系破裂，准予离婚。在对子女的抚养探视方面，双方达成一致的调解协议。但因对财产分割不服，被告向中级人民法院提起上诉。经过法院查明，夫妻双方关系存续期间，原告在保险公司投保了人身保险，被保险人为原告本人，身故受益人于2012年10月26日变更为婚生子女张某乙。上诉人张某甲（被告）在上诉时提出要将其作为夫妻共有财产予以分割，这成为二审过程主要的争议焦点。

【法院判决】二审法院认为原审原认定事实清楚，但未考虑双方居住和收入的具体情况，对部分判决予以改判。关于原告丁某甲的人寿保险的处分问题，由于该保单的受益人已经改为双方婚生女张某乙，该婚生子女张某乙拥有该保单的财产价值，该保险已非上诉人与丁某甲的夫妻共有财产，上诉人要求将其作为夫妻财产分割，缺乏依据，法院不予支持。[2]

【案件评析】对于受益人为子女的保险，在实务操作中，大多数情况下认为是父母对子女的赠与，不属于夫妻双方共同财产，不予分割。在本判决中，受益人的改变系在婚姻存续期间，应视为夫妻二人对子女的赠与。

案例十五：上诉人秦某刚诉被上诉人陈某离婚后财产纠纷案

【基本案情】上诉人与被上诉人原系夫妻关系。2010年1月，双方因感情

---

[1]【案例来源】中国裁判文书网，案号：（2014）宝民初字第12号

[2]【案例来源】中国裁判文书网，案号：（2016）粤03民终9584号

不和，经法院调解离婚，婚生子秦某由上诉人抚养。婚姻关系存续期间，陈某与保险公司签订少儿保险合同一份，约定被保险人其子秦某，保额 2 万元，年缴费 894 元，共 18 年；如退保，保险单现金价值 8122 元；保险合同到期后，秦某可于 2017 年 12 月 23 日领取成长金 6000 元，于 2021 年 12 月 23 日领取创业金 6000 元，于 2024 年 12 月 23 日领取婚嫁金 8000 元后保单责任终止。陈某已交纳 11 年的保险费共 9834 元。离婚后，上诉人以该份保险系夫妻共同财产为由诉至法院，要求分割保险费 9834 元，并变更投保人为上诉人。被上诉人同意将保险利益予以分割，但不同意变更投保人。

【法院判决】被上诉人在婚姻关系存续期间为其子秦某购买了人寿保险，并以自己的名义与保险人签订保险合同，系处分夫妻共同财产的行为。该保险合同具有人身属性，系储蓄性的生存保险。被上诉人向保险公司交纳的保费已经转化为财产利益，不再是夫妻共同财产。合同明确约定，财产利益由被保险人秦某享有，在合同尚未到期的情况下，保险单现金价值应当认定为其子秦某的个人财产，不应作为夫妻共同财产进行分割。离婚后，其子秦某由上诉人抚养，上诉人要求变更投保人，应另行向保险人主张权利。[1]

【案件评析】夫妻一方在婚姻关系存续期间，为婚生子女投保返还型保险，之后二人因感情破裂离婚。虽然夫妻一方投保该保险的保费是来源于夫妻共同财产，但是该保险具有人身依附性，且夫妻一方与承保人约定被保险人和受益人均为其子女。夫妻双方离婚时，保险合同尚未到期，该保险单则属于二人婚生子女的个人财产。因此，夫妻双方在离婚后无权要求将保险利益作为共同财产进行分割。

三、父母或成年子女等第三人为夫妻购买的保险怎么分？

观点九：在夫妻关系存续期间，双方父母认购的保险款，在未约定赠与一

---

[1]【案例来源】《人民法院报》2011 年 6 月 23 日刊载，案号：（2010）日民一终字第 904 号

方的情况下，保险按照共同财产进行分割

案例十六：原告陈某甲与被告钱某离婚纠纷一案

【基本案情】原、被告系同村人。2006 年 2 月两人举行了订婚仪式，原告给付被告彩礼 100 888 元。之后两人登记结婚，并育有一子陈某乙。由于性格不合，原、被告偶为生活问题发生争吵。被告于 2009 年 6 月离开原告家，与原告分居生活至今。被告离家后，原、被告婚生子陈某乙一直由原告负责抚养教育。2008 年 1 月，被告投保了 A 款两全保险（分红型），2009 年 12 月，被告解除了保险合同，并退得金额 100 783.55 元。原告曾两次向法院起诉离婚，均被驳回。原告现系第三次向法院提起离婚诉讼，被告在庭审过程中表示同意离婚。案件争议点是夫妻二人的财产分割。

【法院判决】原告陈某甲系第三次向法院提起离婚诉讼，且被告在庭审过程中同意离婚，故原、被告的夫妻感情确已彻底破裂，原告之离婚请求依法予以支持。

被告诉称 A 款两全保险是被告之父为被告（出资）认购，具有特定的人身关系，依法不能作为夫妻财产分割处理之说不能成立，因被告之父认购该保险款发生在原被告夫妻关系存续期间，该保险款具有赠与原被告夫妻的性质，且被告之父在为被告认购该保险时未作特别约定系赠与被告一人，故对此按夫妻共有财产处理并无不当。①

【案件评析】对于夫妻关系存续期间，一方为投保人，父母出资认购的保险，在未约定赠与一人的情况下，按照共同财产进行处理。

案例十七：原告徐女士与被告黄先生离婚纠纷一案

【基本案情】原被告系自行相识，于 2011 年 6 月登记结婚。2013 年 3 月双方共育一子名黄某一。婚后，原被告曾于 2013 年 6 月起分居一段时间，后双方于 2014 年 1 月在外共同租房居住一个多月。2014 年 3 月 9 日，原告携婚

---

① 【案例来源】中国裁判文书网，案号：（2011）浙绍民终字第 849 号

生子黄某一搬出租住房屋，双方分居生活至今。

案件争议的焦点之一是被告购买的保险是否分割的问题。在庭审中，原告表示被告 2013 年购买保险，2014 年退保得六千余元。对此，被告表示购买的是终生寿险，受益人为其弟弟，并交代弟弟保留给黄某一，确实交纳保费 10 000 元，目前尚处于保险责任期间。不同意原告的分割请求。

【法院判决】法院认为，婚姻关系的存续应以感情为基础，现夫妻感情破裂，准予离婚。关于被告购买的保险产品，被告以夫妻共同财产购买平安保险，现处于保险责任期间且受益人非徐女士，购买保险支出应给予徐女士一半补偿。[①]

【案件分析】虽然本案中的保险当事人含第三人，但因购买保险的支出为夫妻双方共同财产，故仍然视为夫妻共有财产予以分割。

案例十八：上诉人罗某某与被上诉人邱某某夫妻离婚后财产纠纷上诉案

【基本案情】上诉人不服原审法院分割退保保险金，提起上诉。上诉人、被上诉人于 1993 年登记结婚，1997 年生育女儿罗紫微。2002 年被上诉人要求与上诉人离婚，于 2002 年 8 月判决离婚。被上诉人不服，法院于 2003 年 4 月改判部份夫妻共同财产的处理内容。至此上诉人、被上诉人正式离婚。

双方保险类财产为：① 2002 年 1 月 28 日，上诉人向保险公司购买"终身保险"和"附加住院保险"，上诉人为被保险人，首期保险费金额：4 950 元和 440 元共 5 390 元，婚生子女罗紫微为保险受益人。

② 2002 年 2 月 21 日，上诉人向保险公司购买了"两全保险（分红型）"，被保险人是上诉人与被上诉人的女儿罗紫微，受益人是上诉人的母亲刘苑辉，在夫妻关系存续期间，双方尚未取得该保险款项，原审判决中不支持被上诉人要求分割该保险金的请求。离婚后，上诉人在 2007 年向保险公司提出退保，保险公司将退保金和红利共 32 723.55 元给付到上诉人的建行账户。被上诉人

---

① 【案例来源】中国裁判文书网，案号：（2014）朝民初字第 15613 号

起诉要求分割上诉人于 2007 年退保的保险金及红利法院予以支持。

【法院判决】2002 年上诉人购买了"两全保险（分红型）"，因该保险的被保险人是女儿罗紫微，受益人是上诉人的母亲刘苑辉，在夫妻关系存续期间，双方尚未取得该保险款项，故法院不支持被上诉人要求分割该保险金的请求。离婚后，上诉人在 2007 年提出退保申请，退保金和红利共 32 723.55 元给付到上诉人的建行账户，由于上述保险是上诉人在夫妻关系存续期间以上诉人的名义投保，在该保险退保前没有发生保险受益人享有权益的保险理赔事实，故该退保金和红利 32 723.55 元属于夫妻共同财产。经审查，原审判决认定事实清楚，适用法律正确，法院予以维持。①

【案件评析】购买该保险的款项的来源，并不影响该保险退保后的退保金和红利属于夫妻共同财产的性质，只要保险是在夫妻关系存续期间以一方的名义投保，在该保险退保前没有发生保险受益人享有权益的保险理赔事实，故退保金和红利属于夫妻共同财产。保险和保险金属于两个不同的法律概念。本案中，虽然被上诉人不是上述保险的受益人和被保险人，但退保金和红利并不属于保险人因保险事故发生后向被保险人或者受益人支付的保险金，上述保险退保后，所退保的退保金和红利属于夫妻共同财产。

观点十：在投保人为第三人，受益人为夫妻一方的情况下，视为第三人对夫妻一方的赠与，保险不视为共同财产。

案例十九：原告雷冬生与被告冯带秀、第三人雷剑波离婚后财产纠纷一案。

【基本案情】原、被告婚后因感情不和，在被告提出将夫妻共同财产赠与第三人的意见下，于 2013 年 12 月在民政局协议离婚，离婚协议书未约定保险分割事宜。

经过法院查明，被告于 2007 年 11 月投保 20 年期限的保险 1 份，属 2013

---

① 【案例来源】中国裁判文书网，案号：(2009) 穗中法民一终字第 2296 号

年 12 月原、被告离婚前缴费额为 19 698 元；第三人于 2008 年 1 月投保 20 年期限的保险 1 份，属原、被告离婚前缴费额为 19 080 元。2015 年 11 月原告请求法院对被告及第三人购买保险的款项进行分割并要求对原、被告婚续期间的共同财产重新分割。

【法院判决】本案所诉争的焦点是被告及第三人在原、被告离婚前投保人寿保险已交的保险费是否属原、被告离婚前的共同财产，而进行分割。

涉案人寿保险是储蓄性保险，保险到期后或保险期内符合赔保条件时保险公司就应支付保险金（含收益），本案中原、被告离婚前被告所交的保险费及第三人所交的保险费，在离婚协议书中均未约定，因 2013 年 12 月之前原、被告是夫妻关系存续期间，所以原、被告离婚前被告所交的保险费 19 698 元属原、被告离婚前的共同财产，又因第三人于 2008 年入保时已是完全民事行为能力人，原告又未提供第三人无劳动收入的证据，故第三人在原、被告离婚前所交的保险费不属原、被告离婚前的共同财产，原告请求对被告及第三人购买人寿保险的款项进行分割，法院对属于原、被告离婚前未分割的共同财产予以分割，对第三人投保的保险不予分割。①

【案件评析】对于共同生活的成年子女所购买的保险，若无证据证明该子女无劳动收入，则成年子女购买的保险在夫妻双方离婚时不视为共同财产予以分割。

案例二十：原告张女士与被告罗先生离婚纠纷一案

【基本案情】原被告于 1999 年 2 月经人介绍相识恋爱，同年 7 月登记结婚，2001 年 5 月 22 日生有一子，取名罗某。自 2004 年起，为经济问题及生活琐事等发生矛盾，原告曾起诉离婚，经法院判决不准离婚后，双方关系未见好转，原告再次诉讼至原审法院。案件争议的焦点是对夫妻双方财产的分割。

【法院判决】上诉人（被告）上诉主张的商业保险，从原告提供的保险单

---

① 【案例来源】中国裁判文书网，案号：（2015）祁民初字第 2200 号

表明，该商业保险的投保人为原告的母亲、被保险人为原告、受益人为婚生子罗某（系后来确定），按常理，投保人即保险的购买人，且被告未提供证据证明购买该商业保险而支付的保险费用与夫妻共同财产存在关联，故被告称该商业保险属于夫妻共同财产权益，不能成立，其要求分割的上诉理由，法院不予支持。①

【案件分析】在投保人为第三人，受益人为夫妻一方的情况下，在实务中存在认定为夫妻一方财产的情形，究其原因，与父母替子女购买保险类似，视为第三人对夫妻一方的赠与。

四、法院会受理所有的离婚保险分割案件吗？

从检索到的案例来看，法院并不会对所有保险进行处理，一种情形是夫妻双方已经对保险进行协商处理；另外一种情形是保险合同涉及利益第三人，此时法院不予处理。

1. 夫妻双方对保险协商处理的情形

观点十一：夫妻双方对保险协商处理，法院对此予以认可，不再单独裁判分割；但存在法院认定离婚协议关于保险分割内容无效的情形。

案例二十一：原告杨某某诉被告尹某某离婚后财产纠纷案

【基本案情】原告与被告原系夫妻关系，双方于 2005 年结婚登记。2012年协议离婚并办理了离婚登记。原、被告离婚协议的内容包括：平安保险万能险归被告所有，被告将钱付清给原告后，保险受益人将改成被告名字。

【法院判决】原、被告订立的离婚协议书具有民事合同的性质，合同成立并生效后，对原、被告具有同等的约束力，双方应当按照合同的约定，全面履行自己的义务。②

【案件评析】夫妻共同购买的保险，在协议离婚时可约定修改保险受益人

---

① 【案例来源】中国裁判文书网，案号：（2014）合民一终字第 01209 号
② 【案例来源】中国裁判文书网，案号：(2012) 梁法民初字第 02854 号

的名字，保险归其所有，但需依协议的约定给另一方补偿款。

案例二十二：原告王某某诉被告武某某离婚后财产纠纷案

【基本案情】2012 年 5 月 11 日，原告与被告办理了离婚登记手续。离婚时，双方对小孩的抚养、财产分割、债权债务分配达成了以下协议，现被告认为离婚协议为受原告胁迫所签，要求重新分割财产。

关于保险分割事宜，离婚约定女方所投的社保、婚生子所投保险、男方所投保险，保险费由女方继续交纳，到期受益时归婚生子武某所有，到期须取保险所得时，男、女双方均应配合孩子武某，提供所需证件。

【法院判决】双方应按照离婚协议进行财产分割，但关于"投入的保险到期受益时归孩子武某所有，到期领取保险所得时，男女双方均应配合孩子武某提供所需要证件"的内容，因原、被告与保险公司签定的保险合同中已确定了受益人，应按保险合同约订确定受益人，原、被告双方不得擅自更改受益人，如需变更受益人，应到保险公司变更，故协议中的"到期受益时归孩子武某所有"的约定无效。[①]

【案件评析】意思自治原则是民法的基本原则，在夫妻双方离婚时，若达成了离婚协议，则根据协议进行财产分割。本案支持离婚协议的原因也是基于此。但是根据保险合同的相对性原则，在合同中已经约定了受益人，故变更受益人应与保险公司联系沟通。这一案例的出现，也证明了《婚姻法》和《保险法》在离婚纠纷中的交叉性。

2. 法院不予处理的情况说明

观点十二：保险合同涉及案外人（如子女、双方父母）的利益，故不予处理；或保险合同未到期，权利义务关系不明确，保险金额、现金价值或保险利益不确定，人寿保险不予处理。

【案件评析】法院不予处理的情况较多，这也体现了保险合同分割情况的

---

① 【案例来源】中国裁判文书网，案号：（2014）乌前民初字第 590 号

复杂。总的来说可以归纳为以下几点：

保险合同涉及案外人（如子女、双方父母）的利益，夫妻双方未协商一致，故而不予处理。此外，保险合同尚未到期，权力义务关系不明确，保险金额、现金价值或保险利益还不确定，法院也会做出不予处理的判决。

根据合同关系的相对性，或因合同是否有效无法确定，或因原、被告双方与保险公司尚未协商变更该保险中的被保险人，故保费暂不处理。

此外，有法院认为根据《婚姻法》中夫妻共同财产实行"婚后列举所得制"，即只有符合法律列举的情形，才属于夫妻共同财产，当事人主张的保险不属于《婚姻法》第十七条（一）至（四）项所列情形，也不属于《最高人民法院关于适用〈中华人民共和国婚姻法〉若干问题的解释（二）》第十一条关于婚姻法第十七条中"其他应当归共同所有的财产"的范围，故为不予处理的情形。

五、已理赔的人寿保险，离婚怎么分？

案例二十三：原告苏某与被告金某离婚纠纷案

【基本案情】 原告（上诉人）苏某与被告（被上诉人）金某在1990年经双方亲戚撮合建立恋爱关系，之后办理结婚登记手续。二人育有一女金乙和一子金丙。双方在共同生活期间曾为家庭琐事多次发生争吵。2009年3月原告向法院提出离婚诉讼，判决不准离婚，之后夫妻关系仍无改善，原告离家在外生活，儿子金丙随被告共同生活。

2009年2月3日，婚生女金乙因车祸亡故，获得事故赔偿款398 800元，被告已经领取10万元用于各种家庭开销，后因原、被告对该赔偿款的处置发生冲突，尚有298800元存放于交警部门，女儿的保险金尚有10 000元未领取。

【法院判决】 存放在交警部门女儿金乙事故赔偿款298 800元以及保险金10 000元应由原、被告共同享有，共同分割。原告主张分割被告单独领取的赔偿款 50 000 元，因该款已经用于各种支出，其主张法院不予支持。①

【案件评析】

　　夫妻双方作为受益人取得的死亡保险金，寿险根据保险合同中受益人的身份确定归属，若受益人为夫妻一方的，则保险金为受益人的个人财产；若受益人为夫妻双方的，则保险金应该认定为共同财产。若未指定受益人的，未成年子女死亡的保险金应作为子女的遗产由其继承人继承。

---

① 【案例来源】中国裁判文书网，案号：（2010）浙台民终字第 363 号

第三节 法商智慧

一、离婚保险分割的法商智慧

1. 家庭人寿保险买什么？怎么买？

家庭结构的变化和社会经济水平的迅速增长，人们的理财观念也发生着变化，更多的人倾向于关注财富的未来保障。离婚率的上升、社会风险意识的增强、财富观念的转变都使得大家开始关注生命健康以及个人财产，因此除了社会基本保险之外，普遍开始关注商业保险。天价保单的出现、保险业的逐渐规范都说明保险行业逐步走向春天，这也从侧面告诉普通群众，从理财角度还是风险规避角度，商业保险都不失为一种理想的财富管理模式。

在确定商业保险的价值之后，购买何种保险也成为又一个困扰消费者的问题。保险的种类繁多，有医疗性质的，有储蓄性质的，有投资性质的，还有部分保险兼具多种功能，这些保险不仅可以帮助家庭规避无法预测的风险，也能够积累财富，减轻养老和疾病医疗等方面的压力。

人寿保险以人的生死为给付保险金的条件，投保人投保后，在保险期限内发生约定的给付保险金的情形时，保险公司将按约定全额给付生存保险金或死亡、全残保险金等。保险的种类大致分为消费型、储蓄型、投资型。健康保险的给付比较复杂，其中按病种给付的险种，被保险人一旦确诊患上约定的疾病，保险公司就全额给付保险金。至于津贴型的医疗保险，则一般是按住院天数乘以约定的每天津贴数额来给付保险金，最高不超过保险金额；而费用型的医疗保险，则按实际发生的费用在约定给付的项目内按比例给付保险金，但最高不超过保险金额。意外伤害保险则按意外伤残的程度来进行给付。另外，人身保险中，保险公司给付保险金一般还有观察期内、外的区别。不同公司、不同险种对观察期的规定有差别：有的规定投保后一年为观察期；有的则规定投保后 180 天为观察期。在观察期内如发生保险事故：有的给付保险金额的 10%，有的不予给付，有的则只退保险费。至于观察期外，则大多会全额给付。①40% 家庭的在购买时，可以针对成员的工作性质和财富积累情况进行购买，有目的地进行风险规划。

人寿保险怎么买的问题其实从某种角度来说是出现分割的情况要怎么分。在婚姻关系存续期间购买的保险，万一婚姻破裂，保险应该如何处理不得不成为每一位保险消费者购买保险时要考虑的因素。我们祝福所有家庭都能和谐美满，但也希望婚姻破裂的夫妻能够好聚好散，从保险怎么买到保险怎么分，往往会成为离婚诉讼中的难点，这主要是因为人身保险类型多样，且多为主险加附加险形式，给付的保险金数额以及针对情形也多有不同，故在人身保险中，保险金的性质是个人财产抑或夫妻共同财产则情形较为复杂。进而，司法实践中，涉及离婚财产分割时，双方当事人经常会在涉及人身保险的保险金归属问题上产生争议。②

目前我国的《婚姻法》和《保险法》都没有明确规定，法官只能参考保险法的规定进行处理，再加上各地人文习惯和风俗的不同，裁判结果众多。所以法商智慧主要讨论人寿保险怎么分的问题，给高净值人士和保险从业人员提供法律角度的财富管理规划建议。

---

① 肖峰，《简析离婚案件中的保险金分割》，http://mp.weixin.qq.com/s/nSOhymHCWRiTit5A-cnZCg，访问日期 2017 年 5 月 16 日。

② 肖峰，《简析离婚案件中的保险金分割》，http://mp.weixin.qq.com/s/nSOhymHCWRiTit5A-cnZCg，访问日期 2017 年 5 月 16 日。

2.法律角度的家庭人寿保险规划

（1）离婚保险分割的基本原则

＊意思自治原则

意思自治原则是民法中最重要的基本原则之一，在离婚时的保险分割纠纷中亦有体现。由于保险金一般涉及的当事人都是夫妻双方，关系人比较明确，所以首先应该尊重双方在保险归属上的意思自治，使其归属一方或双方，也就是协议优先原则。

离婚协议是我国婚姻法对离婚时财产处理的一种方式，财产协议可以是在婚前达成也可以是在婚姻存续期间达成，在离婚过程达成的财产协议也是可以的。在数据统计过程中，除了一例案件认定离婚协议中的约定不符合合同法以外，其余所有的达成一致的离婚协议都获得了法院的支持，由此可见意思自治原则的离婚时财产分割中的体现。

如果在夫妻双方就保险金的归属问题无法达成意思一致的情形下，则应区分人身保险类型而作不同处理。需要注意的是，《婚姻法司法解释（三）》第十四条规定，当事人达成的以登记离婚或者到人民法院协议离婚为条件的财产分割协议，如果双方协议离婚未成，一方在离婚诉讼中反悔的，人民法院应当认定该财产分割协议没有生效，并根据实际情况依法对夫妻共同财产进行分割。亦即夫妻双方达成的财产分割协议，如果离婚未成该协议不属于生效的，这也是对意思自治原则的限制。

＊照顾子女及多方当事人利益最大化原则

夫妻双方为子女购买的保险，为保护子女能够健康成长，法院在判决时多数情况下会认定为保险属于夫妻双方对子女的赠与而不予以分割。

离婚保险涉及婚姻和保险双重领域，离婚时的保险分割要兼顾两者，在婚姻家庭领域，保险合同的继续履行是家庭财产利益最大化的途径；在保险领域，应使保险合同继续履行，符合保险法的基本价值。①

* 便于执行、彻底分割的原则

在保险期限较长，计算复杂的保险种类中，理论上来讲随着合同的不断履行按照一定的期限进行财产分割较为公平，但这存在后期发生执行之诉的可能。所以法院在判决时应尽力促成保险合同的彻底解决，清晰划定产品归属和保险利益归属，以便于在离婚诉讼中兼顾效率与公平。

（2）婚内的保单规划

* 婚前的财富规划理念

在《婚姻法》第十八条中规定，一方的婚前财产属于夫妻一方的财产。所以夫妻双方在婚前就应培养理财和风险保障意识，在婚前购买的人寿保险在离婚时仍属于个人财产。不过，《婚姻法司法解释（三）》也规定了夫妻一方个人财产在婚后产生的收益，除孳息和自然增值外，应认定为夫妻共同财产。因此，投资型保险的投资收益（按期分红）在离婚时仍会面临分割，但保险的现金价值仍属于个人财产。

* 婚后意思自治原则先行

《婚姻法》第十九条规定，夫妻可以约定婚姻关系存续期间所得的财产以及婚前财产归各自所有、共同所有或部分各自所有、部分共同所有。约定应当采用书面形式。

随着时代的发展和观念的转变，婚前财产协议和婚内财产约定逐渐被人们所接受，婚前财产协议同离婚协议的模式一样，都是基于夫妻双方意思自治原则的体现，夫妻对婚姻关系存续期间所得的财产以及婚前财产的约定，对双方具有法律约束力。在购买保险时若约定保险归属，法院将对其予以支持。此外，若夫妻双方基于意思自治，对婚内的某笔财产已经进行了分割，利用分割后的财产购买保险，该笔保险则属于个人财产。

---

① 勾佳惠 . 离婚中的商业保险纠纷处理 . 辽宁：辽宁大学，2016.

* 树立婚后健康保障意识

保险最主要的作用是风险控制，所以人寿保险在家庭消费中的必要性值得重视。为家庭成员购买人寿保险，尤其是健康险和意外险，可以在保险师事故发生时有效减轻家庭负担，此外，目前投资型和储蓄型的人寿保险还兼具理财功能，能够为家庭额外收入提供渠道和途径。

* 锁定共同财产，有效避免财产损失

在夫妻关系存续期间，购买人寿保险产品，可以有效锁定共同财产。在离婚财产分割时，存在大量的夫妻共同财产去向不明而导致一方利益受损，购买人寿保险产品，一方面可以获得较高的受益，另一方面在离婚时可以作为有力的夫妻财产证明，保证双方能够公平地获得财产分割，再者，若在离婚诉讼期间，一方在未告知的情况下退保，存在隐藏、转移财产的可能，在这种情况下不仅可以保证利益受损方的权益得到维护，还能够根据婚姻法的规定多分得财产。可以说，在婚内利用共同财产购买保险，能使得共同财产获得有效的固定和保持。

* 保护父母权益

夫妻双方的家庭关系中不仅有双方和婚生子女，双方的父母也是重要的家庭成员。随着父母年纪的增长和身体状况的变化，为父母购买人寿保险也是一种必要的消费行为。在实务操作中，以父母作为投保人、受益人，夫妻一方作为被保险人的，身故金一般视为父母的财产。此外，法院在判决时，保险合同若存在第三人，一般会以保险合同涉及案外人要求当事人另案起诉，除此以外，父母作为投保人的保险，为子女的购买的保险赠与意思也成为审判的难点，部分案件以无明确赠与一方视为赠与夫妻双方，部分案件则认为若无明确赠与双方视为赠与夫妻一方。笔者根据保险财产的道德风险角度考虑，倾向于后者，因为人寿保险具有很强的人身属性，若笼统地认为是共同财产，未免会发生道德风险。

人寿保险
离婚分不分

* 为子女购买的保险在婚变时可隔离婚变风险

大量离婚诉讼纠纷中，夫妻双方的保险是为婚生子女所投，也有部分视为一方子女所投，不论哪种情况，在实务的具体分割中，法院都倾向于将此类保险视为父母对子女的赠与而不予以分割，保险金为子女的个人财产。这种裁判方法为大多数夫妻所接受，毕竟对婚生子女的关心照顾与夫妻感情关系不大，此外，在传统家庭中，抚养子女的一方代为保管子女的保险金，从实际情况来看，为子女购买人寿保险的过程中，抚养子女的一方更加便于支配保险金。

* 运用遗嘱、赠与协议的效力

《婚姻法》第十八条规定，遗嘱或赠与合同中确定只归夫或妻一方的财产为一方个人财产。不论是夫妻一方作为继承人抑或被继承人，若存在合法的遗嘱或赠与协议，则该笔保险金将不作为夫妻的共同财产。其法律基础仍为意思自治原则。

* 运用属于个人财产的保险金分割情形

属于夫妻共同财产的保险分割种类很多，但已理赔的健康险、意外险属于个人财产。根据《婚姻法》第十八条的规定，有下列情形之一的，为夫妻一方的财产：（二）一方因身体受到伤害获得的医疗费、残疾人生活补助费等费用，夫妻一方身体受到伤害所获得的赔偿金和补偿金等费用均为其个人财产。这样规定的理由在于该类保险金的人身关系属性强烈，起对受害人的治疗和抚慰作用，该费用并非夫妻双方婚姻关系存续期间的劳动收入，所以认定为个人财产，比如意外伤害保险中的伤残保险金、医疗保险金、住院护理津贴保险金、重大疾病保险、医疗保险的保险金等。而误工津贴保险金则是针对夫妻一方因受伤害耽误工作而减少收入进行的补偿，一般不具有人身性。应根据《婚姻法》第十七条的规定，可以参照工资、奖金，作为夫妻共有财产。[1]

不过，在婚姻关系存续期间，夫妻一方依据以生存到一定年龄为给付条件

---

[1] 肖峰，《简析离婚案件中的保险金分割》，http://mp.weixin.qq.com/s/nSOhymHCWRiTit5A-cnZCg，访问日期 2017 年 5 月 16 日。

的具有现金价值的保险合同获得的保险金，则宜认定为夫妻共同财产，主要有生存保险和两全保险。这类保险大多具有储蓄性质，即生存到一定年龄之后保险公司给付的保险金比保险费高，具有一定的投资属性，根据《婚姻法》的规定，属于夫妻共有的财产比较合理。当然，如果如果投保人为自己所投生存保险、两全保险所支付的保费是以个人财产支付，那么最终所得保险金扣除所交保费的剩余部分可作为夫妻共同财产分割。

3. 如何用财产约定隔离婚姻风险？

婚后夫妻一方领取的年金，宜认定为夫妻共同财产，哪怕是婚前投保。婚后投保的保单更是属于夫妻共同财产，那么如何通过规划，让保单不成为夫妻共同财产呢？在没有父母助力，无法通过单方赠与协议来规划的情况下，你就可以用财产协议了，包括婚前协议与婚内财产约定。

（1）口头约定无效，需要书面签订

《婚姻法》第 19 条要求夫妻之间的（财产）"约定应当采用书面形式"。没有书面协议将无法得到法院认可，注意并不要求经过公证。当然，公证处会尽量排除协议无效的情形，因此协议经过公证效力更难受到挑战。

（2）被逼签订的协议无效，需平等协商

既然是协议，就要求双方平等协商，保证协议的内容是双方的真实意愿。但如果一方不同意签署，另一方以欺诈、胁迫的手段使对方在违背真实意思的情况下签订的，协议的效力无法得到法院确认。

（3）处分他人财产无效，只能处分夫妻共同财产

很多夫妻对财产属于个人财产、夫妻共同财产、家庭资产还是公司资产认识不清，因此签协议的时候可能会把他人或公司的资产包括在内。例如，民营企业家通常存在家庭资产与公司资产混同的情况，把登记在公司名下的房产、汽车作为个人资产或夫妻共同财产进行约定。另外，父母作为投保人的保单也不属于夫妻双方的财产，签署财产约定时不能约定父母名下保单的归属。

（4）约定静态财产不够，需考虑财产转化和收益

无论婚前协议还是婚内财产约定，真正发挥作用都在离婚之时。因此，今天的财产协议必须考虑明天的财产状况。在协商时不仅把已经取得的财产约定在内，还应考虑财产转化和收益问题。至于保险，只约定保单归属不够，还需要对分红的属性进行明确，对于变更投保人等情况也需要考虑到

4. 如何利用单方赠与协议完成保单规划

（1）婚内投保保单处理的原则

我国《婚姻法》对夫妻财产制采取的是法定财产制与约定财产制相结合的制度，只要没有另行约定，婚后取得的财产都属于夫妻共同财产，保险并无例外。因此婚内投保的保单主要有两种处理可能：

* 以夫妻共同财产投保，投保人和被保险人同为夫妻一方，不愿意继续投保的，退还的现金价值为夫妻共同财产；继续投保的，投保人应当支付现金价值的一半给另一方。

* 夫妻双方互为投被保人或受益人为对方，离婚时宜变更投保人或受益人，给对方现金价值一半的补偿款。

总结一句话：给对方现金价值的一半作为补偿，部分情况下建议变更投保人或受益人。

顺便延展一个知识点，一位保险从业人员曾经咨询过我一个问题，离婚是否导致保单无效呢？

不会。《保险法》第12条规定："人身保险的投保人在保险合同订立时，对被保险人应当具有保险利益。财产保险的被保险人在保险事故发生时，对保险标的应当具有保险利益。"因此，寿险保单与财产险不同，要求的是投保时有保险利益，离婚并不影响保单效力。不过离婚后双方往往无法友好相处，若男方为投保人与被保险人，受益人为女方，保单履行将受到影响，发生保险事故也未必能顺利理赔，因此还是建议变更投保人或受益人。

（2）婚内保单如何规划才能隔离婚姻风险

＊任何没有规划的婚内投保都无法隔离婚姻风险

婚内投保，夫妻任何一方是投保人，若未进行任何规划，保单属于夫妻共同财产，一旦离婚保单难逃分割的厄运。因此，如果有些人在离婚前希望借投保转移资产，这种想法并不实际。

＊保单设计是王道

隔离婚姻风险的保单，可以有多种设计可能。举两个例子：

方案1：小梅给自己的孩子投保。婚内夫妻作为投保人，以孩子为被保险人的保单，实务中分割的可能性很小。若保费来源于父母，则更不用处理了。而小梅作为投保人，又对保单有控制权。

方案2：以小梅父母为投保人，小梅为被保险人投保，受益人可以是小梅也可以是小梅父母。因为保单属于小梅父母的资产，离婚时自然不用分割。

（3）父母单方赠与协议

小梅已经结婚，无论自己作为投保人还是父母作为投保人，都建议签订单方赠与协议。明确保费或保单属于父母对小梅的单方赠与，不作为夫妻共同财产，这就为保单加了一道锁，被分割的可能性就很小了。

二、离婚保险分割的经典问答

1. 离婚的保险分割，你需要知道的涉案保险信息有哪些？

（1）保险产品的基本分类

在大数据报告中，我们笼统地提到了涉案保险的几大种类，并且根据审判情况，得出了投资型保险占比最重的结论。了解消费型保险、储蓄型保险以及投资型保险的基本定义有助于高净值人士财富管理和保险从业人士针对客户进行推荐。

消费型保险，顾名思义是最传统的保险方式，其主要目的在于防范风险，减少损失。消费型保险的保单不具有价值，产品一般期限较短、费用较低，若在合同期内发生赔偿的情况，会依据合同予以理赔，若未发生理赔情况，则如同其他日常商品一样，作为一种购买消耗方式视为消费。常见的消费型保险有意外险、定期寿险等。

储蓄型保险是在消费型保险的基础上发生的演变，以储蓄＋保险的方式面向市场，也就是说其既有银行储蓄存款的功能，又有消费型保险的风险保障功能。储蓄型保险无须另行缴纳保险费，其保险费的来源是储蓄款所产生的利息。在合同到期时，保单具有现金价值，保险公司负责返还合同中所列的金额。这类产品周期较长，且保费较高。

投资型保险与储蓄型保险的最大不同是组成模式上的区别，投资型保险以投资＋保险的方式面向市场。在投资型保险中，保险人（保险公司）将投保的款项用于投资，将所得收益分配给投保人或被保险人，在合同到期之后再将保险合同本金返还给受益人。目前投资型保险的市场前景比较明朗，因为其在履行风险保障功能的同时，又高于储蓄型保险的收益。

（2）财产利益的多重表现

在购买保险时，消费者往往对保险金、保险费、投资保险的收益以及保险保单的现金价值产生混淆，法院在进行财产分割判决时，也会针对不同的概念做出不同的分割情况。

保险金是指出现合同约定的风险状况或者保险期限到达之后，保险公司支付给受益人的款项。消费型保险中的保险金是指风险发生后，被保险人遭受了财产损失，保险人在保额范围内支付给受益人的金额。在储蓄型保险和投资型保险中，除了会发生风险理赔的情况之外，合同期满也会出现保险金的支付。保险金的数额是双方在合同中约定达成的。

保险费是指被保险人为享受保险人提供的保险服务而缴纳的费用，离婚时选择退保，对于非消费型保险，人寿保险退回金额称之为现金价值。由于非消费型保险往往数额较大周期较长，中途退保会扣除已享受保险保障期间的费用，通常来说，中途退保的保险费会少于投保人缴纳保险费的总和。若不选择

退保或购买消费型保险时，双方在已经缴纳的保费金额范围内给予对方补偿，一半数额为一半。

现金价值也是退保价值，在消费型保险中不存在。正如上文所说，人寿保险退回金额称之为现金价值。

投资收益主要是在商业人寿保险中出现，当前市场上的投资型保险以分红保险、投资连结保险和万能保险为主，多数保险在缴纳足额保费后，依据保险合同直接产生收益，例如部分保险追加足额保险费，每年享受收益若干元的类型。

2. 婚姻关系存续期间购买的保险是否属于夫妻共同财产？

《中华人民共和国婚姻法》第17条规定"夫妻在婚姻关系存续期间所得的下列财产归夫妻共同所有：（一）工资、奖金；（五）其他应当归共同所有的财产。"最高人民法院《关于适用〈中华人民共和国婚姻法〉若干问题的解释（二）》第十一条规定"婚姻关系存续期间，下列财产属于婚姻法第十七条规定的应当归共同所有的财产：（三）男女双方实际取得或者应当取得的养老保险金、破产安置补偿费。"

因此，我国已经从法律上规定了社会保障性质的养老保险金的财产定性，但对于当事人自行出资购买的商业保险所产生的保险利益并未涉及。商业保险的利益是作为夫妻共同财产还是一方个人财产，对于其性质的认定不能一概而论，而是应当根据投保的时间、保险的种类及保险投被保人设置等来确定。

3. 具有理财性质的分红型保险可以分割吗？

随着保险产品的不断推陈出新，现代商业保险的性质和作用也有了很大演变，除了传统的风险防范作用外，商业保险作为理财工具的一种，也获得越来越多人的青睐，成为夫妻投资收益的重要手段。该类保险在购买时，一般都是以夫妻一方名义作为被保险人或受益人，之后也以夫妻共同财产定期缴纳保费，目的则是将家庭财产达到增值保值的效果。如果将该类保险利益在离婚诉讼中认定为个人财产，对另一方来说是相当不公平的。

在司法实践中，一般将该类保险的保单现金价值认定为夫妻共同财产，将保险合同仍判归为一方（通常为投保人）的财产权益，该方当事人可选择在离婚后继续履行交纳保费义务或者变现保单现金价值，并由该方当事人给付保单现金价值的一半给对方作为分割折价。

4. 保险合同可以变更或解除吗？

可以变更或解除。《保险法》第 20 条规定："投保人和保险人可以协商变更合同内容。变更保险合同的，应当由保险人在保险单或者其他保险凭证上批注或者附贴批单，或者由投保人和保险人订立变更的书面协议。"

该法第 41 条规定："被保险人或者投保人可以变更受益人并书面通知保险人。保险人收到变更受益人的书面通知后，应当在保险单或者其他保险凭证上批注或者附贴批单。投保人变更受益人时须经被保险人同意。"

关于保险合同的解除，《保险法》第 47 条也明确了，投保人解除合同的，保险人应当自收到解除合同通知之日起三十日内，按照合同约定退还保险单的现金价值。

需要注意的是，被保险人或投保人都可以申请变更受益人，但若只是投保人要求变更受益人，必须经过被保险人的同意。

5. 离婚不退保，保险该归谁？

人寿保险与财产保险最大的区别在于人寿保险的人身属性，具体到人寿保险本身，则与被保险人的生命健康相关。离婚行为本身是为了解除有法律关系的人身关系，此时若投被保人不一致，基于婚姻关系的保险关系也需要进行分割解除，依照法院的裁判习惯，倾向于使投保人和被保险人归属于同一人。

6. 离婚时人寿保险究竟分不分？

针对坊间流传的"离婚时保险不分"的说法，其实是语义上的误解。在离婚不退保的情况下，保险产品归属一人，但这并不是说保险的财产权益也归属一方，保险产品和保险财产权益是不同的两个概念，对于财产权益的分割也要根据保费来源的情况作出具体处理，在大数据报告中已经有了法院的裁判观点，在此做详细说明。

（1）保费来源于夫妻共同财产，被保险人为夫妻中的一方

若退保，夫妻双方分割保单的现金价值；若不退保，对于消费型保险，应当在剩余保险期限内给予对方相应保费的补偿；储蓄型和投资型保险则对现金价值进行计算补偿。需要注意的是，在保险合同中变更投保人受益人，应及时变更。

在《保险法》第49条中规定，保险标的转让的，保险标的的受让人承继被保险人的权利和义务。保险标的转让的，被保险人或者受让人应当及时通知保险人，但货物运输保险合同和另有约定的合同除外。因保险标的的转让导致危险程度增加的，保险人自接到前款规定的通知之日起30日内，可以按照合同约定增加保险费或者解除合同。保险人解除合同的，应当将已收取的保险费，按照合同约定扣除自保险责任开始之日起至合同解除之日止应收的部分后，退还投保人。也就是说，保险标的的转移不当然导致合同的终止，由受让人承担权利义务，保险公司有权调整合同条款的权利。

（2）保险费来源于夫妻共同财产，被保险人为夫妻以外的第三方（多为子女、双方父母）

一般情况下，被保险人作为夫妻双方以外的第三方多为双方父母或子女，因目前尚无法律明确规定，所以有部分观点认为这类保险带有赠与性质，属于夫妻双方共同支出，不予分割。这种观点存在一定的合理性，故而在实务中倘若子女为被保险人，则视为对子女的赠与，不予分割。但此类观点仍存在风险，即有可能出现为第三人购买保险转移财产的风险，不利于保护对方的财产权利。故在实践操作中，针对第三人的不同有不同的分法。

（3）保险费来源于非共同财产，被保险人为本人

保险费来源于非共同财产有两种情况，即保险费来自第三人以及保险费来自夫妻双方个人财产。实践中，一方父母为自己子女购买的保险，从保费来源和投保人意愿来看，并不宜将其作为夫妻共同财产进行分割。

针对保费来自夫妻双方个人财产的情况，在实务中，若能证明婚后该保险来源属于个人财产，则同样不予分割。例如，夫妻双方在婚内将部分财产已作出了分割，一方利用该笔财产购买保险，在离婚时则该保险视为夫妻一方财产不予分割。

（4）一方利用个人财产为另一方购买保险

《婚姻法》第17条规定，夫妻一方接受的赠与属于夫妻共同财产，要在离婚时进行分割，所以这类保险视为投保人对被保险人的赠与，仍予以分割。

7. 婚前投保婚后缴费，那么对于这种情况的保单如何处理呢？

这属于婚前、婚后财产的混同，可以类比婚前购房、婚后共同还贷的房产分割方式来思考。婚前投保，保单属于投保人的个人财产。当然，对于婚后支付的保费，往往会判决给付对方补偿款。在一份判决书中，法院表述如下："关于原告名下的保险，虽然原告的保险购买于婚前，延续至婚后，但部分保费支出于婚前，部分保费支出于婚后，婚前的支出为原告个人财产，婚后的支出因原告举证不足，推定为夫妻共同财产，依法分割。"

（1）法院对保单利益的几种处理方式

婚前投保的保单，在婚后可能有红利返还等部分，也可能在婚后领取保险金。对于这些保单利益，司法实践中法院有以下处理方式。

* 婚前缴纳的保费及相应收益归投保人

任何一方在婚前投保且在婚前领取收益，自然属于婚前个人财产及其财产的变形。因此，保单作为特殊形式的财产，可以起到婚前、婚后资产隔离的功能。

* 婚后领取的分红与收益都归投保人

一则离婚案中，男方婚前投保了保险，因此女方要求分割。男方称该保险系自己婚前购买，属于依附于个人人身的财产，不应分割。法院认为，其投保的虽是个人保险，但是缴纳保费却是在夫妻关系存续期间，缴纳保费的现金金额应认定为夫妻共同财产，保险分红和收益可根据保险合同约定，归投保人个

人所有。对于女方要求分割保费的主张，符合法律规定，应予支持，判决由男方向女方支付婚内所缴纳保费的一半。

* 补偿对方婚后支付的保费及红利的一半

原告婚前投保两全保险，其中婚后缴纳的保费及保险公司的返还部分共10万元，法院认为上述款项属夫妻共同财产，应予分割。因此作出判决，原告名下的两全保险权益归原告所有，原告应支付对方保费及红利的一半作为补偿款。

* 婚后领取的保险金的归属

前三种情况讨论的都是投保人是否需要给配偶补偿款。保险金则是由受益人领取，有可能是投保人，那么保险金属于受益人的个人财产还是夫妻共同财产就要看保险金的性质了。

根据全国法院会议纪要的精神，以生存到一定年龄为给付条件的具有现金价值的保单所获得的保险金，倾向于认定为共同财产。

而一方领取的具有人身性质保险金属于个人财产。夫妻一方作为被保险人依据意外伤害保险合同、健康保险合同获得的具有人身性质的保险金，或者作为受益人依据以死亡为给付条件的人寿保险合同获得的保险金，宜认定为个人财产，但双方另有约定的除外。

（2）法院态度如上，应该如何规划？

婚前投保，你已经快人一步。想要做到更大程度的隔离，送你四个锦囊：

* 婚前趸交
* 婚内用个人财产缴费
* 婚后保费父母单方赠与
* 婚内财产约定

第四节　结　语

人寿保险产品的迅速发展和完善，使其在风险管理及家族财富管理传承中的角色逐渐被认可。婚姻生活的和谐固然是所有人的美好希冀，但在遇到无法维持家庭生活的情况出现时，合法合理处分财产同样重要。目前，由于法律规定的滞后性及保险产品种类的多样性，离婚保单分割的裁判结果仍比较复杂。

离婚保单处理，从现行的法律法规中可以找到原则性的规定。我们抓住主干即可。离婚保单分割涉及的法律规定有如下几条：

1.《婚姻法》第17条明确了我国夫妻共同财产的范围，包括婚后取得的工资、奖金；生产、经营的收益；知识产权的收益；继承或赠与所得的财产等。只要是婚后取得的财产都属于夫妻共同财产，保险并无例外。

2.《婚姻法》第18条规定了哪些财产属于夫妻一方个人的财产，包括一方的婚前财产；一方因身体受到伤害获得的医疗费、残疾人生活补助费等费用；遗嘱或赠与合同中确定只归夫或妻一方的财产等。因此，婚前投保的保单或健康险、意外险等获得的保险金就属于个人财产。父母投保时明确赠与子女一人所有的保单，也属于个人财产。

3.《婚姻法》第19条明确了夫妻可以约定婚姻关系存续期间所得的财产的归属，就为夫妻之间进行保单规划提供了明确的法律依据。

4.《继承法》规定我们都可以立遗嘱处分财产，因此父母在遗嘱中明确只归子女一人所有的保单，也属于个人财产，哪怕是婚后投保。

另外，《最高人民法院第八次全国法院民事商事审判工作会议纪要》中也

有相当细致的规定，虽不是法律但是代表了法院目前的司法态度，完全可以作为我们进行离婚保单分割的依据。

我们做了大数据统计之后发现，法院判决和上述法律规定以及会议纪要的精神是一脉相承的，总结常见的 7 种处理方式。

1. 婚前投保的保单，属于一方婚前的个人财产，离婚时不予分割。

2. 以夫妻共同财产投保，投保人和被保险人同为夫妻一方，不愿意继续投保的，退还的现金价值为夫妻共同财产；继续投保的，投保人应当支付现金价值的一半给另一方。

3. 夫妻双方互为投被保人或受益人为对方，离婚时宜变更投保人或受益人，给对方现金价值一半的补偿款。

4. 用共同财产为子女所购保险，视为对子女的赠与，离婚时一般不予分割，离婚后子女的保险费由抚养权人继续缴纳或双方共同承担。

5. 夫妻一方作为被保险人依据意外、健康保险合同获得的具有人身性质的保险金，或者作为受益人依据以死亡为给付条件的人寿保险合同获得的保险金，宜认定为个人财产。

6. 依据以生存到一定年龄为给付条件的具有现金价值的保险合同获得的保险金，宜认定为共同财产。

7. 有赠与协议、遗嘱或夫妻之间有婚内财产约定的，依据相关文件的约定处理。简单来说，为子女购买的保险原则上属于对子女的赠与，实践中倾向于不分割；夫妻婚后购买的保单属于夫妻共同财产，离婚时应作为夫妻共同财产进行分割。具体分割时视保单设置的不同有不同情形，最终的原则是将投入（投保人）、风险（被保险人）与利益（受益人）归于同一人，由该方给对方补偿款，一般是保费的一半，有的判例中为现金价值的一半。

保险欠债
还不还

BIG DATA

前　言

关于人寿保单避债的问题，有一则广为传播却未经证实的经典案例。肯尼思·莱是安然公司的主席及首席执行官，安然公司破产时公司的所有资产均遭到清算，但肯尼思·莱夫妻购买的 400 万美元人寿保险则受到法律保护，债权人无法以此为由起诉肯尼思·莱夫妻。两人按保险合同可从保单中领取 90 万美元的年金，能够在公司债务缠身的状况下抽身。

那么在我国人寿保险是否具有避债功能呢？"买保险可逃税避债"、"保险不会被强制执行偿债"的观点一直在保险业流传，高净值人士和理财精英如何在这种真真假假的说法中突出重围，拨开迷雾得到事实真相从而真正维护自身的权益？当投保人利用人寿保险进行恶意规避债务的情况出现时，债权人如何保护自己的利益？当受益人的受益权与债权人的债权冲突时，我们又该如何平衡二者的利益呢？

我国《保险法》和相关的司法解释对此规定并不清晰，本文用大量真实的裁判案例和清晰的图表，试图在类似案件中探索出法院的裁判思路，通过典型案例来指导实践。

人寿保险简称"寿险"，它和人身意外伤害保险、健康保险一起构成人身保险的三大基本险别。[①] 根据保监会《人寿保险公司保险条款和保险资产管理办法》规定，人寿保险包括定期寿险、终身寿险、两全保险等。由于我国现行

---

① 徐卫东.保险法学 [M].北京：科学出版社，2004：21.

法律法规、司法解释未对"人寿保险欠债还不还"作全面的规定，但是指定受益人的保险金不作为遗产的规定，以及裁判案例中保险作为一种资产保全方式在特定条件下呈现出的对抗风险的作用，让我们相信人寿保险在债务规避方面的功能。人寿保险是否可以避债不能一概而论，应该具体情况具体分析。

本分析报告通过中国裁判文书、无讼案例等网站收集裁判文书，对人寿保险欠债"还不还"的现状、地域分布、裁判意见进行分析，并对这些案例进行数据统计、总结提炼了当前保险欠债纠纷特点。同时结合可视化图表，为读者处理类似纠纷提供可参考的数据。虽然不能将此报告作为最终确切、万无一失的答案，但由于本章总结了司法实践中或肯定或否定的案例，相信总有相似的价值判断逻辑，所以本数据分析在"人寿保险欠债还不还"的司法实践中具有重要的参考现实意义。

第一节 人寿保险欠债还不还类裁判案例大数据

一、全国人寿保险欠债还不还类案例大数据分析

（一）人寿保险欠债还不还类案件的数据来源

案例来源：中国裁判文书网、无讼案例

期限：2005 年至 2017 年 7 月 1 日（以最后一次访问裁判文书网为止）

法院：全国各级法院

案例来源：中国裁判文书网、无讼案例

期限：2007 年至 2017 年 6 月 22 日（以最后一次访问裁判文书网为止）

法院：全国各级法院

检索关键词：人寿保险、借款

案例收集截止日期：2017 年 6 月 22 日

数量：采样 7918 件

其中裁判观点整理：344 件

【数据剖析】本报告所有数据均来源于中国裁判文书网及无讼案例等法律数据网站，裁判文书截取时间为 2007 年至 2017 年。筛选出的裁判文书逐一按照案件类型进行了归类和数据统计。

（二）人寿保险欠债还不还类案件的年度变化

【数据阐明】根据案例数量年份分布图所示，案件主要分布在 2014—2016 年，其中，2015 年 97 件，2016 年 93 件，2014 年 69 件。在 2013 年之前的案件数就相对较少：2010—2013 年的案件数分别是 15 件、7 件、8 件和 34 件。

由于 2017 年还未结束，很多案件还未判决或者裁定或者未进入数据库中，因此案件数暂时落后。

年度变化情况

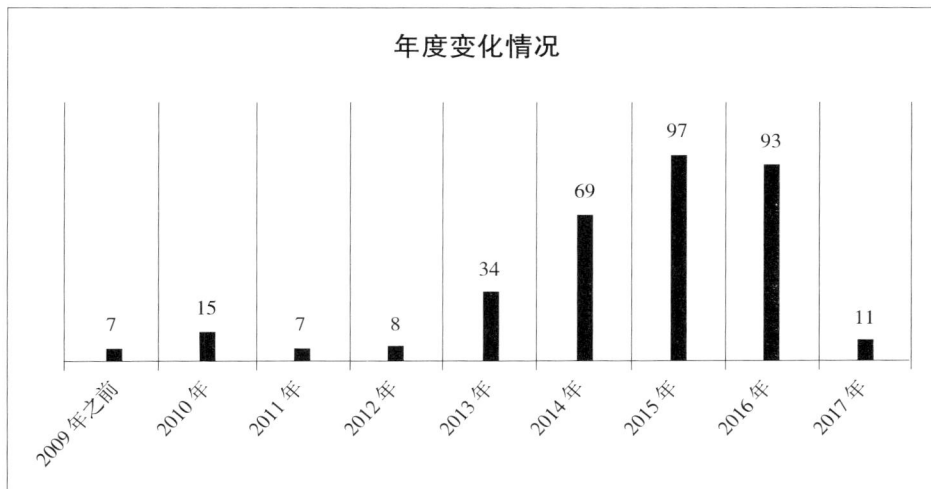

图1　案件的年份分布情况

【数据剖析】随着我国经济的发展，公众财产形式的多元化日益显现，保险理财产品对大众的普及是此类案件逐步增长的条件。而且，2015 年以后经济形势持续下行，债权债务问题随着行业不景气逐渐暴露，债务人寻求保险的庇护希望能实现债务隔离，保险欠债还不还在经济大环境下愈加尖锐。

（三）人寿保险欠债还不还类案件的全国地域分布

【数据阐明】根据筛选到的有效案例，涉及"人寿保险欠债还不还"争议焦点的案件共涉及 27 个省份，其中最多的是河南省，其次是吉林省。随着浙江省高院执行局下发了《关于加强和规范对被执行人拥有的人身保险产品财产利益执行的通知》①，浙江省的相关案件数量急剧增加，位列三甲之内。其次分别是江苏省、山东省、陕西省、广东省等。

案件地域分布

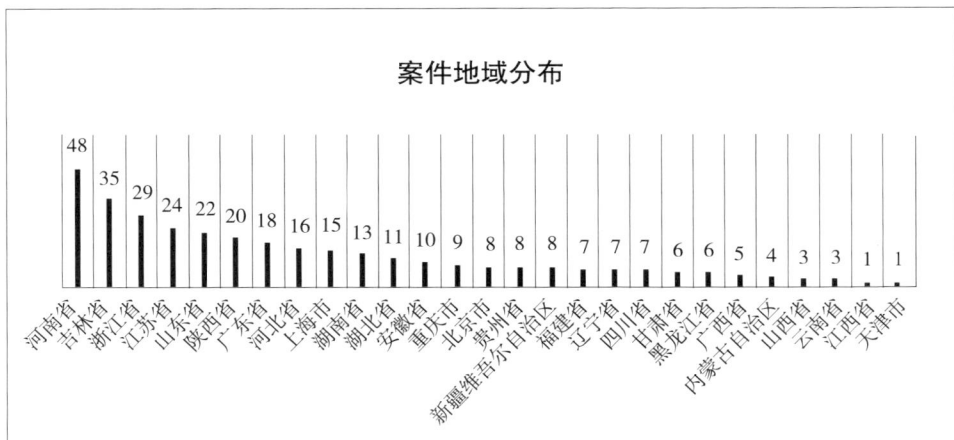

图2　案件地域分布

【数据剖析】该类纠纷在全国的分布不均匀，即使在省份中的分布较为零散，仍然可以发现一定的规律。在东部和中部省份中涉案纠纷较多，西南和西北部的涉案纠纷较少。这与各个地区的经济活跃程度呈正相关关系。

（四）人寿保险欠债还不还类案件的审理概况

【数据阐明】在所有涉及保险债务隔离的案件中，基层人民法院处理的案件（一审案件）占总数的75.5%；中级人民法院处理的案件（一般为二审程序）比例为19.5%，高级人民法院和最高院处理的案件（一般是重审和再审程序）占比最少，为5%。

【数据剖析】债权债务纠纷事实清楚，较少疑难复杂案件，根据法院级别

---

① 浙江高院《关于加强和规范对被执行人拥有的人身保险产品财产利益执行的通知》第一条：投保人购买传统型、分红型、投资连接型、万能型人身保险产品、依保单约定可获得的生存保险金，或以现金方式支付的保单红利，或退保后保单的现金价值，均属于投保人、被保险人或受益人的财产权。当投保人、被保险人或受益人作为被执行人时，该财产权属于责任财产，人民法院可以执行。第二条：各级法院应加强对被执行人拥有人身保险产品的查控，保险机构负有协助法院查询、冻结、处置被执行人拥有的人身保险产品财产利益的义务。

管辖，一般属于基层人民法院受理。

审理程序分布

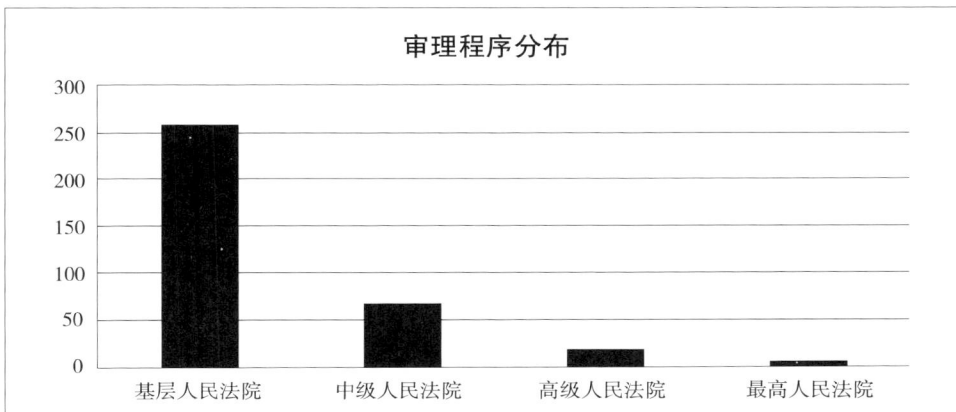

图3　法院层级分布

（五）人寿保险欠债还不还类案件的案由分布①

【数据阐明】研究人寿保险欠债还不还的问题，37.3% 的纠纷案由是民间借贷，30.4% 的纠纷案由是继承纠纷。被继承人债务纠纷占了整体的 10.1%，借款合同纠纷，占总比例的 7.5%。其他的案由都属于民法中债的问题，特罗列最具代表性的案由分布略窥一二。

【数据剖析】在本章的纠纷中，被继承纠纷清偿债务纠纷占了比较大的比重，表明了在继承法领域和保险法领域产生了较多重合，有部分案件需要依据继承法判断继承人再解决保险纠纷问题。而且解决的是债权债务问题，即合同之债的案由占比大。

---

① 其他案件案由包括：案外人执行异议、不当得利纠纷、典当纠纷、共有物分割纠纷、合伙协议纠纷、合同纠纷、追偿权纠纷、委托合同纠纷、买卖合同纠纷、信用卡纠纷、析产纠纷等

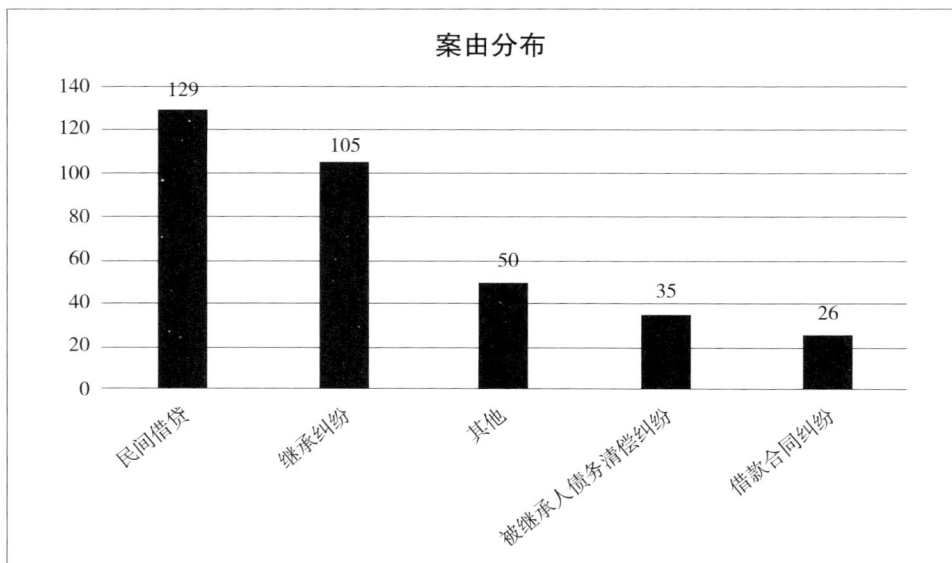

图4　人寿保险的案由分布

（六）人寿保险欠债还不还类案件的主要险种

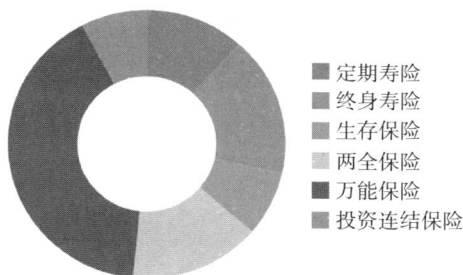

图5　样本保险种分布情况

【数据阐明】针对涉案的具体险种进行分类[①]，样本中涉及险种占最大比例的是万能保险，占38%。其次是两全保险，占19%。终身寿险所占的比例是16%，定期寿险、投资连接保险和生存保险分别为12%、8%和7%。

[①] 参考中国保险监督委员会——青岛监管局官网 http://www.circ.gov.cn/web/site29/tab7428/info3910359.htm

【数据剖析】从统计来看，险种有不少是出于理财需求，更倾向于购买理财型保险和大额保单，再则，如果所涉保险的标的额不大，债务人保单现金价值与需要偿还的债务相去甚远，即使强制提取也对债务偿还意义不大。

（七）人寿保险欠债还不还类案件的二审裁判结果分布

二审裁判结果

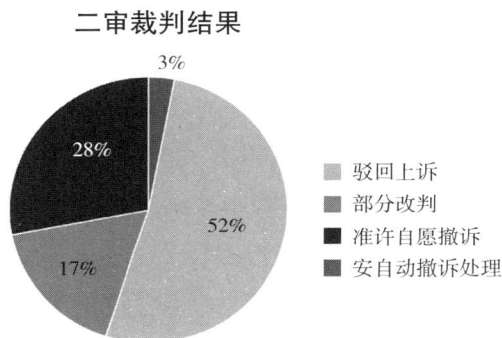

图6　二审裁判结果

【数据阐明】在研究的裁判文书中，结果为"驳回上诉"的案件占52%，因此上诉的胜诉率是比较低的。改判比为17%，且改判的情况全部为部分改判的情况。准许自愿撤诉的占28%，按自动撤诉处理的案件比例为3%。

【数据剖析】在此类案件中，法律关系较为简单，维持原判的案件占多数。

（八）人寿保险欠款还不还类案件的类型分布

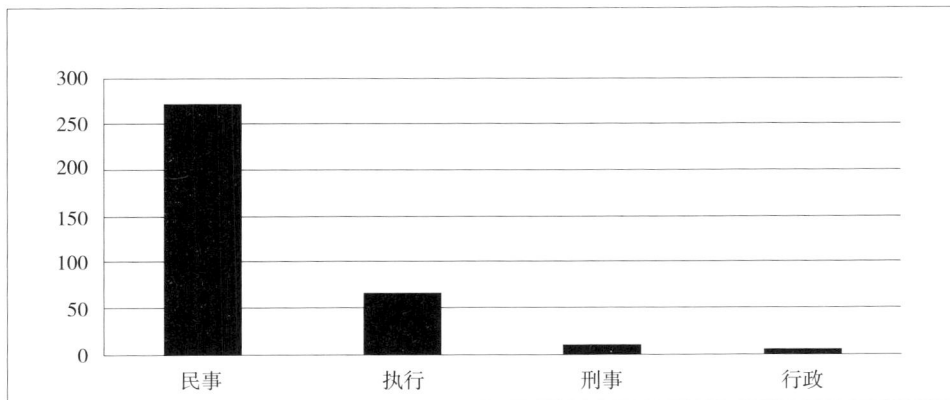

图7　案件类型分布

【数据阐明】涉及的样本数据中，民事案件占大多数，达到总体的 78.8%，执行案件紧随其后，为 19.4%。另外还有 1.4% 的案件为刑事案件。

【数据剖析】合同之债对应的为民事案件，民间借贷纠纷属于最常见的合同之债。

（九）人寿保险欠款还不还类案件的文书类型分布

文书类型概况

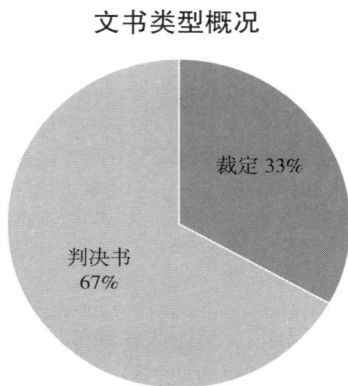

图8　文书类型分布

【数据阐明】样本数据中的文书类型，裁定书占总体的 33%，判决书占总体的 67%。

【数据剖析】保单的避债问题主要发生在判决阶段和执行阶段，所以判决书和裁定书都是保单避债问题的重要法律文本。

【数据阐明】民事判决书最多为 75%，民事判决书又可分为一审民事判决书、二审民事判决书和再审民事判决书，一审民事判决书仍然占全部判决书的 58%。紧随其后的是执行裁定书，占整体的 19.1%。行政裁定书和刑事裁定书排在最后。

【数据剖析】具体文书类型又分为刑事判决书、民事裁定书、民事判决书、行政裁定书、刑事裁定书、执行裁定书六种。采取的样本数据中民事判决书最常见。

文书类型分布

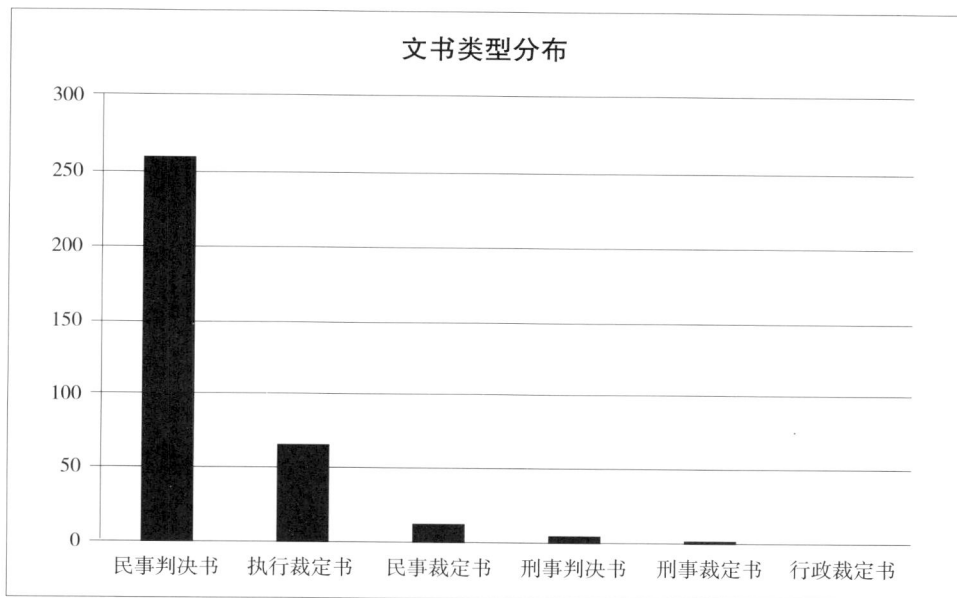

图9　文书具体类型分布

二、人寿保险欠债还不还类案件裁判观点概览

（一）法院裁判观点综述

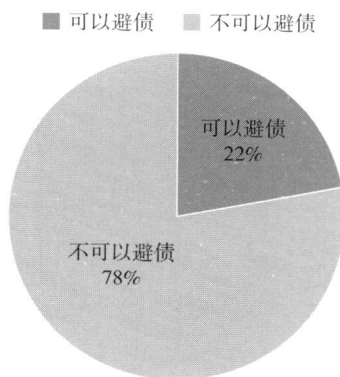

图10　是否能够避债情况分析

查找文书样本中法院针对人寿保险欠债还不还观点的具体分析：

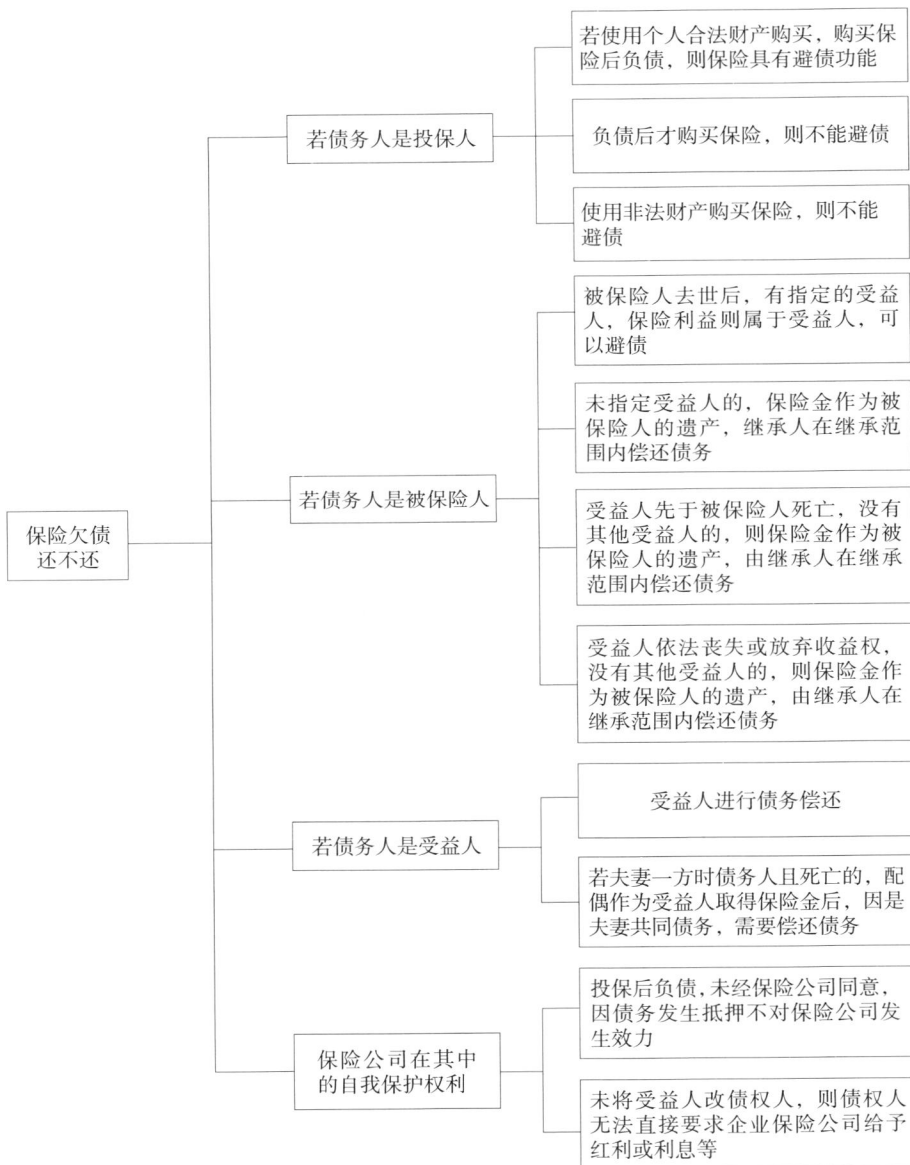

保险欠债还不还

- 若债务人是投保人
  - 若使用个人合法财产购买，购买保险后负债，则保险具有避债功能
  - 负债后才购买保险，则不能避债
  - 使用非法财产购买保险，则不能避债

- 若债务人是被保险人
  - 被保险人去世后，有指定的受益人，保险利益则属于受益人，可以避债
  - 未指定受益人的，保险金作为被保险人的遗产，继承人在继承范围内偿还债务
  - 受益人先于被保险人死亡，没有其他受益人的，则保险金作为被保险人的遗产，由继承人在继承范围内偿还债务
  - 受益人依法丧失或放弃收益权，没有其他受益人的，则保险金作为被保险人的遗产，由继承人在继承范围内偿还债务

- 若债务人是受益人
  - 受益人进行债务偿还
  - 若夫妻一方时债务人且死亡的，配偶作为受益人取得保险金后，因是夫妻共同债务，需要偿还债务

- 保险公司在其中的自我保护权利
  - 投保后负债，未经保险公司同意，因债务发生抵押不对保险公司发生效力
  - 未将受益人改债权人，则债权人无法直接要求企业保险公司给予红利或利息等

图11　法院裁判观点集锦

（二）法院裁判观点

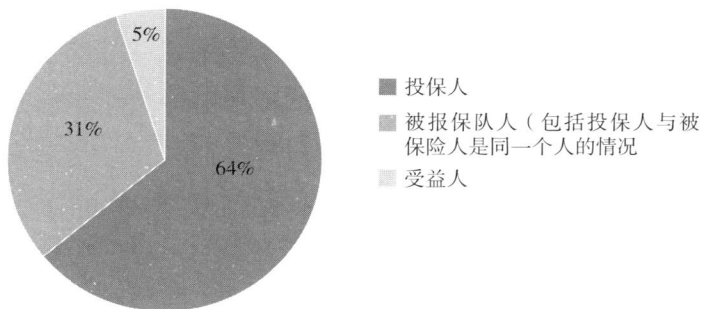

图12　债务人的身份情况分布

【数据阐明】债务人在保单中的身份不同，所承担的责任也不一样。讨论"人寿保险欠债还不还"就需要讨论债务人的身份。在样本中，债务人是投保人的比例最重，占总比例的64%。另外，债务人在投保时极有可能将自己作为被保险人，所以在样本数据分析时，将被保险人与保险人是同一人的情况作了分析，占总比例的31%，债务人是受益人的情况占比5%。

下面针对债务人不同的身份状况进行人寿保险欠债还不还的具体讨论。

1. 当债务人为投保人时

若其用个人合法财产购买保险，且在购买保险之后负债，则保险具有避债功能，只要没有证据证明其保险合同无效，或无法证明其购买资金来源非法，则该合同项下相关权益受到法律保护，归属于被保险人或受益人。

（1）如果是负债之后才购买的保险[①]：在欠下债务的情况下购买巨额保险，具有明显规避债务的意图，人寿保险属发展、享受型消费，并非生存必需型消费，举债后拆借购买，显然有违常理。在执行案件中，投保人为被执行人的前提下，被保险人、受益人权益与生效裁判文书债权人权益相冲突，人民法院应

---

① 类似的案例有：（2014）沈中民一终字第 2541 号、（2010）驻法执字第 00035 号、（2014）辽中民三初字第 2983 号、（2014）铜民诉保字第 00139 号、（2015）宝民初字第 1735 号、（2010）南民商终字第 228 号

保护生效裁判文书债权人的合法权益；且如果不能执行这类保险合同，将可能造成被执行人通过购买此类保险以逃避债务。为了保护债权人的利益防止债务人恶意避债，法院会依法进行强制执行。

（2）保险财产作为一种特殊的金融产品，依照目前我国法律的相关规定，合法有效的寿险合同具有一定的避债功能，反之不具有避债功能。比如投保人的资金来源属于非法所得[1]，按照《合同法》的规定，以此订立的人寿保险合同不能成立，保险利益不能得到保障。所以，要想保险的避债功能在人寿保险中体现出来，必须满足一个大前提，即保险合同必须合法有效。假设投保人用于购买人寿保险的资金涉及刑事犯罪，并有足够的证据证明购买保险的资金是违法所得，触犯了刑法，法院是可以冻结、扣押、查封涉案人的保险。

2. 当债务人是被保险人时

分为已指定受益人和未指定受益人两大类状况，大致情况如下：

（1）当被保险人死亡后，指定了受益人[2]，则该保险利益属于受益人。在指定受益人的情况下，保险金属于受益人的专属债权，这时保险金与投保人没有任何关系——当投保人与保险人订立人寿保险合同的时，必须明确指明具体的受益人且指定的受益人必须符合法律的相关规定，否则就无法达到避债的效果。

---

[1] 类似的案例有：（2015）通刑初字第 127 号、（2016）湘 1230 执 129 号、（2016）苏 0115 执异 65 号、（2016）川 1102 执异字 36 号、（2014）浦民一（民）初字第 13454 号、（2016）苏 0115 执 3259 号、（2013）温泰民重字第 5 号、（2012）西民初字第 02306 号、（2016）黑 2701 民初 17 号、（2014）龙民初字第 3109 号、（2015）浦民一（民）初字第 7961 号、（2016）湘 0682 执异第 5 号、（2014）湛中法民一终字第 48 号

[2] 类似的案例有：（2016）苏 0115 执异 65 号、（2016）川 1102 执异字 36 号、（2014）浦民一（民）初字第 13454 号、（2016）苏 0115 执 3259 号、（2013）温泰民重字第 5 号、（2012）西民初字第 02306 号、（2016）黑 2701 民初 17 号、（2014）龙民初字第 3109 号、（2015）浦民一（民）初字第 7961 号、（2016）湘 0682 执异第 5 号、（2014）湛中法民一终字第 48 号

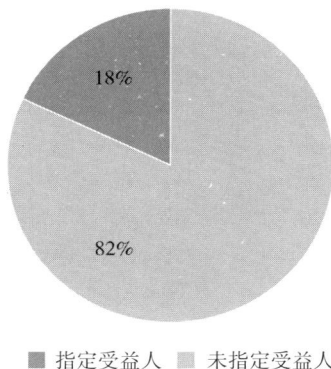

保险欠债
还不还

图13　两大类别分布情况

■ 指定受益人　■ 未指定受益人

最高人民法院关于保险金能否作为被保险人遗产的批复（1988年3月24日）第一条：根据我国保险法规有关条文规定的精神，人身保险金能否列入被保险人的遗产，取决于被保险人是否指定了受益人。指定了受益人的，被保险人死亡后，其人身保险金应付给受益人。一旦人寿保险合同生效，在人寿保险合同中体现的只有保险金额（保额），保险金额的性质是在被保险人名下的个人财产，只和被保险人或受益人有关，与投保人已毫无关系这种情况下可以避债。或者认为虽然未指定受益人，但是范围是确定的，不能作为遗产继承[1]。

（2）人寿保单中指定受益人（同时作为被保险人的继承人）放弃继承权后，人寿保险可以起到被保险人与其财富继承人（保单受益人）"债务隔离作用"[2]。

（3）当被保险人死亡后，没有指定受益人时，则将保险金作为被保险人的遗产，法定继承人领取保险金后应该先偿还被继承人生前的债务[3]。或者认为虽然未指定受益人，但范围是确定的，不能作为遗产继承[4]。或者被保险人与受益人是同一个人，当被保险人即受益人死亡后，需要将保险金作为遗产等待

[1] 案件来源：中国裁判文书网，案号：（2016）湘0223执异18号
[2] 案件来源：中国裁判文书网，案号：（2015）丰执异字第3号
[3] 案例来源：中国裁判文书网，案号：（2016）陕0825民初7148号
[4] 案例来源：中国裁判文书网，案号：（2016）湘0223执异18号

继承人继承。[①]

具体继承方式：《中华人民共和国继承法》第十条第一款第（一）项规定："遗产按照下列顺序继承：第一顺序：配偶、子女、父母。"因被保险人死亡获得的保险赔偿金应当由被保险人的继承人共同继承所有。根据《继承法》第十三条第一、二款："同一顺序继承人继承遗产的份额，一般应当均等。对生活有特殊困难的缺乏劳动能力的继承人，分配遗产时，应当予以照顾。"第三十三条："继承遗产应当清偿被继承人依法应当缴纳的税款和债务，缴纳税款和清偿债务以他的遗产实际价值为限。超过遗产实际价值部分，继承人自愿偿还的不在此限"的规定，应当将保险金作为遗产共同继承，并在继承的范围内进行偿还债务。

（4）以下情况中，保险金也作为被保险人的遗产继承：受益人先于被保险人死亡，没有其他受益人的；或者受益人依法丧失受益权或者放弃受益权，没有其他受益人的。保险金作为被保险人的遗产，由保险人向被保险人的继承人履行给付保险金的义务，其保险金应该作为遗产由其继承人继承，应对被保险人生前的债务进行偿还，承担的范围应以遗产的实际价值为限。

3. 当债务人是受益时

（1）当债务人是受益人时，领取的保险金用于偿还受益人所欠的债务。

（2）当夫妻一方是债务人，且死亡的，配偶作为受益人取得保险金后，因为夫妻关系存续期间以一方的名义所借的债款也是夫妻共同债务，因此配偶的财产仍然难逃偿债的命运。因此，保险合同中指定配偶为受益人的，债务隔离作用受限。[②]

---

① 案例来源：中国裁判文书网，案号：（2009）桐吴民初字第 66 号
② 案例来源：中国裁判文书网，案号：（2013）梧民三终字第 106 号、（2013）豫 0581 执异 27 号

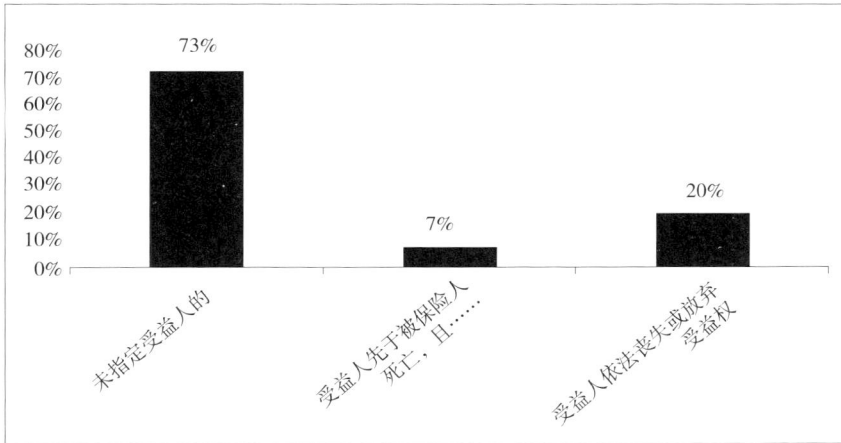

图14　无其他受益人的具体情况分布

（三）人寿保险的"延缓作用"对债务隔离的帮助

基于人寿保险的债权是专属于债务人自身的债权，债权人无法用自己的名义代位行使债务人的债权。保险公司依据保险合同应该付给债务人的保险金，专属于债务人自身的债权，即在债务人没有向保险公司理赔的话，债权人没有权利向保险公司行使给付保险金的债权请求权。

《合同法》第73条规定，债权人可以向人民法院请求以自己的名义代位行使债务人的债权，但该债权专属于债务人自身的除外。《最高人民法院关于适用〈中华人民共和国合同法〉若干问题的解释（一）》第12条又对专属于债务人自身的债权做了进一步的解释："合同法第73条第一款规定的专属于债务人自身的债权，是指基于扶养关系、抚养关系、赡养关系、继承关系产生的给付请求权和劳动报酬、退休金、养老金、抚恤金、安置费、人寿保险、人身伤害赔偿请求权等权利。"

根据《保险法》第26条的规定：人寿保险的被保险人或者受益人向保险人请求给付保险金的诉讼时效期间为五年，自其知道或者应当知道保险事故发生之日起计算。所以债务人如果想发挥保单的债务隔离功能，可以延迟五年申领保险金。当然，如五年之内债务没有消灭，理赔金还是无法保全的。同时还

需要承担在这五年期间可能导致保险理赔事故难以认定、保险证据灭失等问题带来的诉讼风险，甚至丧失理赔金的风险。

而且在具体的司法实践中，在保险公司有受益人赔偿金可以领取而没有领取，即使法院不能向保险公司直接强制划拨，也完全可以责令受益人立即向保险公司申请主张，如果不履行的话轻则可以罚款拘留，重则可能构成《最高人民法院关于审理拒不执行判决、裁定刑事案件适用法律若干问题的解释》第 1 条规定的"拒不履行判决、裁定罪"。因此，五年诉讼时效的"拖延"只是多一条救济途径的思考和提醒，在司法实践中还需要结合实际案例和法院不同的价值评判。

（四）保险法律结构对保险公司的保障

保险在其中也承担着不小的法律风险，由于保险法律结构的特殊性，其中也暗含着对保险公司自身权利的保障，主要有以下两点：

（1）投保后负债，在保险合同条款有相关规定的前提下，未经保险公司同意，因债务发生的质押不对保险公司发生法律效力。[①]

（2）投保人作为债务人，可与债权人约定将保险合同中红利、利息用于归还债务，但若未将受益人改为债权人，则债权人无法直接要求保险公司给予红利及利息。[②]

---

① 案例来源：中国裁判文书网，案号：（2014）焦民以终字第 426 号
② 案例来源：中国裁判文书网，案号：（2014）南市民四终字第 63 号

第二节　经典案例

在没有法律具体规定人寿保险欠债还不还的客观条件下，案例弥足珍贵。一切案例分析则具有同一的实用意义、法律价值和社会价值：理解法律文本、阐明基本法理；发现法律规则，引导我们在面对人寿保险欠债还不还的结果上进行司法实践和探索。在我们探索人寿保险是否欠债需要偿还的时候，仅靠法律知识还不够，还需要真正运用到实际案例之中，在每个不同的案例感受法院对人寿保险欠债还不还的评价观点。本案例分析包括裁判的观点和裁判事实，意图在案例的指导下，对人寿保险欠债还不还能够有个更清晰的规划。

一、人寿保险能够避债的情况

观点一：当债务人为投保人时，若其用个人合法财产购买保险，且在购买保险后负债，保险具有避债功能，只要没有证据证明其保险合同无效，或无法证明其购买资金来源非法，则该合同项下相关权益受到法律保护，归属于被保险人或受益人。

案例一：某保险公司与陈荣与马树梅、马树青民间借贷纠纷执行裁定书①

【基本案情】2013年1月5日，马树青立据向陈荣借款435 000元，马树梅对该笔借款提供担保，后该笔借款未能偿还而成诉。2015年2月10日，法院判决马树青偿还本金及利息，马树梅承担连带保证责任。而后二人未能按期

---

① 案件来源：中国裁判文书网，案号：（2017）苏1324执异9号

履行判决书确定的给付义务，2016 年 2 月 1 日，陈荣向法院申请执行，11 月 10 日，法院作出执行裁定书，裁定扣划马树梅在人寿保险某支公司的"某养老金保险（分红型）"收益 12 万元。人寿某支公司以该保险金尚未满足提取条件为由向法院提出异议，请求撤销该裁定书的执行。

【法院裁判】被执行人马树梅是用其合法资产购买的人寿保险产品，其在购买时没有恶意逃避债务、规避法院执行及其他法定退保情形的，法院不应强制解除保险合同并执行保单退保后的现金价值。本案中，涉案保险产品的购买发生于借款前几年，中间间隔时间较长，不存在以购买保险而逃避债务、规避法院执行之情形，亦不存在其他法定退保情形，且未到年金领取日，故不应强制解除保险合同并执行保单退保后的现金价值，异议人人寿某支公司的异议理由成立，法院予以支持。

【案件评析】本案中所涉案保险产品的投保人为民事案件中承担连带保证责任的担保人，投保人使用其合法资产购买该保险，在订立保险合同时是真实意思的表达，且没有证据证明其是规避债务的行为，投保人作为该保险合同的权益人对自己的权益具有支配作用。

观点二：当被保险人死亡后，指定了受益人，则该保险利益属于受益人。指定受益人的情况下，保险金属于受益人的专属权利，能够避债。

案例二：盖某与武某继承纠纷二审民事判决书①

【基本案情】：盖某与盖某 1 系父子关系。盖某 1 与武某于 2005 年 1 月 31 日登记结婚，婚后无子女。2011 年 9 月 11 日，盖某 1 因患白血病去世；盖某 1 在 2001 年 12 月 11 日向某保险公司投保险种为"世纪理财"的投资连接保险，该保单显示投保人为盖某 1，被保险人为盖某 1，生存保险金受益人为盖某 1、盖某 2，身故保险金受益人为妹妹盖某 2。2005 年 4 月 21 日，经盖某 1 申请，

① 案件来源：中国裁判文书网，案号：（2014）二中民终字第 02345 号

取消上述保单中盖某 2 的身故受益权，新增武某为该保单中的身故受益人。

2010 年 1 月 14 日，盖某 1 又与平安保险公司订立投保险种为"富贵人生"的保险，该保单显示投保人为盖某 1，被保险人为武某，生存保险金受益人为武某，身故保险金受益人为盖某 1。盖某 1 去世后，盖某诉至法院，要求分割盖某 1 保险金。

【法院裁判】盖某 1 于 2001 年 12 月 11 日投保险种为"世纪理财"的保险合同，经 2005 年 4 月 11 日变更，指定受益人为武某；于 2010 年 1 月 14 日投保险种为"富贵人生"两全保险的保险合同，被保险人为武某。盖某在平安保险公司所投保的两份保险，均为人身保险。法院认为根据《保险法》第 42 条之规定：保险合同受益人明确且未死亡，应由武某受益。故本案涉及的两份保险合同之保险金，皆不可视为盖某 1 的遗产进行继承。故法院对盖某的该项诉讼请求，不予支持。

【案件评析】本案中两份保险合同皆指定了受益人，故当被保险人死亡时，由受益人直接受益，所以保险金不被认为是被保险人的遗产。另本案中虽然涉及受益人的变更，投保人可以经过正当程序实现受益人的变更，且仍受法律的保护。

【案件涉及的法律法规】

《中华人民共和国保险法》第 42 条规定：被保险人死亡后，有下列情形之一的，保险金作为被保险人的遗产，由保险人依照《中华人民共和国继承法》的规定履行给付保险金的义务：（一）没有指定受益人，或者受益人指定不明无法确定的；（二）受益人先于被保险人死亡，没有其他受益人的；（三）受益人依法丧失受益权或者放弃受益权，没有其他受益人的。受益人与被保险人在同一事件中死亡，且不能确定死亡先后顺序的，推定受益人死亡在先。

案例三：申请执行人孙笑平与被执行人夏正兰、王平民间借贷纠纷①

【基本案情】王建宏生前与其妻夏正兰向孙笑平借款，2015 年 8 月 10 日王

---

① 案件来源：中国裁判文书网，案号：（2016）苏 0115 执异 65 号

建宏去世，其女儿王平作为继承人继承其财产。王建宏于 2000 年投保人寿保险，并指定王平为受益人，且王平于 2015 年 8 月 14 日申领了保险金 30 万元。2016 年 3 月 11 日，法院判决王平、夏正兰对孙笑平负有清偿 3 900 000 元借款和 1 250 176 元利息的还款责任，王平作为王建宏继承人应在遗产范围对债务进行偿还，后因夏正兰、王平未履行上述判决确定的义务，孙笑平向法院申请执行。法院执行时，冻结了王平 30 万元保险金，王平提出异议。

针对法院的执行措施，王平提出书面异议称保险单上指定受益人得到的 30 万元保险金不属于遗产，故请求法院对存款予以解除查封。

【案件裁判】王平在实际继承王建宏的遗产情况下，其承担清偿责任。王平从某某保险公司获得 30 万元保险金，系王建宏投保人寿保险，王平作为指定的受益人而获得的保险金。根据我国保险法规有关条文规定的精神，已指定受益人的人身保险金不属于入被保险人王建宏的遗产，故保险金由王平领取，并不因此需要承担其债务。

法院认为并无其他证据可证明王平继承了王建宏的财产，故只可冻结王平败诉所应承担的诉讼费，所以改"冻结被执行人王平存款 300 000 元"为"冻结被执行人王平存款 53 134 元"。

【案件评析】本案中，受益人也是继承人，如何分辨出继承遗产的范围和保单权益的范围是本案中的关键。继承人作为受益人是投保人（被继承人）在保单中指定的，因此领取的保险金可不用于偿还被继承人生前的债务，但是，被执行人承担法院诉讼费时，却不用区分款项来源是保险金还是个人的其他财产，因此法院最后冻结了相应款项作为诉讼费。

案例四：刘某丙、陈某等与王某甲、刘某甲继承纠纷二审民事判决书①

【基本案情】：原告刘某丙、陈某系夫妻关系，二人有儿子刘国法。刘国法与前妻王某甲育有两子刘某甲、刘某乙，刘国法于 2011 年 11 月 10 日因病死

① 案件来源：中国裁判文书网，案号：（2016）冀 05 民终 240 号

亡。刘某乙随刘某丙、陈某一起生活；女儿刘某甲随王某甲一起生活。2013 年原告刘某丙、陈某就刘国法遗产分割问题诉至法院，经原告申请，法院调取了某人寿保险公司刘国法的《保险单》和《理赔决定通知书》，保险合同生效日 2007 年 4 月 5 日，投保人刘国法，被保险人刘国法，身故保险金受益人王某甲 100%。主险：某人生终身寿险，给付疾病身故保险金 52 091.13 元。

【法院判决】原告所主张的刘国法生前在某人寿保险公司投保的保险金 5 万余元，因该笔保险金已指定受益人，依法律规定，该笔保险金不属于法定的保险金作为遗产的情形，故原告的主张，法院不予支持。

【案件评析】本案中的受益人是指定的，在被继承人即被保险人死亡发生继承时，其受益的保险金仍然可以对抗债权，属于受益人个人的权益，不受干扰。

观点三：认为虽然未指定受益人，但是范围是确定的，不能作为遗产继承，能够避债。

案例五：刘翔与刘湘梅、肖年梅民间借贷执行裁定书[1]。

【基本案情】：刘新建与刘翔是父子关系。肖年梅系刘新建之妻。刘新建生前在某人寿保险公司购买了两份人身保险合同。其中一份 12 万元的保险投保人刘新建，被保险人刘新建在合同中指定了身故保险金受益人为法定受益人。另一份 10 万元的人身保险未提供证据证实该保险指定了身故保险金受益人。

刘新建去世后，其子刘翔向保险公司提出理赔申请。因其父亲欠债太多，以致在安葬其父亲期间向亲戚朋友举债 4 万元将其安葬。法院在审理申请执行人刘湘梅与被执行人肖年梅、刘翔民间借贷纠纷一案中，于 2016 年 5 月 4 日下达判决书，判决肖年梅一次性偿还刘湘梅借款本金 200 000 元并按月利率 20‰自 2014 年 10 月 18 日起支付利息至实际还款之日止；被告刘翔在其继承

---

① 案件来源：中国裁判文书网，案号：（2016）湘 0223 执异 18 号

刘新建的遗产范围内偿还债务。

判决生效后该案进入执行程序，法院于 2016 年 7 月 18 日下达了执行裁定书，裁定划拨刘翔在某某银行的存款 250 000 元。异议人刘翔不服于 2016 年 7 月 26 日向法院提出异议。异议人认为法院判决异议人在继承刘新建的遗产范围内承担偿还责任有误，异议人没有继承刘新建的遗产，被扣划财产也不是刘新建的遗产。一笔商业保险赔款 12 万元，一笔商业保险赔款 10 万元，一笔社保赔款 58 303.65 元，两笔商业赔款均指定法定继承人为受益人，法定继承人只有肖年梅和异议人，社保赔款中 36 400 元为抚恤金，7 280 元为丧葬费，上述 263 680 元不属于遗产，除去肖年梅最多可分得的 128 200 元，另有 135 480 元属于异议人的个人财产，该 135 480 元依法不能冻结划拨和强制执行，否则将严重损害异议人的合法权益。现请求法院解除冻结措施，依法返还 135 480 元。

【法院判决】本案争议的焦点是刘翔在某银行的存款是刘翔个人的财产还是继承其父亲刘新建的遗产。保险公司赔付的 12 万元、10 万元保险金是不是其父亲的遗产问题。人身保险金能否列为被保险人的遗产，取决于被保险人是否指定了受益人，指定了受益人的，被保险人死后，其人身保险金应该付给受益人，未指定受益人的或者指定受益人不明无法确定的，被保险人死亡后，其人身保险金应作为遗产处理。

本案保险公司赔付的 12 万元是被保险人的人身保险金，刘新建生前在投保时，指定了其身故保险金受益人是其法定受益人。虽然未指定具体的受益人，但其指定的受益人范围是明确的，受益人也是可以确定的，其法定受益人只有肖年梅和异议人刘翔。指定了受益人的，被保险人死亡后，其人身保险金应付给受益人肖年梅和异议人刘翔。该保险金也是刘翔以指定受益人的身份从保险公司领取的，该财产是基于人身保险合同关系产生的肖年梅和异议人刘翔的个人财产，而不是基于继承得来的，因此该保险金不能作为遗产进行执行。因肖年梅也是指定受益人，其中上述 12 万元人身保险金肖年梅应享有 6 万元的份额，刘翔享有 6 万元，此部分资金可不用于债务承担。另有本案保险公司赔付的 10 万元保险金，因异议人未提供证据证实该保险指定了受益人，因此，该保险金应认定为刘新建的遗产。因此异议人刘翔提出的执行异议部分成立，法院予以支持。最终法院变更减少所冻结资金的数额。

【案件评析】保险金是不是遗产并进而用于偿债，关键看是否指定了受益人。如果明确了法定受益人受益的，也是属于指定受益人的情况，由所有法定继承人受益。如果没有指定受益人，则保险金作为遗产继承后需要偿还债务。

【案件涉及的法律法规】

《中华人民共和国民事诉讼法》第十七条 人民法院对执行行为异议，应当按照下列情形，分别处理：

（一）异议不成立的，裁定驳回异议；

（二）异议成立的，裁定撤销相关执行行为。

观点四：人寿保单中指定受益人（同时作为被保险人的继承人）放弃继承权后，人寿保险可以起到被保险人与其财富继承人（保单受益人）"债务隔离作用"。

案例六：案外人吴健达、申请执行人汪振基与被执行人翁玉燕民间借贷执行异议执行裁定书①

【基本案情】2014 年 9 月 29 日，人寿保险某支公司出具理赔决定补充说明，载明投保人为翁玉燕、被保险人为吴端龙、受益人为吴健达等人的五份人身保险合同，保险公司给付的身故保险金中吴健达受益的金额为 1 369 319.29 元。法院依据申请执行人汪振基与被执行人翁玉燕、吴健达民间借贷纠纷一案的民事判决书，于 2015 年 3 月 11 日作出执行裁定，并向保险公司发出协助执行通知书，要求协助"冻结被执行人翁玉燕、吴健达享有的保险受益金人民币

---

① 案件来源：中国裁判文书网，案号：（2015）丰执异字第 3 号

714 400 元（冻结期限一年）"。

吴建达提出了执行异议，理由是其对本案承担还款责任的前提是其已依法取得吴端龙（系翁玉燕丈夫、吴健达父亲）的遗产，而根据法律规定其应在继承遗产的实际价值范围内对本案债务承担还款责任；其既未继承取得吴端龙任何遗产，在审理中也明确表示放弃该继承，故法院不能将其个人列为本案的被执行对象；其被法院冻结的诉争款项是其依法取得的个人财产，该款项为指定受益人的保险理赔款，是基于被保险人吴端龙身故后保险合同指定受益人而取得的个人人寿保险理赔收益款；诉争款项依法不应作为被保险人吴端龙的遗产。请求解除对保险收益金的冻结。

【法院判决】被执行人吴健达承担该案债务的前提是继承吴端龙的遗产，才须"在继承遗产的实际价值的范围内对上述债务承担共同还款责任"，但吴健达已放弃继承，故不必承担还款责任。且《中华人民共和国保险法》第42条第1款规定："被保险人死亡后，有下列情形之一的，保险金作为被保险人的遗产，由保险人依照《中华人民共和国继承法》的规定履行给付保险金的义务：（一）没有指定受益人，或者受益人指定不明无法确定的；（二）受益人先于被保险人死亡，没有其他受益人的；（三）受益人依法丧失受益权或者放弃受益权，没有其他受益人的。"本案所诉争款项系受益人根据人寿保险合同中被保险人死亡后依合同享有的权益款，并非上述《中华人民共和国保险法》第42条第1款规定中被保险人的遗产，故诉争款项在本案中不是执行标的。异议人的请求有事实与法律依据，异议成立。

【案件评析】现实中，需区分继承人也是受益人所获得财产的来源。"在继承遗产的实际价值的范围内对上述债务承担共同还款责任"的前提是继承遗产，如果继承人放弃了继承，则不受此约定约束。

二、人寿保险不能避债的情况

观点一：如果是负债之后才进行的保险购买：在欠下债务的情况下购买巨额保险，具有明显规避债务的意图，人寿保险不可保全。

案例七：某保险公司驻马店分公司民事执行一案执行裁判书 ①

【基本案情】许彦博对王军征负有债务，在借贷事实清楚的情况拒不还债，并在某某保险公司购买了理财分红型人身保险。上蔡县人民法院在执行王军征与许彦博民间借贷纠纷一案中，于 2010 年 3 月 2 日作出民事裁定，划拨被执行人许彦博及其家庭成员刘华、许子旭应得保险的现金价值，责成某保险公司协助执行，但某保险公司拒绝协助执行。上蔡县人民法院作出（2007）上执字第 64—13 号罚款决定，依据《中华人民共和国民事诉讼法》第 102 条第 6 款、第 103 条第 2 款、第 104 条第 1 款，以某保险公司拒不履行协助执行义务，对其罚款 30 万元。

【法院判决】法院审查认为，本案被执行人许彦博在欠债不还的情况下，购买巨额理财分红型人身保险，属于恶意逃避债务的行为，法院裁定划拨该类保险的现金价值并无不当。但是某某保险公司是王军征申请执行许彦博民间借贷纠纷一案的协助执行人，而不是本案的被执行人，该公司拒不履行协助执行义务，应适用《中华人民共和国民事诉讼法》第一百零三条第一款第（四）项、第一百零四条第一款之规定进行处罚。而不应依据《中华人民共和国民事诉讼法》第一百零二条的有关规定进行处罚。另外，（2007）上执字第 64—13 号罚款决定对某某保险司处以 30 万元罚款，与该公司拒绝协助执行的原因和拒绝协助的情节不相适应，属处罚过重。

【案件评析】本案件涉及的是债务人在承受债务之后购买的人身保险，恶意避债重要的判断标准在于投保人订立寿险合同的时间，即投保人订立寿险合同时是在债务发生之前还是之后。当投保人在负债之前订立人寿保险合同即为

① 案件来源：中国裁判文书网，案号：（2010）驻法执字第 00035 号

"善意";当投保人已经资不抵债,在负债之后订立人寿保险合同即为"恶意"。恶意避债与法律具有根本价值冲突,是法律和法官进行法律案件评价时要杜绝的情况。所以本案中的被执行人在欠债不还的情况下,还购买巨额保险,属于非日常必需大宗消费,具有恶意避债的行为特色,故法院将其保险款进行强制执行,是对健康的债权债务关系的保护。

案例八:赵政福与周天德、薛亚忠案外人执行异议之诉二审 ①

【基本案情】薛亚忠因产品质量损害纠纷被判决赔偿周天德 344 572.33 元,薛亚忠将自己楼房出卖后使用其女婿赵政福的银行卡结算。2011 年 11 月 3 日,买房人将 70 万元买房款打入赵政福账户,2011 年 11 月 6 日,赵政福随即从此卡内支出 40 万元,用于在人寿保险某支公司投保 40 万元某保险(分红型),但此时周天德与第三人薛亚忠产品质量损害赔偿纠纷亦未结清。沈阳市中级人民法院作出裁定,对第三人薛亚忠的卖楼款 100 万元中的 40 万元予以查封(该款为赵政福持有的薛亚忠卖楼款,该款被赵政福购买了人寿保险某支公司投保 40 万元某保险(分红型),投保人为赵政福,身故受益人为赵政福的法定继承人,未经一审法院准予,不得支取。赵政福不服该裁决提出上诉。赵政福辩称购买该保险的资金是个人款项,且卖楼款已分多次还给了薛亚忠,并不存在规避债务的行为。

【法院判决】生效判决已判决薛亚忠赔偿周天德各项费用 34 万余元。薛亚忠理应将 100 万元卖楼款优先赔偿周天德,而薛亚忠却于 2011 年 11 月 3 日将卖楼款 70 万元存入赵政福卡内,赵政福卡里的钱于 2011 年至 2014 年间多次进行转账和现金支出,赵政福虽辩称多次转账及现金支出是还钱给薛亚忠,但赵政福未能提供充分的证据证明其账户取出的款项用于偿还第三人薛亚忠,应承担举证不能的法律后果。赵政福提出"投保 40 万元的保险是自己购买,不存在规避债务的行为"的主张,因赵政福购买的 40 万元保险是在薛亚忠将卖

① 案件来源:中国裁判文书网,案号(2014)沈中民一终字第 2541 号

楼款 70 万元存入赵政福卡里后购买，虽赵政福卡里尚余 20 余万元，但因钱为种类物，无法分清该笔保险是由赵政福借薛亚忠的钱购买还是用薛亚忠的钱购买，且赵政福在庭审时明确承认与薛亚忠无债权债务关系。故对其主张，法院不予支持。法院判决驳回上诉，维持原判，继续冻结该保险款项。

【案件评析】本案也是判断恶意避债的一个经典案例。以"是否以非法获取不当得利为目的"作为区分善恶的标准，在保险实务中难以判定。究竟该如何判断投保人的动机是以不当得利为目的？主观动机是相对属于意识层面的概念，在实务中用客观标准去衡量具有一定困难，并且在举证方面也可能存在无法实现的困难，不易判定。像本文的物品是钱这种种类物品，判断起来更加困难。

【案件涉及的法律法规】

《民法通则》第 72 条：财产所有权的取得，不得违反法律规定。按照合同或者其他合法方式取得财产的，财产所有权从财产交付时起转移，法律另有规定或者当事人另有约定的除外。

观点二：投保人的资金来源属于非法所得等的保险合同可能被认定为非法，不具备避债功能。

案例九：徐桂华领导、组织传销活动执行裁定一案①

【基本案情及裁判】2016 年 5 月 16 日，法院审理被告人徐桂华组织、领导传销活动一案，作出的（2015）通刑初字第 127 号刑事判决书已发生法律效力，并立案执行。根据该判决书，法院于 2016 年 8 月 18 日作出（2016）湘 1230 执 129 号执行裁定书，将徐桂华用违法所得赃款在人寿保险某支公司购买的某终身保险的保险费计 500 000 元及其孳息 26 195.52 元共计 526 195.52 元依法扣划至通道侗族自治县人民法院非税收入结算账户，并依法予以没收，

---

① 案件来源：中国裁判文书网，案号：（2016）湘 1230 执 129 号

上缴国库，本案已全部履行完毕。

案例十：李家新、李照新集资诈骗二审刑事裁定书 ①

【基本案情】2000 年以来，被告人李家新以做生意需资金周转为由，向社会公众承诺高息借款进行集资，欠下巨额债务。2012 年至 2014 年 3 月，李家新在无偿还能力的情况下，隐瞒其欠下巨额债务的真相，继续向李某等 31 人及单位高息集资，共实际骗取人民币约 10 096.8568 万元，得手后将小部分资金用于企业生产经营，大部分资金用于偿付之前所欠的集资本息、购买名贵车辆、房产和人寿保险等，李家新再以购置的房产向银行抵押贷款用于偿还集资本息，最终导致资不抵债，资金链断裂，李家新遂关闭手机逃匿。2014 年 4 月 29 日，公安机关将被告人李家新抓获。

【法院判决】被告人李家新行为构成集资诈骗罪；被告人李照新行为已构成非法吸收公众存款罪。冻结了李家新、李照新名下的各银行账户中的存款余额，同时冻结了户名为李照新的人寿保险某支公司账户中的资金，按照集资额比例返还给有关被害人；对于被告人李家新个人所有的其他财产和被告人李照新的其他违法所得，继续追缴。

【案件评析】发现涉案赃款（贪污受贿资金、诈骗或盗窃资金等）购买人寿保险，保险公司明知保费为赃款而恶意承保，保险公司取得的保费行为属于恶意取得，保费应当一律追缴。

由于投保人触犯了刑律，按"刑优于民"的原则，一般解决保险纠纷适用的《保险法》和《合同法》都属于民法，都应该让步于刑法的规定。依照《刑法》第 64 条："犯罪分子违法所得的一切财物，应当予以追缴或者责令退赔"的规定和第 59 条规定的没收财产方法：

1. 如果保险事故没有发生，法院可以强制投保人退保，对保单里的现金价值进行追缴。

---

① 案件来源：中国裁判文书网，案号：(2016) 粤刑终 845 号

2. 如果被保险人或受益人已经获得保险金，法院也会强制执行保险金，用于偿还被挪用的资金及利息。原因是虽然从保险费到保险金经过了一定的转化，但保险金仍然来源于投保人挪用的资金，并且被保险人或受益人是无偿取得这一利益的。

3. 当然，法院会给投保人个人及其扶养的家属保留必需的生活费用，以维持其个人和扶养的家属的生活。

观点三： 当被保险人死亡后，没有指定受益人时，则将保险金作为被保险人的遗产，法定继承人领取保险金后应该在先偿还被继承人生前的债务。

案例十一：王唯、刘浩与回玉杰及王颖、王艺涵民间借贷纠纷再审案①

【基本案情】 王嘉骅生前欠下回玉杰借款共计 3 539 998 元，在欠债未还的情况下去世。王嘉骅生前向某人寿保险公司投保的个人人身保险中的"身故受益及分配方式"一栏中填写为"法定"，而事实上王嘉骅有多个第一顺位的法定继承人，即受益人不明确。其保险金作为遗产由其继承人继承。刘浩系王嘉骅的继子，双方之间已形成抚养关系，刘浩、王唯作为王嘉骅遗产的第一顺位继承人，享有继承权。刘浩、王唯分别领取了王嘉骅生前投保的人身意外保险金 27 881.56 元。

【法院判决】 王嘉骅生前投保的人身保险中的身故受益人一栏填写为"法定"，而事实上王嘉骅有多个第一顺位的法定继承人，即受益人不明确，根据《保险法》第 42 条第 1 款规定：没有指定受益人，或者受益人指定不明无法确定的"，保险金应作为被保险人的遗产。再有《继承法》第 33 条关于"继承遗产应当清偿被继承人依法应当缴纳的税款和债务，缴纳税款和清偿债务以他的遗产实际价值为限。超过遗产实际价值部分，继承人自愿偿还的不在此限"的规定，故原审法院对此判决由刘浩、王唯作为继承人在继承财产的份额内对王

---

① 案件来源：中国裁判文书网，案号：（2017）吉民申 145 号

嘉驿生前债务承担清偿责任，并无不当。

【案件评析】首先，指定受益人不等于法定受益人，在类似案件中需要区分这二者。保险的身故受益人分为法定受益人和指定受益人，法定受益人所获保险金是作为被保险人的遗产，需先偿还被继承人的债务。而指定受益人所获保险金是直接来源于保险合同的保险金，不承担被保险人的生前债务。

案例十二：冯淑婉与钟尚喜等民间借贷纠纷一审案件 ①

【基本案情】钟勇是被告钟尚喜、黎廉的婚生儿子，被告赖铭洁与钟勇于2010年12月28日办理结婚登记手续。钟勇于2008年12月26日向原告借款50 000元，由钟勇于2013年2月24日补立借据一份给原告冯淑婉。钟勇再次于2013年2月24日向原告借款75 000元，约定于2014年6月29日前还清。

钟勇于2013年3月19日去世，在其去世之前，黎廉于2010年1月13日作为投保人以钟勇为被保险人向人寿保险某分公司投保某A保险（分红型）险种，保险金额51 861元，指定受益人为黎廉；2011年4月1日，黎廉作为投保人，以钟勇为被保险人向人寿保险某分公司投保某B保险(分红型)险种，保险金额20 000元，没有指定受益人；2011年4月6日，黎廉作为投保人，以钟勇为被保险人向寿保险某分公司投保某终身疾病保险险种，保险金额30 000元，没有指定受益人；2012年12月29日，黎廉作为投保人，以钟勇为被保险人向人寿保险某分公司投保某险种，保险金额113 600元，指定受益人为黎廉。

2013年4月26日，赖铭洁、钟尚喜与黎廉签订《保险金权益转让协议》，将其享有的保险金权益转让给黎廉。同年6月18日，黎廉与某保险公司达成给付钟勇身故保险金320 000元的协议，其中没有指定受益人的金额合计为150 000元。后该保险公司向黎廉支付了320 000元。

【法院判决】人寿保险公司支付给黎廉的320 000元中有150 000元没有指

---

① 案件来源：中国裁判文书网：案号:(2014)湛廉法民一初字第443号

定受益人，是属于钟勇的遗产，赖铭洁、钟尚喜、黎廉已依法定继承予以继承，应当用该笔款项偿还钟勇生前所欠的债务。该案判决赖铭洁、钟尚喜、黎廉在继承钟勇的人身保险金的 150 000 元内偿还冯淑婉的借款本金 50 000 元及利息。

【案件评析】被保险人钟勇身故，没有指定被保险人，保险金由其继承人继承，其继承人应在继承份额内对冯淑婉承担清偿责任。

案例十三：杨某某与乔某、惠某某、乔甲某、乔乙某被继承人债务清偿纠纷一审民事判决书①

【基本案情】原告杨某某与乔嘉桢是朋友，乔嘉桢于 2015 年 4 月 20 日向原告借款 60 000 元，并向原告出具了借据一张，约定月利率为 2.5%。后乔嘉桢因意外事故身亡，该笔借款的本金及利息分文未还。乔嘉桢生前所在单位定边县公安局于 2016 年 7 月 10 日作为投保人在某人寿保险公司给其职工购买了某团体保险，乔嘉桢是被保险人，保险期从 2016 年 7 月 10 日至 2017 年 7 月 9 日，保险限额为 300 000 元，被保险人和投保人未指定保险金的受益人，也未填写保险金受益人的信息。被告乔某，被告乔甲某、乔乙某的法定代理人刘某某均表示放弃对死者乔嘉桢所留遗产的继承，被告惠某某表示不放弃对乔嘉桢遗产的继承，但其没有能力偿还乔嘉桢生前所欠的债务。对于保险公司的赔偿款，被告认为应当为其保留必要的生活费用。

【法院裁判】被告乔某、惠某某、乔甲某、乔乙某作为第一顺序继承人，应当在继承乔嘉桢的遗产范围内向原告清偿债务。被告虽表示放弃对乔嘉桢的遗产继承，但本案中被告放弃继承，是在遗产处理前放弃继承的行为，该行为处于一种不稳定状态，不能产生约束力，且被告作为该遗产的第一顺序继承人，虽在遗产处理前表示放弃继承，但仍应当作为乔嘉桢的遗产管理人，并应承担以其所管理的遗产的实际价值为限，偿还被继承人债务的责任。故对被告

---

① 案件来源：中国裁判文书网，案号：（2016）陕 0825 民初 7148 号

的辩称，法院不予采信。

【案例评析】本案中被保险人死亡后，没有指定受益人，则将保险金作为被保险人的遗产，被告乔某、惠某某、乔甲某、乔乙某作为第一顺序继承人，在领取保险金后应该首先偿还被继承人生前的债务。本案还涉及到判断放弃继承的一个标准，即在遗产处理前放弃继承的行为，该行为处于一种不稳定状态，不能产生约束力。

案例十四：周群，化州市和安运输有限公司与莫庆彪、莫庆芳、莫涌、王林、魏朝芳、周芝通等其他执行执行复议案件裁定书①

【基本案情】莫定生欠下债务却于 2014 年 5 月 10 日不幸遭遇交通事故离世。莫定生与财产保险某分公司于 2013 年 12 月 13 日签订了一份《道路客运承运人责任保险》合同，该合同约定道路客运承运人责任每人（座）责任限额300 000 元。该合同没有指定受益人。

事故发生后，被执行人莫定生家属莫仁佐、袁少娟、郭卫红、莫武航、莫淦栋、莫淑兰、莫叔丽、莫舒舒共同起诉某汽车运输有限公司、某保险股份有限公司北流支公司赔偿交通事故导致原告的经济损失。法院经过审理，作出（2014）茂化法民三初字第 163 号民事判决：某保险公司在机动车交通事故责任强制保险的死亡伤残赔偿限额内赔偿 50 000 元、在第三者商业责任保险限额内赔偿 456 698.57 元，合计 506 698.57 元给原告莫仁佐、袁少娟、郭卫红、莫武航、莫淦栋、莫淑兰、莫叔丽、莫舒舒。原告莫武航（莫定生之子）已于2014 年 11 月 20 日向化州市人民法院申请领取赔偿款 506 698.57 元。莫仁佐、袁少娟、郭卫红、莫武航、莫淦栋、莫淑兰、莫叔丽、莫舒舒于 2014 年 12 月1 日向化州市人民法院起诉某保险公司赔偿 194 299.39 元，该案的原被告双方已达成调解，某保险公司赔偿给莫仁佐、袁少娟、郭卫红、莫武航、莫淦栋、莫淑兰、莫叔丽、莫舒舒 18 万元。

---

① 案件来源：中国裁判文书网，案号：（2015）粤高法执复字第 136 号

后法院又查明 2013 年 12 月 13 日与该保险公司签订《道路客运承运人责任保险》合同的是某客运有限公司，不是莫定生。该合同投保车辆号牌为粤 K***，约定的保险范围包括主险道路客运承运人责任每人（座）责任限额 300 000 元，投保座位数 34 人；附加险道路客运承运人责任保险附加司乘人员每人（座）责任限额 300 000 元，投保座位数 3 人。发生交通事故时莫定生是某客运有限公司粤 K*** 大客车的司机。该合同没有指定受益人。

【法院裁判】本案的争议焦点是保险公司赔付的 18 万元款项能否作为被执行人遗产清偿债务的问题。《保险法》第 42 条第 1 款规定："被保险人死亡后，有下列情形之一的，保险金作为被保险人的遗产，由保险人依照《中华人民共和国继承法》的规定履行给付保险金的义务：（一）没有指定受益人，或者受益人指定不明确的……"。

本案中，某客运有限公司与财产保险某分公司签订的《道路客运承运人责任保险》合同对司乘人员责任险没有指定受益人。根据上述法律规定，财产保险某分公司基于该合同赔偿给莫仁佐、袁少娟、郭卫红、莫武航、莫淦栋、莫淑兰、莫叔丽、莫舒舒的 18 万元款项应该认定为被保险人莫定生的遗产。且参照《最高法院关于保险金能否作为被保险人遗产的批复》，人身保险金能否列入被保险人的遗产，取决于被保险人是否指定了受益人：指定了受益人的，被保险人死亡后，其人身保险金应付给受益人；未指定受益人的，被保险人死亡后，其人身保险金应作为遗产处理，可以用来清偿债务或者赔偿。本案的 18 万元就是司乘人员莫定生的人身保险金，且没有指定受益人，因此这 18 万元款项可以作为莫定生的遗产处理，可以用来清偿债务。

【本阶段小结】根据《保险法》的规定，受益人先于被保险人死亡且未指定受益人的；或者受益人依法丧失受益权或者放弃受益权，没有其他受益人的，保险金作为被保险人的遗产，继承人必须同时偿付被保险人（被继承人）的债务。因此在保险合同不但要指定受益人，而且最好是进行阶梯设计，即指定多个受益人，用收益比例分配和收益顺序设计的方法，以防止唯一的受益人先于被保险人身故，导致保险金再变为遗产。

观点四：当债务人是受益人时，领取的保险金用于偿还受益人所欠的债务。

案例十五：陈红强、申请人方琴与被执行人刘容民间借贷纠纷俩案执行驳回异议裁定一案 [①]

【基本案情】2015 年 8 月 8 日，被执行人刘容之夫龚飞兵向申请人陈红强借款 400 000 元，并约定月利息 8 000 元。12 月 11 日，龚飞兵因交通事故意外身亡。龚飞兵生前在人寿保险某支公司投保某无忧险种，受益人为刘容，受益比例为 100%。申请人陈红强于 2015 年 12 月 21 日向法院提起民事诉讼，并以（2015）临民初字 1906-1 号民事裁定对上述理赔款进行了财产保全。2016 年 2 月 23 日，经法院主持调解，双方达成民事调解协议，由被执行人刘容在 2016 年 3 月 3 日前偿还申请人借款 400 000 元，申请人自愿放弃利息。因履行期限届满后，被执行人刘容未自动履行，申请人陈红强向法院申请强制执行。2016 年 3 月 9 日，法院受理执行案件后，作出（2016）湘 0682 执第 117-1 号执行裁定书及协助执行通知书，依法提取被执行人刘容在某保险受益保险理赔款 408 200 元。

【法院裁判】申请人陈红强、申请人方琴与被执行人刘容民间借贷纠纷两案，被执行人刘容均未按执行通知书限期履行，而作为在该保险公司保险金系唯一的受益人刘容的个人财产收入，执行法院在强制执行的过程中，依法予以提取，符合法律规定。

【案件评析】刘容作为债务人也是其丈夫人身保险的受益人，其所获保险金属于个人财产收入，可被法院强制执行。

---

① 案件来源：中国裁判文书网，案号 :(2016）湘 0682 执异第 5 号

案例十六：罗玲茹执行异议之诉 ①

【基本案情】2014 年 2 月 1 日，殷秀芳作为投保人与平安公司签订了人身保险合同，投保主险"某保险（分红型）"，被保险人为异议人罗玲茹，系投保人之女。合同保险单约定生存保险金受益人系罗玲茹，受益率 100%，身故保险金受益人殷秀芳；保险期间为终身，自合同生效之日起至被保险人身故时止；缴费年限 3 年，交纳保险费 199 504.80 元。生存保险金的保险责任约定内容是：被保险人自本主险合同第三个保单周年日开始，在 60 周岁的保单周年日之前，每年到达保单周年日仍生存，按基本保险金额的 12% 给付"生存保险金"。

身故保险金保险责任内容是：若被保险人于 18 周岁的保单周年日之前身故开始，无息返还所交保险费，主合同终止；如之后身故，按保险费 105% 比例返还身故保险金。关于保险金给付的约定：对属于保险责任的，由保险公司于受益人达成协议后十日内给付保险金。合同约定的保单红利领取方式分为三种：（1）累计生息；（2）抵交保险费；（3）购买交清增额保险。合同签订后，殷秀芳按约交付当年保险费 199 504.80 元，合同生效。

2016 年 4 月 11 日，殷秀芳在与吴建的借款诉讼中败诉，殷秀芳被判决在判决生效之日后 15 日内归还原告借款本金 20 万元。2016 年 10 月 18 日，法院作出（2016）川 1102 执第 1299 号执行裁定，裁定内容为："冻结被执行人殷秀芳在中国平安人寿保险某支公司投保的保险某保险的现金价值（含分红），金额以 25 万元为限。"本案系利害关系人罗玲茹因法院裁定冻结其作为受益人的保险合同价值产生的执行行为异议。辩称上述合同系专属利益人身保险合同，其收益按合同约定属于我本人所有，法院不能因我母亲殷秀芳债务纠纷，而对该合同的现金价值及收益采取的冻结措施，该行为侵犯了本人财产权益，执行行为没有法律依据。故请求法院终止对保险合同价值的执行行为。

【法院判决】殷秀芳作为投保人与平安公司签订的人身保险合同，系合同

---

① 案件来源：中国裁判文书网，案号：（2016）川 1102 执异字 36 号

当事人之间真实意思表示，并不违反法律、法规的禁止性规定，属于依法成立并生效的民事合同。该合同尚处于投保人分年限交纳保险费期间，并不存在被保险人或受益人受偿保险金或分红利益的请求权，即到期债权，申请执行人吴建以殷秀芳怠于行使到期债权主张债权人代位请求权、请求法院解除人身保险合同，不符合法律规定。其次，本案中人身保险合同的被保险人和受益人均系异议人罗玲茹，对生存期间的保险利益享有权利，被保险人尚健在，被执行人殷秀芳对此不享有保险分红的请求权，法院实施的冻结行为缺乏法律依据，且影响到异议人的财产权益。再次，被执行人殷秀芳与平安公司签订的保险合同时间是 2014 年 2 月 1 日，吴建与殷秀芳的民间借贷纠纷案件并无裁判结果，亦未进入执行程序，殷秀芳投保购买保险理财产品的行为未违反《最高人民法院关于限制被执行人高消费的若干规定》的相关规定，债权人吴建请求解除人身保险合同并强制执行投保人殷秀芳保险费的主张，依法不能成立。异议人罗玲茹主张成立。

【案件评析】投保人在借款判决生效前签订人身保险合同，借款判决生效后，但保险合同并未到期，法院不能冻结该人身保险合同项下的受益人保险利益。

案例十七：刘春娥、白书林等与民间借贷纠纷执行裁定书①

【基本案情】在刘春娥、白书林等与民间借贷纠纷中，刘春娥欠原告白书林借款本金 50 万元、原告李江松借款本金 15 万元、原告李用芹借款本金 14 万元及借款利息 1080 元。而在 2015 年 12 月 1 日，刘春娥丈夫刘学方因交通事故去世。刘学方生前于 2014 年 1 月 6 日在人寿保险某支公司投了某险种的保险，指定身故保险金受益人刘春娥。在纠纷判决生效后，刘春娥未主动履行。原告白书林、李江松、李用芹于 2016 年 6 月 3 日向法院申请强制执行。法院于 2016 年 6 月 7 日向被执行人刘春娥送达执行通知书和报告财产令，

---

① 案件来源：中国裁判文书网，案号：（2016）豫 0581 执异 24 号，其他相关案件：（2016）豫 0581 执异 27 号、（2015）林民新二初字第 264 号、（2016）豫 0581 执 918 号

2016 年 6 月 3 日，法院向某某保险公司下达（2016）豫 0581 执 926 号执行裁定和协助执行通知，2016 年 6 月 12 日，法院再次向人寿保险某支公司下达执行裁定和协助执行通知。刘春娥提出异议。辩称：保险金指定受益人的由受益人自愿分配解决自身债务。对于白书林、李江松、李用芹与异议人刘春娥民间借贷纠纷一案，应以刘春娥、刘学方夫妻共同财产执行，保险理赔金不是遗产，必须由受益人自愿支配和偿还，不能被强制执行。请求法院依法终止执行保险理赔金

【法院裁判】刘春娥作为人寿保险的受益人，其所得的保险金虽不属于刘学方的遗产，但属于被执行人刘春娥的合法财产收入，法院有权依法对该笔款项采取执行措施。刘春娥的理由不成立，其要求终止执行保险金的请求法院不予支持。

【案件评析】保险金属于受益人个人合法收入，法院可对债务人个人合法财产进行冻结执行。

观点五：投保的人寿保险受益人为其本人，其死亡后，该保险理赔款为其遗产。

案例十八：席运河诉阙春雨被继承人债务清偿纠纷案①

【基本案情】阙义清欠席运河现金本息 11 000 元，后阙义清病故。但是阙义清生前在某某保险公司投有终身保险，保险合同的受益人是阙义清本人，阙义清病故后，该保险合同的理赔款为 14 778.33 元。该保险事故发生后，阙义清之子，即本案被告阙春雨以被继承人的名义于 2009 年 3 月递交理赔申请。

【法院裁判】阙义清借原告现金本息 11 000 元，事实清楚，证据确定，双方债权债务关系明确。阙义清在某某保险公司所投保的终身保险受益人为其本人，其死亡后，该保险理赔款为其遗产。被告阙春雨继承该保险理赔款，应当

---

① 案件来源：中国裁判文书网，案号：(2009) 桐吴民初字第 66 号

在继承遗产的范围内清偿被继承人所负担的债务,由于被告阙春雨继承的遗产超过了被继承人阙义清所借原告债务的数额,原告要求被告归还借款 11 000 元的诉讼请求,符合法律规定,法院予以支持。依据《中华人民共和国继承法》第 3 条、第 33 条,《中华人民共和国民事诉讼法》第 130 条之规定,判决如下:被告阙春雨于本判决生效之日起十日内在其继承的遗产范围内偿还原告席运河现金 11 000 元。

观点六:当夫妻一方是债务人,且死亡的,配偶作为受益人取得保险金后,因为夫妻关系存续期间以一方的名义所借的债款也是夫妻共同债务,因此配偶的财产仍然难逃于偿债的风险。

案例十九:万慧莲诉欧玉珍民间借贷纠纷一案二审民事判决书 ①

【基本案情】原告欧玉珍与李荣华是母子关系,李荣华生前与被告万惠连是夫妻关系。2009 年李荣华被确诊为鼻咽癌,从 2009 年 2 月至 2011 年 4 月分 14 次向欧玉珍借款用于支付医疗费,共计 43 862.37 元,并立下 14 张借条交原告收执。2011 年 10 月李荣华去世,欧玉珍为李荣华支付医疗费 16 215.89 元,丧葬费 8 445 元。2011 年 11 月万惠连作为李荣华团体补充医疗保险合同记载的法定受益人,愿将其本人的受益份额全部转给原告欧玉珍。原告据此已收到李荣华医疗保险赔偿款 5 753.69 元,原告收到该笔款项后没有在上述诉讼请求款项中扣减。

【法院裁判】本案是民间借贷纠纷,被上诉人欧玉珍借款给李荣华用于治病,该债务属夫妻共同债务。受益人更改后,原告已收到李荣华医疗保险赔偿款 5 753.69 元,可视为万惠连所获的保险金偿还给原告,故该笔款应计算入万惠连还款数额中。

【案件评析】本案中,保险已经指定受益人,且受益人取得了保险金,不

---

① 案件来源:中国裁判文书网,案号:(2013)梧民三终字第 106 号

作为被保险人的遗产。但由于受益人是被保险人的配偶，被保险人所负债务为夫妻共同债务，保险赔偿金依法应当用来偿债。所以在指定保险受益人时，应该指定子女、父母等作为受益人，可达到债务隔离，配偶作为受益人对于共同债务没有隔离和资产保全的效果。

三、保险法律结构对保险公司的保障

观点一：投保人作为债务人，可与债权人约定将保险合同中红利、利息用于归还债务，但若未将受益人改为债权人，则债权人无法直接要求保险公司给予红利及利息。

案例二十：上诉人胡思虎与被上诉人赵新民间借贷纠纷一案[①]

【基本案情】2007 年 1 月，胡思虎向赵新借款 12 500 元，约定"胡思虎用保险单抵押给赵新，借款期限为一年，如不按期归还，合同自动失效。由赵新代交第三次保费，代领红利、利息"，并出具借款单据一份交由赵新收执。自 2006 年到 2011 年期间，赵新多次代胡思虎交纳保险费，但未领借款单据项下的红利及利息。2013 年 5 月赵新以胡思虎欠钱不还为由，诉至法院。

【法院裁判】依据借款单据约定内容显示，"如不按期归还……代领红利、利息"，故而成立保单相关抵押合同。而后赵新又帮胡思虎代交了保险费，且未领取利息及红利，但因赵新不是投保人，无法凭保单去领取红利及利息。故赵新只可主张胡思虎偿还所欠款项及利息，法院予以支持。

【案件评析】本案成立了一个以保单及红利、利息作为抵押的抵押合同，合同合法有效，法院予以认可。涉案抵押合同未取得保险公司的同意，债权人无法领取红利以及利息，但抵押合同合法有效。

观点二：投保后负债，在保险合同条款有相关规定的前提下，未经保险公

---

① 案件来源：中国裁判文书网，案号：（2014）南市民四终字第 63 号

司同意，因债务发生的质押不对保险公司发生法律效力。

案例二十一：杨爱国等与付永华等民间借贷纠纷上诉案 ①

【基本案情】自 2010 年 12 月起，郭红霞、泰州市某公司陆续向原告付永华借款。其中 2010 年 12 月借款 200 000 元，而后郭红霞将保单质押给原告作为借款的担保，其保险单内容为郭红霞 2009、2010 储蓄分红式保险 80 000 元。郭红霞的保险险种为年金（分红型）保险，目前保单状态为自动垫交，且已过垫交期，该保单现金价值已为零，仅剩红利 505.12 元可领取。该保单质押是否有法律效力？

【法院裁判】根据被告郭红霞保险合同条款规定：在合同有效期内且累积有现金价值的前提下，投保人经保险公司同意可以向保险公司申请借款。而本案中被告郭红霞将储蓄分红式保险保单质押给原告作为借款的担保，实质上是一种权利质押，未经保险公司同意，该质押不发生法律效力。

【案件评析】在本案中，保险投保人在纠纷中属于担保人的角色，虽未约定担保方式，但约定了担保物，即保单、住房；根据我国《担保法》的规定，担保的有且仅有五种方式：保证、抵押、质押、留置、定金五种。本案约定了抵押物，应当为抵押方式。法院观点为保单为质押，质押以转移权益的占有为前提，但即使郭红霞将保单交给付永华保管，付永华也无权凭借保单获得任何权益，不应当为质押，而是抵押。

根据《保险法》第 34 条的规定，保单抵押需经被保险人书面同意，所以该抵押如果经被保险人书面同意后，抵押当然成立，此法律关系与保险合同法律关系无关，保险公司无权干涉，其是否同意不是此抵押合同是否成立的条件。如抵押行为未经被保险人书面同意，则该抵押应违反法律规定而无效。由于此案件涉及的保单因未交续期保费，保险公司依据合同用现金价值垫交。现现金价值已经为零，仅有红利 505 元可领取。因此解除合同执行现金价值已无

---

① 案件来源：中国裁判文书网，案号：（2014）焦民一终字第 426 号

意义。

|本节小结|

（一）若债务人是投保人

1. 若其用个人合法财产购买保险，且在买保险之后才负债的，保单具有避债功能。当然，负债后才购买保险的除外。

2. 在保险合同条款有相关贷款规定的前提下，未经保险公司同意，因债务发生的质押不对保险公司发生法律效力。投保人可将保险合同中可取得的红利、利息归还给他人，可将受益人改为债权人姓名，但债权人无法直接用保险合同及借款单据要求保险公司给予红利及利息。

（二）若债务人是被保险人

1. 被保险人死亡后，未指定受益人的，则保险金作为被保险人的遗产。法定继承人领取保险金后应该先用于偿还被继承人生前的债务。

2. 以下情形之下，保险金也作为被保险人的遗产：没有指定受益人的；或受益人先于被保险人死亡的，没有其他受益人的；或者受益人依法丧失受益权或者放弃受益权，没有其他受益人的。保险金作为被保险人的遗产，由保险人向被保险人的继承人履行给付保险金的义务。

（三）若债务人为受益人

在债务人为受益人的情况下，保险金应用于偿还受益人所欠的债务。但夫妻一方是债务人且死亡的，配偶作为受益人取得保险金后，因夫妻关系存续期间以一方名义所借的债务也是夫妻共同债务，因此配偶的财产仍然难逃偿债的风险。因此，保险合同中指定配偶为受益人的，债务隔离作用明显受限。

第三节 法商智慧

一、保单实现债务隔离的法商智慧

保险作为一种财富管理的工具，其首要目的是合法保障自己的利益和规避风险。在对保险避债过度包装和宣传的时下，更要保持清醒破除保单避债的糖衣。实现保单财富传承功能和转移风险的保障功能，需要在对法律规则和法律价值熟悉的基础上做出风险规划，带着对法与规则的敬畏，行使法与规则的智慧和力量。我们需要站在法律的角度，对保单实现债务隔离进行精准的法律建议，期望对各方当事人有所帮助。

1. 注意险种的选择

首先必须选择人寿保险，因为财产保险合同均可以被强制执行。根据我国相关法律，只有人寿保险能"避债"。人寿保险是属于人的生命资产，受益人的权利优先于债权，债权人无权要求受益人以保险利益来偿还债务。所以最优的选择是建议选择被保险人的身体健康与疾病为投保内容。

2. 注意债务人角色

当被保险人作为债务人时，按照《保险法》第 42 条的规定，如果债务人死亡，其购买的保险又有明确指定的受益人，那么这笔保险金会直接赔给受益人，不作为遗产处理，也不会被用来偿还债务。但如果没有指定受益人、受益人死亡或者只是在保单的受益人项目里填写了"法定"，那该笔赔偿金则算作被保险人的遗产，需要偿还生前债务。当受益人作为债务人时，按照《合同法》第 73 条的规定，债务人可以延迟五年申领保险金，如五年之内债务没有消灭，理赔金还是无法保全的。同时还需要承担在这五年期间可能导致保险理赔事故难以认定、保险证据灭失等问题带来的诉讼风险，甚至丧失理赔金的风险。

3. 投保资金来源需合法，刑事犯罪而来资金投保不可实现债务隔离

如果涉及刑事犯罪，法院可以冻结、扣押、查封涉案人的保险。例如，如果购买保险的资金是违法所得，触犯了刑法，这笔钱会被依法追缴；在负债或公司财务恶化后投保，也会有非法转移财产的嫌疑，保险合同有被判为无效的可能。[1]

4. 投保时机很重要

第一，如果是在负债后恶意投保，就具有非法转移财产的时机和嫌疑，保险合同存在着因此被认定为无效合同的可能性，也就没有讨论是否能够避债的意义了；第二，如果债务人明知道自己资不抵债，无法偿还债务或者在法院作出生效判决需要还债仍然购买保险合同进行恶意避债，按照《合同法》的规定，债权人有权要求法院撤销其购买保险合同的行为。

而如果保险合同是成立在债务发生之前，保险合同和债务产生的合同属于两个平等且合法的合同，则不属于恶意避债的情况[2]。所以，投保的时机很重要，而且需趁早。类似的案件裁判都告诉我们如果动机恶意，想用保险"避债"是行不通的。如果保险合同在债务发生之前已经成立，保险合同是不能被撤销的，但是否可以被强制解除，还要取决于当地的司法机关[3]。

5. 合理安排保险合同当事人

由于保险当事人包括投保人、被保险人、受益人等，这其中涉及的排列组合比较多，为了简洁有效地说明问题，下面用一个简单表格说明主要情形，假设债务人 A 在债务未还清时的保险合同当事人设计：

---

[1] 参考资料：《富人利用保险"避债避税"触犯刑法损失更多》

[2] 参考资料：我国寿险恶意避债法律监管问题研究，东方财富网

[3] 参考资料：《保险到底能不能避债避税》，东方华尔

推荐程度	投保人	被保险人	受益人	债务隔离效果	简析
不推荐	债务人A	债务人A	A的妻子	理赔金到账会被追偿	虽然指定了受益人为妻子，但由于妻子为共同债务人，理赔金到账后为个人财产仍需要偿还
不推荐	债务人A	债务人A	债务人A	理赔金到账会被追偿	保险当事人都为A，属于A的个人资产，应用于偿还债务
不推荐	A的妻子	债务人A	债务人A	理赔金到账会被追偿	投保人为A的妻子，被保险人和受益人为A，理赔金到账后仍为夫妻共同财产，应当用于偿还债务
不推荐	A的父母	A的父母	债务人A或配偶	理赔金到账会被追偿	理赔金到账后为个人财产需要偿还
一般推荐	债务人A或配偶	债务人A或配偶	A父母或子女	理赔金到账无须追偿	如果是指定受益人为A的父母或孩子，就可以通过提前债务剥离，第三人父母或者孩子通过收益权而且继承权得到理赔金，能够对抗债权，实现资产隔离
最佳，最推荐	A的父母	A的父母	A的子女	理赔金到账无须追偿	当事人均为第三方，即使投保钱财来自A或配偶，仍然可以实现债务隔离

如表格所示，债务人尽量不是保险合同的主体，即通过家庭成员的特定投保安排，使债务人本人及配偶不作为投保人、被保险人和受益人，投保人和受益人需避开负债可能性大的家庭成员。最优的选择是合同当事人均为第三人，这种合同当事人架构最安全。

6. 需合理指定受益人

若没有指定受益人，保险金将作为遗产，继承人依然需要在所继承的遗产的范围内承担债务。受益人避免指定为配偶，最好指定对象为父母或孩子。

7. 注意区分区域间的不同

目前，各地的高级人民法院对寿险保单是否可"强制执行"有不同意见，在各地的司法管辖权内，也会有不同处理方式。

首先，北京市高级人民法院关于印发修订后的《北京市法院执行工作规范》的通知（2013年修订）中第449条规定：对被执行人所投的商业保险，人民法院可以冻结并处分被执行人基于保险合同享有的权益，但不得强制解除该保险合同法律关系。保险公司和被执行人对理赔金额有争议的，对无争议的部分可予执行；对有争议的部分，待争议解决后再决定是否执行。对被执行人所设的用于缴纳保险费的账户，人民法院可以冻结并扣划该账户内的款项。

其次，浙江省高级人民法院《关于加强和规范对被执行人拥有的人身保险产品财产利益执行的通知》中明确指出：投保人购买传统型、分红型、投资连接型、万能型人身保险产品，依保单约定可获得的生存保险金，或以现金方式支付的保单红利，或退保后保单的现金价值，均属于投保人、被保险人或受益人的财产权。当投保人、被保险人或受益人作为被执行人时，该财产权属于责任财产，人民法院可以执行。

最后，《广东高院关于执行案件法律适用疑难问题的解答意见》中明确规定：虽然人身保险产品的现金价值是被执行人的，但关系人的生命价值，如果被执行人同意退保，法院可以执行保单的现金价值，如果不同意退保，法院不能强制被执行人退保。其次，如果人身保险有指定受益人且受益人不是被执行人，依据《保险法》第四十二条的规定，保险金不作为被执行人的财产，人民法院不能执行。再次，如果人身保险没有指定受益人或者指定的受益人为被执行人，发生保险事故后理赔的保险金可以认定为被执行人的遗产，可以用来清偿债务。

在希望实现资产隔离的情况下，建议尽量避免在法律规定严格的地方购买保险。目前来看，浙江的规定最为严格，要求强制执行，北京和广东相对来说较为宽松。

8. 注意保险金领取后与其他个人财产的隔离

因为金钱为不特定物，故受益人领取保险金后需要专款专户，与其他个人资产隔离。否则一旦权利人申请强制执行，个人名下的资产可能都面临执行的可能。作为保单指定的受益人领取了保险金后，虽然保险不用于偿债，但是如果未进行隔离同样难逃执行的命运。

正如胡适所说，"保险的意义，只是今日做明日的准备，生时做死时的准备，父母做儿女的准备，儿女幼小时做儿女长大时准备，如此而已"。只有提前安排，面对风险，方能从容淡定。

二、保险实现债务隔离的经典问答

1. 什么是保险避债？

"避债"行为，也就是逃避债务的行为，在世界范围内都是非法的。所以其实人寿保险"避债"是一种不准确的说法。更为准确的表述为，人寿保险因其特殊的结构和法律特性，在满足某些特定条件的情况下，可以起到资产保全、依法对抗债务的作用，从而实现债务的相对隔离。

2. 人身保险能否作为遗产继承？

人身保险能否作为遗产继承的判断关键是该份保险是否指定了受益人，在《最高人民法院关于保险金能否作为被保险人遗产的批复》中针对这个问题作出了明确规定："根据我国保险法规有关条文规定的精神，人身保险金能否列入被保险人的遗产，取决于被保险人是否指定了受益人。指定了受益人的，被保险人死亡后，其人身保险金应付给受益人；未指定受益人的，被保险人死亡后，其人身保险金应作为遗产处理，可以用来清偿债务或者赔偿。"

3. 如果保险金作为遗产来继承，应当如何偿还债务？

《中华人民共和国继承法》第33条规定：继承遗产应当清偿被继承人依法应当缴纳的税款和债务，缴纳税款和清偿债务以他的遗产实际价值为限。保险金作为遗产继承，也需要在继承的限额偿还债务。

4. 人身保险合同受益人指定不明或格式文本中约定为"法定""法定继承人"时，受益人应该如何确定？

《保险法司法解释三》明确了受益人指定效力和争议处理原则，其规定：投保人指定受益人未经被保险人同意的，人民法院应认定指定行为无效。

当事人对保险合同约定的受益人存在争议，除投保人、被保险人在保险合同之外另有约定外，按以下情形处理：

（一）受益人约定为"法定"或者"法定继承人"的，以继承法规定的法定继承人为受益人；

（二）受益人仅约定为身份关系的，投保人与被保险人为同一主体时，根据保险事故发生时与被保险人的身份关系确定受益人；投保人与被保险人为不同主体时，根据保险合同成立时与被保险人的身份关系确定受益人；

（三）约定的受益人包括姓名和身份关系，保险事故发生时身份关系发生变化的，认定为未指定受益人。

5. 变更投保人能避免现价被执行吗？

因为保单为投保人持有，而投保人的变更只需要原投保人、变更后的投保人同意，就可以申请投保人变更。变更后保单所有权转移，是不是就无法被执行呢？根据《合同法》第74条的规定，债权人可以以该行为损害其利益为由申请法院认定该变更投保人行为无效。同时，《浙江高院通知》中也规定了保险公司有义务配合法院冻结保单。

6. 社会上流传的"人寿保险不被冻结，离婚不分，欠债不还"是真的吗？

这种说法是不准确的。人寿保险中的权益大部分可以转化为财产，如现金价值、保单分红、保单年金、人寿保险理赔金、医疗保险理赔金、大病保险理赔金。依据《民事诉讼法》及《最高人民法院关于人民法院民事执行中查封、扣押、冻结财产的规定》，除法律明文规定的不被查封、扣押、冻结的财产（其中没有包括人寿保险）外任何财产都会被执行。因此，保单的相关权益只要变成了权益人的财产，就必然会被清偿其债务。人寿保险可以实现债务隔离，是因为投保人、被保险人、受益人往往属于不同的人，且他们之间不负有债务连带责任，而这些权益分别属于不同的人。具体主要有以下几种情况：

情况一：现金价值和保单分红是投保人的财产权益，不用抵偿被保险人或者其他受益人的债务。

情况二：年金、医疗保险赔偿金、大病保险赔偿金等是生存受益人的财产，一般和被保险人是同一人（年金的生存受益人也有可能是投保人，此处这种情况除外），肯定不用抵偿投保人或者其他死亡受益人的债务。

情况三：人寿保险死亡赔偿金属于死亡受益人的财产，不用抵偿被保险人的债务。

从上面三种情况可以看出，保险没有任何非法规避债务的功能，而是因为依据保险合同，根据不同的法律关系，财产在投保人、被保险人和受益人之间进行了合理合法的流转，从而达到了资产保全的目的。

7. 浙江高院《关于加强和规范对被执行人拥有的人身保险产品财产利益的通知》出台后，是不是意味着保险不再能避债了？

影响有限。根据全国人大常委会《关于加强法律解释工作的决议》的有关规定，人民法院在审判工作中具体应用法律的问题，由最高人民法院作出解释。地方人民法院不得制定在本辖区普遍适用的、涉及具体应用法律问题的"指导意见""规定"等司法解释性质文件。

然而，对于各地方人民法院频频发出的各类规范性文件是否属于"相关司法解释"，是否需要"进行清理"，目前尚无定论。理论上不可行，但实践中仍在参照执行。通知作为浙江省高院的规范性文件，在本辖区内的实务工作中显然是有效的，但是不能辐射浙江以外的省市。另外，本规定是执行局下发的通知，仅在执行阶段适用，法院判决时不能援引。加大判决执行力度，维护司法权威是浙江高院出台通知的背景之一，但是这份文件仅限于浙江省的法院在执行阶段中适用。

8. 在这其中，保险在其中也承担着不小的法律风险，保险公司有什么救济或者保障自身权益的设计吗？

由于保险法律结构的特殊性，其中暗含着对保险公司自身权利的保障，主要有以下两点：（1）投保后负债，在保险合同条款有相关规定的前提下，未经保险公司同意，因债务发生的质押不对保险公司发生法律效力。（2）投保人作为债务人，可与债权人约定将保险合同中红利、利息用于归还债务，但若未将受益人改为债权人，则债权人无法直接要求保险公司给予红利及利息。

9. 法院对保单现金价值的执行是否意味着否认保险人对保险费享有所有权的主张？

法院对保单现金价值的执行并不否认保险人对保险费享有所有权的主张。保险单的现金价值不同于保险费，也不同于保险金。人寿保单的现金价值是由投保人缴纳的保险费、分红收益扣除保险人相关费用后构成的，与投保人缴纳的保险费是不同的概念。对保险单现金价值的执行并不否认保险人对保险费享有所有权的主张。保险金是指保险事故发生后，被保险人或者受益人可以请求保险人支付的金额，该保险金是专属于被保险人或者受益人的，人民法院不得作为投保人的责任财产而予以执行。人民法院执行的并非保险事故发生后的保险金，也不是保险费，而是保险事故并未发生情况下保险单的现金价值院裁定扣划保单款项，实际是要求强制执行保单的现金价值，不是保险费本身。法院对保单现金价值的执行并不否认保险人对保险费享有所有权的主张。

第四节　结　语

随着我国市场经济的高度发展和改革的不断深入，保险行业也在飞速地发展。人寿保险的险种早已不是单一的形式，而是为了适应人们和市场的需求变得更加多样。受益人是寿险合同的最终受益者，投保人又是寿险合同的最初实行者，二者的行为举动在保险实践中都起到非常关键的作用。要想实现债务隔离和资产保全必须指定受益人并且设计好结构。这样，保单还具备寿险还具备了一定的遗嘱替代功能：通过保单可以指定多名受益人，同时还可以指定受益份额和受益顺序[①]。

人寿保险因为其特别的构成因素和法律特殊性，在满足一定前提下是可以实现资产保全，实现债务的隔离。但必须需要说明的是，债务隔离从本质上来说是与民法的价值取向和基本原则存在着某种程度上的对立，在司法评价过程中，法官很有可能会倾向于保护民法基本立场而进行案件评价，所以即使指定了受益人，在我国现有的司法体系下利用人寿保险避债仍存在着一定的法律风险。

在本章的保险能否避债和下一张的人寿保险能否执行，本质上是关于资产隔离的两个阶段。

---

① 参考资料：白琳.《玩转大额保单理财》，《中国外汇》－2014

附：

本文主要涉及的法律依据如下：

《继承法》第三十三条　继承遗产应当清偿被继承人依法应当缴纳的税款和债务，缴纳税款和清偿债务以他的遗产实际价值为限。超过遗产实际价值部分，继承人自愿偿还的不在此限。继承人放弃继承的，对被继承人依法应当缴纳的税款和债务可以不负偿还责任。

《保险法》第四十二条　被保险人死亡后，有下列情形之一的，保险金作为被保险人的遗产，由保险人依照《中华人民共和国继承法》的规定履行给付保险金的义务：

（一）没有指定受益人，或者受益人指定不明无法确定的；

（二）受益人先于被保险人死亡，没有其他受益人的；

（三）受益人依法丧失受益权或者放弃受益权，没有其他受益人的。

受益人与被保险人在同一事件中死亡，且不能确定死亡先后顺序的，推定受益人死。

而所谓的人寿保险能够避债，主要法律基础在于：

1.《合同法》第73条第1款规定：因债务人怠于行使其到期债权，对债权人造成损害的，债权人可以向人民法院请求以自己的名义代位行使债务人的债权，但该债权专属于债务人自身的除外。

2.最高法关于适用《合同法》司法解释（一）第12条《合同法》第73条第1款规定的专属于债务人自身的债权，是指基于扶养关系、抚养关系、赡养关系、继承关系产生的给付请求权和劳动报酬、退休金、养老金、抚恤金、安置费、人寿保险、人身伤害赔偿请求权等权利。

人寿保险
是否能被强制执行

前　言

　　人寿保险是以被保险人的寿命作为保险标的，以被保险人的生存或死亡作为 保险事故（即给付保险金的条件）的一种人身保险业务。[①] 由于人寿保险合同类型 具有多样性，其中的许多类型兼具投资性、储蓄性和保障性，故人寿险保单项下的权益也具有多样性。既包括保险金，也包括保险人应当给付的年金、保单分红和保单的现金价值。那么，人寿保险合同权益能否被强制执行？

　　由于人寿保险合同具有现金价值，投保人如果退保，可以获得现金价值；如果发生保险事故，受益人也可以获得保险金，人寿保险合同因此具有财产权益。但是人寿保险合同具有很强的人身依附性，其合同权益能否像一般财产予以强制执行呢？ 如果不允许强制执行，投保人在有偿付能力的情况下，通过购买人寿保险转移资产的，如何保护投保人之债权人的利益呢？

　　我国现行法律对寿险保单权益强制执行缺乏具体规定，导致执行实务中法院对寿险保单权益的查明、控制、提取的随意性大。这样一方面给执行行为侵害保险合同当事人留下了空间，另一方面因忽视对寿险保单权益的执行给被执行人利用寿险机制转移财产、规避执行提供了便利。[②]

　　正由于我国现行法律法规、司法解释未对保单的强制执行作明确规定，实践中保险公司与法院之间就保险公司是否应当解除保险合同、扣划保单现金价

---

① 魏华林，林宝清主编 . 保险学 . 高等教育出版社 2006 年：169 页 .

② 郑枫，李欣 . 人寿险保单权益强制执行实证研究——以完善利用寿险机制规避执行的反制措施为缘起 .

值等问题产生了分歧。因此保险合同究竟能不能强制执行，在哪些条件下能够强制执行需要做一个清晰的探讨。

本书第二章探讨了保单能否避债的问题，和本章讨论的保单执行问题既存在联系又存在区别着不同。首先，从时间段而言，避债问题的讨论在诉前以及诉中，而执行的问题则发生在诉后的执行阶段。其次，诉讼中可以不用于偿债的保单，进入执行阶段中未必能规避执行。因此部分保单可以安然度过诉讼程序，但是难以逃脱被执行的可能。最后，指定受益人的保单可以避债是毋庸置疑的，因为受益人领取的保险金不作为被继承人的遗产，自然不用偿还被继承人生前的债务。本分析报告对保单强制执行的现状、地域分布、裁判意见等进行分析并对上述问题进行解答。

第一节　人寿保险强制执行裁判案例大数据

一、全国人寿保险强制执行类案例大数据分析

（一）人寿保险强制执行案件的数据来源

案例来源：中国裁判文书网、无讼案例

期限：2010 年至 2017 年 5 月 1 日（以最后一次访问裁判文书网为止）

法院：全国各级法院

限定案件类型：执行案件

检索关键词：保单

案例收集截止日期：2017 年 5 月 1 日

数量：1 213 件

其中裁判观点整理：213 件

（二）人寿保险强制执行类案件的年度变化

【数据阐明】根据案例数量年份分布图所示，案件数量主要分布 2014—2017 年，其中，2015 年高居榜首，共有 74 件。2016 年紧随其后，案件数达到 73 件。2014 年是一个时间节点，具有 36 件数，在 2014 年之前的案件数相对较少：2010—2013 年的案件数分别是 1 件，6 件，1 件，5 件。而 2017 年很多案件尚未裁定，暂时有 17 件。

【数据剖析】以上数据年度分布具有多方面原因。首先，《最高人民法院关于人民法院在互联网公布裁判文书的规定》是于 2013 年 11 月 13 日由最高人民法院审判委员会第 1595 次会议通过的，自 2014 年 1 月 1 日起施行，裁判

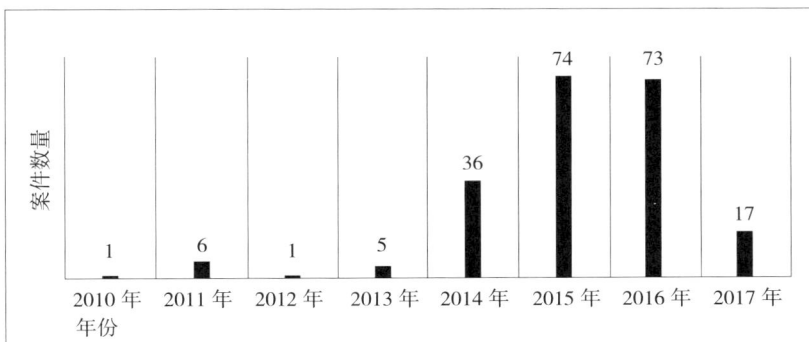

图1 案例摘录年份

文书公开为撰写大数据报告提供强有力的技术支持，也因此 2014 年以前上传的裁判文书量较少，2014 年以后的数据种类齐全、更新及时、分类清晰、检索科学、统计便捷。其次，如图 2 "2013—2016 年中国保险业累计保费收入"的图 ① 所示，2013 年到 2016 年保费收入的增速都保持在 20% 以上，保险价值的挖掘进入了更多消费者的视野，成为消费者配置财富的手段。

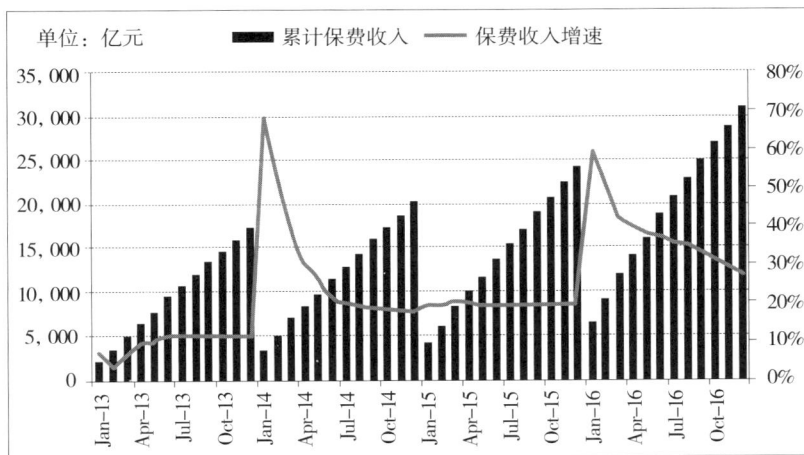

图2 2013—2014年中国保险业累计保费收入

①《2017 年中国保险行业发展现状及市场前景预测》：

http://www.chyxx.com/industry/201703/505487.html

（三）人寿保险强制执行类案件的全国地域分布

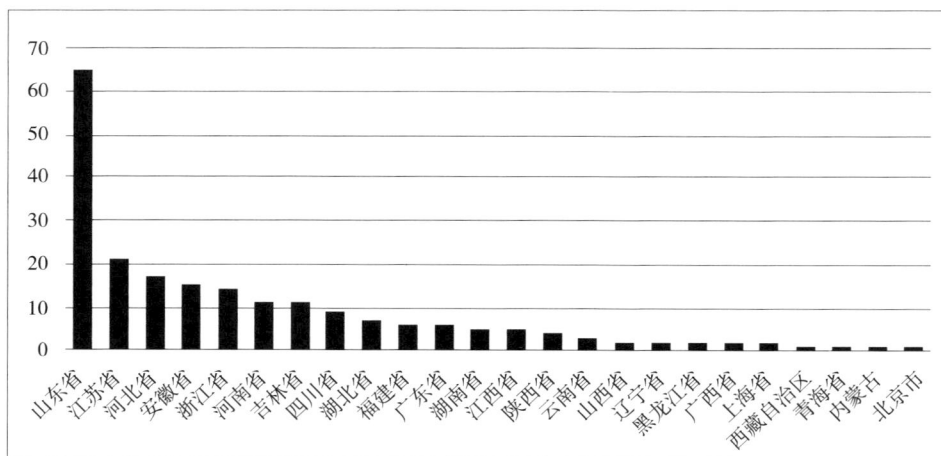

图3 案件的全国地域分布情况

【数据阐明】根据筛选到的有效案例，涉及"人寿保险是否能够强制执行"争议焦点的执行案件，在全面各省市的分布上，山东省以 60 件案件的样本数量居于首位；其次依次是江苏省、浙江省、河北省和安徽省。

【数据剖析】从地域分布的整体情况来看，执行案件主要分布于东部经济发达地区。东部地区经济活跃，资金理财倾向化明显，并且东部的网络技术查询系统发达，冻结或执行被执行人的保险现金价值更加便捷。

（四）人寿保险强制执行类案件裁定法院分布情况

【数据阐明】数据显示在所有涉及保单强制执行的案件中，基层人民法院裁定占比为 74%，中级法院占比为 25%，高级人民法院和最高人民法院占比仅为 1%。

【数据剖析】根据我国民诉法规定，生效的民事判决、裁定以及刑事裁决的财产部分，由第一审法院（包括基层法院和中级法院）或者与第一审法院同级的被执行财产所在地法院执行，执行管辖是建立在第一审法院管辖的基础上。而样本数据涉及的案件法律关系较为简单，大都是由我国四级法院中的基层法院受理的。

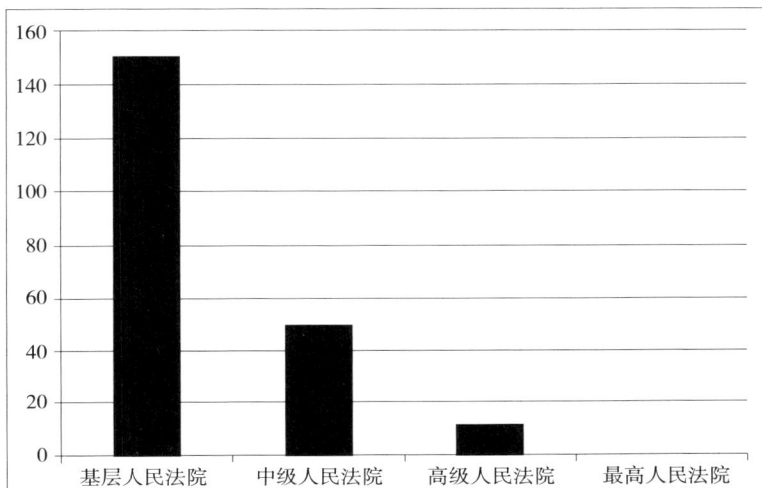

图4　保单强制执行法院层级分布

（五）人寿保险强制执行类案件的案由比例

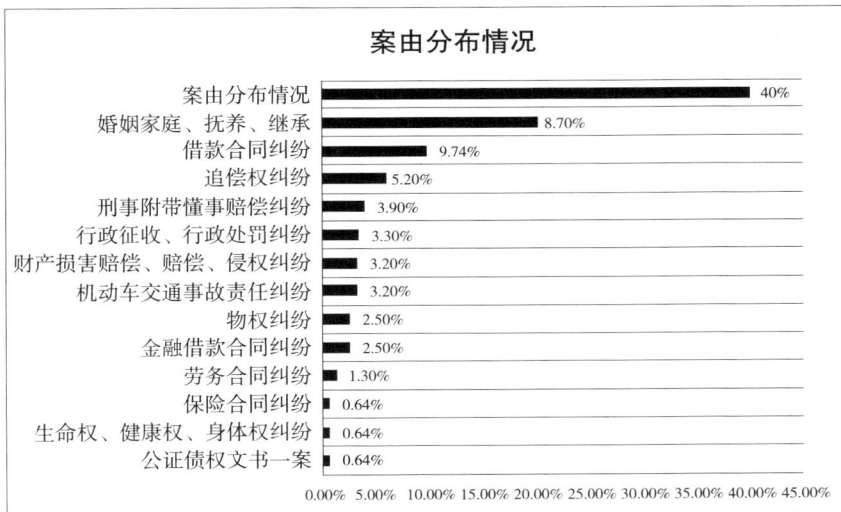

图5　保单强制执行的案由分布

【数据阐明】裁定是否强制执行的案件中，40%发生在民间借贷案件中，婚姻家庭纠纷的案件数量占比 18.70%。其次依次是借款合同纠纷、追偿权纠纷、金融借款合同纠纷、刑事附带民事诉讼纠纷、财产损害赔偿和侵权纠纷。而保险合同纠纷、劳务合同纠纷、公证债权纠纷等总和仅占比 10%。

【数据剖析】民间借贷是引发保单现金价值强制执行最重要的案由。

（六）人寿保险强制执行类案件的主要险种

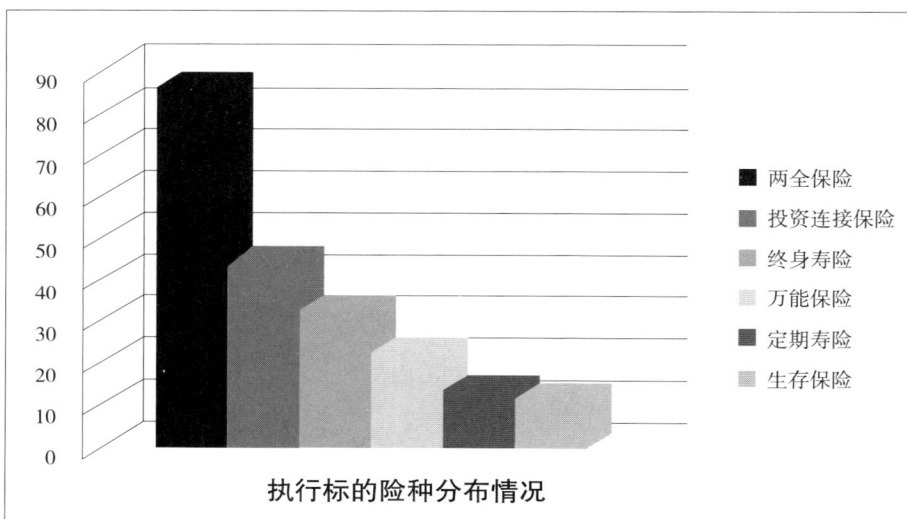

图6　执行标的险种分布情况

【数据阐明】其中占最大比例是两全保险，达到了 40%，其次是投资连接保险，占 21%。终身寿险占的比例是 15%，万能保险、定期寿险和生存保险分别为 11%、7% 和 6% 的比例。

【数据剖析】从统计来看，样本数据大多坐落在理财类的大额保单上。因为购买大额保单的消费者有不少是出于理财需求，更倾向于购买理财型保险。同时，大额理财消费保单者对资金流动性有要求，因此，高现金价值的、短期的保险产品更符合他们的需求。再则，如果被执行人保单现金价值与执行标的相比微不足道，即使强制提取也对案件的执行意义不大，不宜采取强制措施。只有当被执行人保单现金价值能够基本满足执行标的时，强制执行才有意义。

（七）人寿保险强制执行类案件的异议主体

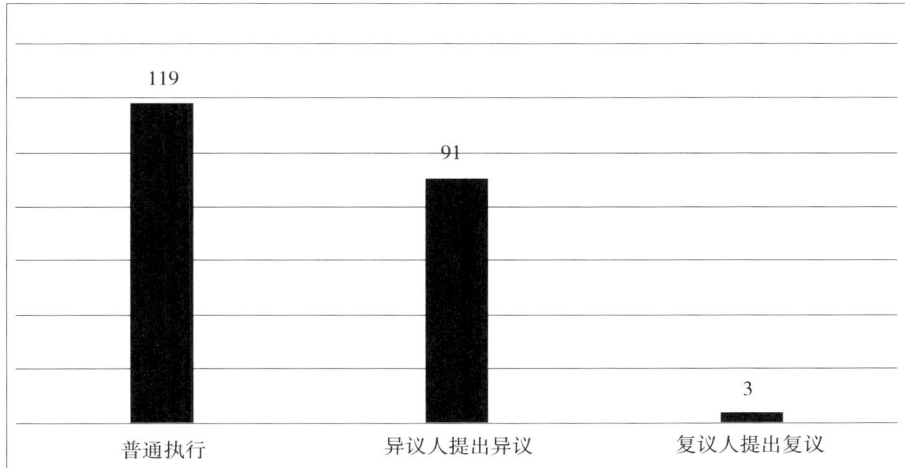

图 7　案件发起缘由分布

【数据阐明】在强制执行案件发起的缘由中，普通执行共 119 件与异议人提出的异议之诉差距不大，说明在司法实践中，对于保单的强制执行，还存在很大的争议。在提出的异议中，绝大部分是由保险公司发起，总共有 54 起。另外，有 35 起被执行人认为自身正当权益受到了侵害，对法院强制执行其人寿保险提出异议。

【数据剖析】由于在法律上人寿保险保单价值能不能强制执行存在争议，对于法院的强制执行，当事人或相关利害人认为自己的利益受到损失就会提起执行异议之诉。法院要求保险公司协助执行寿险保单，保险公司将面临相应的法律风险，也会穷尽司法救济进行利益保护。

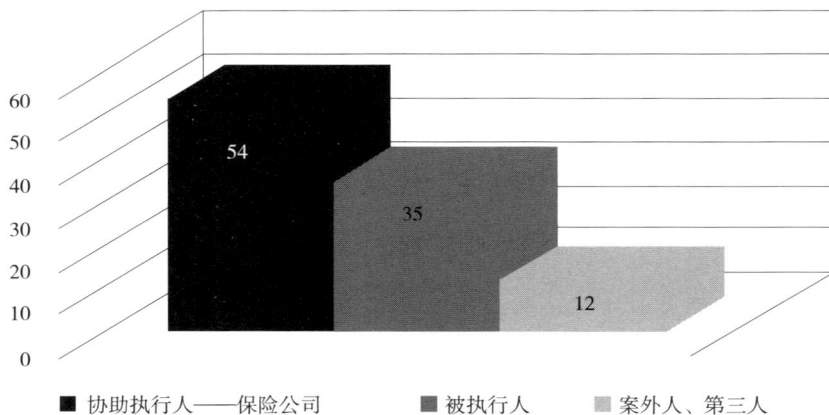

图8 提起异议主体情况

二、人寿保险强制执行类裁判观点概览

（一）法院裁判观点综述

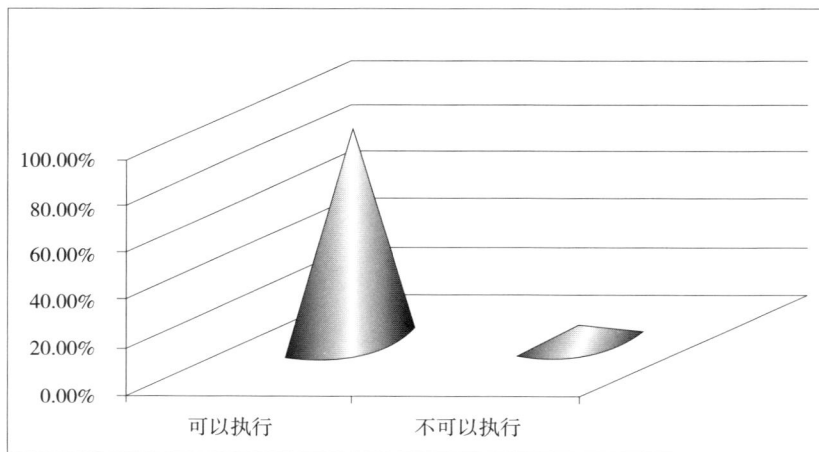

图9 是否能够执行大数据分析情况

在查找的样本数据中，法院认为能够强制执行的占 86%，不能强制执行的占 14%，在查找文书样本中法院针对是否能够执行观点的具体分析：

人寿保险
是否能被强制执行

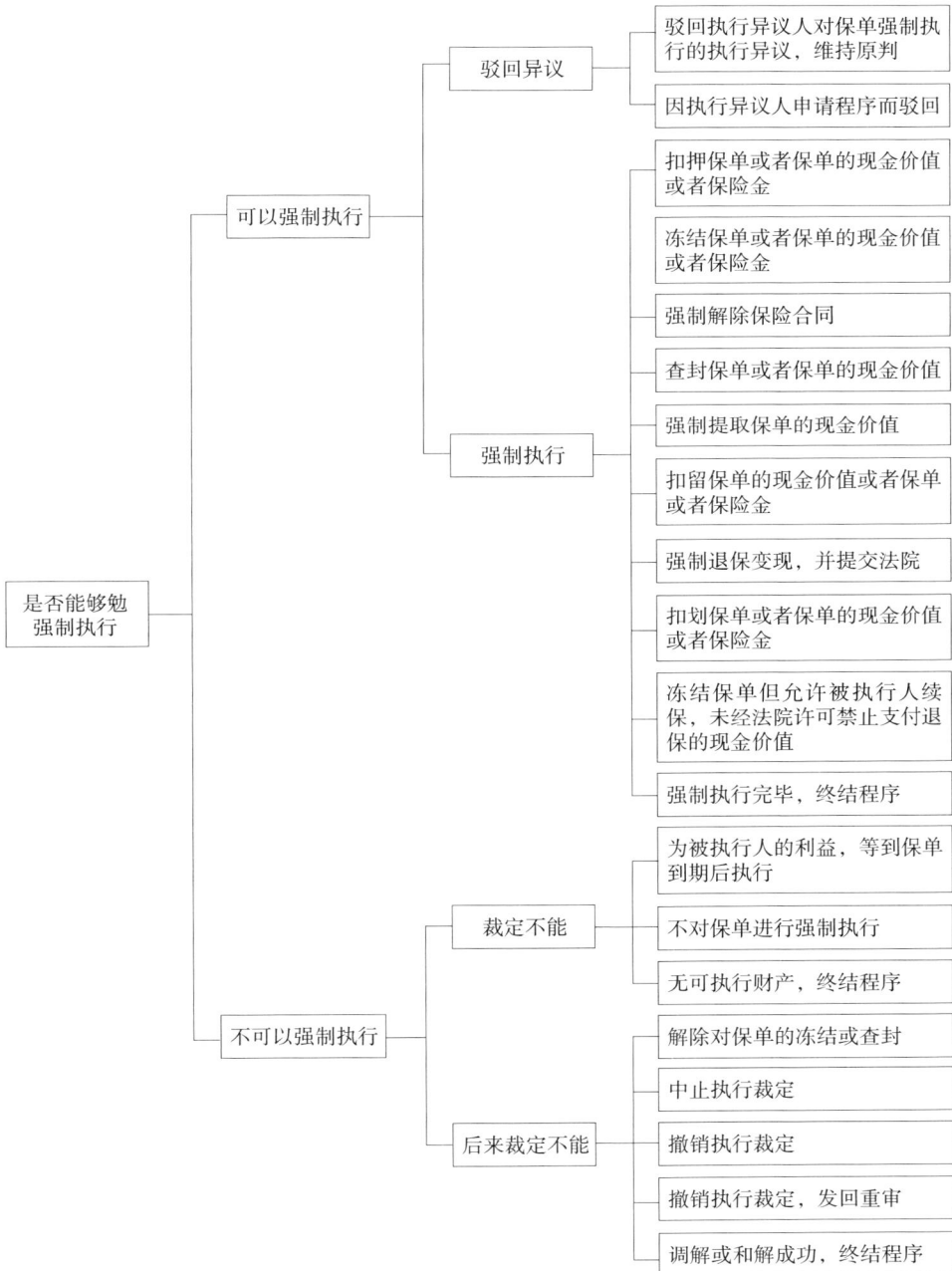

是否能够勉强制执行
- 可以强制执行
  - 驳回异议
    - 驳回执行异议人对保单强制执行的执行异议，维持原判
    - 因执行异议人申请程序而驳回
  - 强制执行
    - 扣押保单或者保单的现金价值或者保险金
    - 冻结保单或者保单的现金价值或者保险金
    - 强制解除保险合同
    - 查封保单或者保单的现金价值
    - 强制提取保单的现金价值
    - 扣留保单的现金价值或者保单或者保险金
    - 强制退保变现，并提交法院
    - 扣划保单或者保单的现金价值或者保险金
    - 冻结保单但允许被执行人续保，未经法院许可禁止支付退保的现金价值
    - 强制执行完毕，终结程序
- 不可以强制执行
  - 裁定不能
    - 为被执行人的利益，等到保单到期后执行
    - 不对保单进行强制执行
    - 无可执行财产，终结程序
  - 后来裁定不能
    - 解除对保单的冻结或查封
    - 中止执行裁定
    - 撤销执行裁定
    - 撤销执行裁定，发回重审
    - 调解或和解成功，终结程序

1. 不能够强制执行的情况

（1）以被保险人的身体健康与疾病为投保内容，属于人寿保险范畴，具有人身保障功能。法院强制执行该保单的现金价值将会危害被保险人的生存权益，因此不能强制执行。

（2）保单作为被执行人的责任财产应是建立在投保人退保或保险公司解除保险合同，由保险公司向投保人退还部分金额的基础上。目前，被执行人对所投保保险均未表示退保，法院强制解除保险合同违背自愿原则。且执行法院未经投保人同意，强行提取被执行人及其家庭成员投保保单的退保金没有法律依据。

（3）被执行人的主体是明确且唯一的，在未依法追加第三人为被执行人时，法院强制扣划第三人的保险现金价值，于法无据，应予返还。

2. 能够强制执行的情况

（1）在法院强制执行过程中，被执行人将保险合同向法院提供担保，解除合同退保后或将合同担保给法院后，法院保单现金价值有权予以执行。

（2）在法院执行过程中投保人自愿退保，退保后的现金价值法院有权执行。

（3）生效的裁判文书认定保险合同无效或撤销保险合同，法院执行时可执行退保后的现金价值。

（4）被执行人是受益人，但尚不能因保险合同获得保险利益，此时法院没有可强制执行的对象。

除此之外，本文还将从从被执行人是投保人、被保险人、受益人的情况下对保单是否能够强制执行做一个梳理。

（二）被执行人是投保人

1. 投保的资金来源需合法，若用涉案赃款购买人寿保险，且保险公司明知保费为赃款而恶意承保的，该人寿保险将被强制执行，但保险公司善意取得的除外。①

2. 投保人拒不履行生效法律文书确定的义务且怠于行使或不能行使保险合同的解除权时，法院有权代投保人（被执行人）行使解除权，强制投保人履行债务，也是扼制被执行人高消费行为的有效手段。强制解除合同后，可以执行退保后的保单现金价值。②

3. 投保人为了规避强制执行而购买人寿保险的，法院可以对于被执行人的规避行为而冻结了保单，要求将保单强制退保，提取变价款。

（三）被执行人为被保险人

1. 被保险人未死亡

在投保人、被保险人及受益人均是不同主体时，法院不能强制执行保单。

2. 被保险人已死亡

《保险法》第四十二条规定：被保险人死亡后，有下列情形之一的，保险金作为被保险人的遗产，由保险人依照《中华人民共和国继承法》的规定履行给付保险金的义务：

（1）没有指定受益人，或者受益人指定不明无法确定的；

（2）受益人先于被保险人死亡，没有其他受益人的；

（3）受益人依法丧失受益权或者放弃受益权，没有其他受益人的。故当被执行人是被保险人且出现《保险法》第42条规定的三种情形时，保险金是被保险人的遗产，法院可以强制执行

（四）被执行人是受益人

如果投保人或者被保险人在人寿保险合同中指定受益人的情况下，保险人应当按照合同约定的份额将保险金支付给约定受益人。所以，被执行人是受益人的，法院对该保险金能强制执行。（参见：广东高院《关于执行案件法律适用疑难问题的解答意见》问题十一、《最高人民法院关于保险金能否作为被保

---

① 案件来源：中国裁判文书网，案号：(2014) 洪刑执异字第 107-32 号

② 案件来源：中国裁判文书网，案号：((2014) 金婺执异字第 1 号

险人遗产的批复》)〔相关案例:(2015)兰执异字第00008号〕

三、涉及争议焦点概述及法院观点

最高人民法院在制定《保险法司法解释(三)(征求意见稿)》曾就针对保单的现金价值的执行问题在第49条具有规定,但由于保单现金价值的执行问题属于程序问题,在实体司法解释中予以规定稍显欠妥,故在正式公布时没有做出相关规定。虽然各地法院判决各有观点,但最高院目前仍然没有统一的规制。本小节针对司法实践中各个法院裁判观点各不相同的四个争议焦点进行对比。

1. 权利归属:保险单现金价值是否属于投保人的财产权

(1)法院观点1:属于投保人的财产权,可以强制执行

这些法院持这个观点的依据是:据保险合同约定,该人寿保险合同具有现金价值。投保人如果退保,可以获得现金价值,故人寿保险合同具有财产权益。人寿保险合同虽具有人身依附性,但其合同权益符合强制执行的标的——财产。且人寿保险合同具有储蓄性和有价性,并根据《保险法》及合同约定可以由投保人随意解除,解除后得到的是保险合同的现金价值,该现金价值应属于投保人的财产,执行法院将其作为履行义务的部分强制执行并无不当。根据《最高人民法院关于人民法院民事执行中查封、扣押、冻结财产的规定》第五条的规定,分红型人寿保险合同权益不属于不得查封、扣押、冻结的范围。①

(2)法院观点2:当人寿保险是涉及以被保险人的身体健康与疾病为投保内容时,不可强制执行

部分法院持这个观点的依据是当人寿保险是涉及以被保险人的身体健康与疾病为投保内容属于人寿保险范畴,具有人身保障功能,不是投保人的财产权。法院强制执行该保单的现金价值将会危害被保险人的生存权益。因此,该

---

① 案件来源:中国裁判文书网,案号:(2014)滨执异字第6号

类人寿保险不宜强制执行。①

（3）在查找的案件中，不同法院针对这两种观点的比例如下：

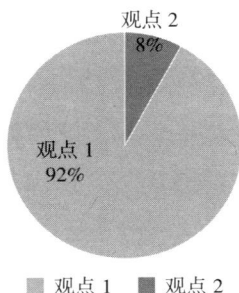

观点 2
8%

观点 1
92%

■ 观点 1 ■ 观点 2

图10　保险单现金价值是否属于投保人的财产权法院观点情况

2. 权利性质：保险单现金价值是否具有不得执行的人身专属性

（1）法院观点 1：本案所涉分红型人寿保险是兼具人身保障和投资理财功能的保险，虽是以人的生命和身体为保险标的，但保险单本身具有储蓄性和有价性，其储蓄性和有价性体现在投保人可通过解除保险合同提取保险单的现金价值。这种保险单的现金价值系基于投保人缴纳的保险费所形成的，是投保人依法享有的财产权益，并构成投保人的责任财产。同时，该财产权益在法律性质上并不具有人身依附性和专属性，也不是被执行人及其所扶养家属必需的生活物品和生活费用，不属于《最高人民法院关于人民法院民事执行中查封、扣押、冻结财产的规定》第 5 条所规定的不得执行的财产。因此，保险单的现金价值依法可以作为强制执行的标的。

（2）法院观点 2：人身保险是以被保险人的寿命和身体为保险标的的保险，具有很强的人身依附性。

（3）在查找的案件中，针对这两种观点的比例如下：

---

① 案件来源：中国裁判文书网，案号：（2014）浙温

法商大数据

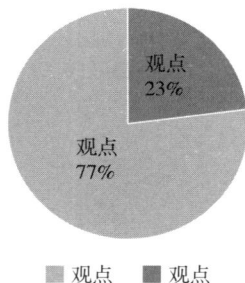

图111 保险单现金价值是否具有不得执行的人身专属性法院观点情况

3. 权利衡平：对保险人或受益人的利益保护，涉及讨论是否侵害到对投保人生活必需费用的保留

（1）法院观点 1：法院持肯定态度，认为不可执行

以一则案例为例：被执行人与保险公司订立的保险合同，以被保险人的身体健康与疾病为投保内容，属于人寿保险范畴，具有人身保障功能，法院强制执行该保单的现金价值将会危害被保险人的生存权益。因此该类人寿保险不宜强制执行。被执行人无其他财产可供执行，且申请执行人申请本案执行程序终结[①]。

（2）法院观点 2：法院持否定态度，认为可以执行

法院认为根据《中华人民共和国保险法》第 47 条的规定："投保人解除合同的，保险人应当自收到解除合同通知之日起三十日内，按照合同约定退还保险单的现金价值"，即保险单的现金价值归投保人所有，属于投保人的财产。《中华人民共和国民事诉讼法》第 244 条规定："被执行人未按执行通知履行法律文书确定的义务，人民法院有权查封、扣押、冻结、拍卖、变卖被执行人应当履行义务部分的财产。但应当保留被执行人及其所扶养家属的生活必需品"。

商业人身保险并非被执行人及其所抚养家属的生活必需品，保险单的现金价值不在《最高人民法院关于人民法院民事执行中查封、扣押、冻结财产的规定》第五条 规定不得查封、扣押、冻结的财产的范围之内，并且法院扣划的

---

① 案件来源：中国裁判文书网，案号 ：（2016）浙 0381 执 3565 号

款项加上即使拍卖成功所得的拍卖款项亦未能清偿目前正在执行中的四宗案件债务，保险单的现金价值属于被执行人应当履行义务部分的财产，因此，法院的扣划行为并无不当。

（3）在查找的案件中，针对这两种观点的比例如下：

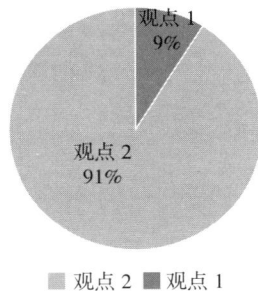

观点2　■观点1

图12　执行是否侵害到对投保人生活必需费用的保留法院观点情况

4. 权利行使：人民法院能否替代投保人行使合同解除权，或投保人未解除合同的情况下，人民法院是否能对保单的现金价值强制执行？

（1）法院观点1：法院持肯定态度，并认为可以进行强制执行

法院认为人民法院的强制执行行为在性质上就是替代被执行人对其所享有的财产权益进行强制处置，从而偿还被执行人所欠债务。根据《中华人民共和国保险法》第15条、第47条的规定，在保险期内，投保人可通过单方自行解除保险合同而提取保险单的现金价值。

由此可见，保险单的现金价值作为投保人所享有的财产权益，不仅在数额上具有确定性，而且投保人可随时无条件予以提取。基于此，在作为投保人的被执行人不能偿还债务，又不自行解除保险合同、提取保险单的现金价值以偿还债务的情况下，人民法院在执行程序中有权强制代替被执行人对该保险单的现金价值予以提取。

但是，在投保人与保险合同的被保险人、受益人不一致时，考虑到被保险人或者受益人的利益维护，如果受益人或被保险人愿意承受投保人的合同地

位、维系保险合同效力，并向执行法院交付了相当于保险单现金价值的货币以替代履行的，人民法院应对保险单的现金价值不再执行[①]。

（2）法院观点2：法院不能解除保险双方当事人的真实意思表示下签订的合同

保险合同，系双方真实意思表示，内容合法有效，非经法定事由及合同双方当事人合意，不得随意解除。根据保险法和保险合同相对性的原则，只有投保人才能任意解除保险合同。法院如果解除了以上双方签订的合同，其内容是与法律相抵触的[②]。

（3）在查找的案件中，针对这两种观点的比例如下：

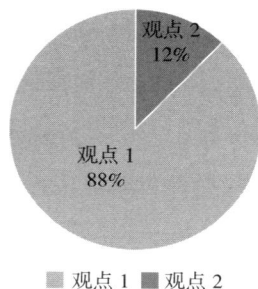

图13　保险合同未解除是否能够强制执行法院观点情况

【数据阐明】根据保险公司对执行提出的异议和复议案件分析，法院驳回请求要求保险公司继续进行协助强制执行的占62%，驳回复议请求的比例为17.1%。准许异议请求的占15.7%，，复议成功的情况占5.2%。从数据来看，法院驳回异议请求和复议请求的情况比较多，但是为了应对法律风险，仍然建议保险公司穷尽救济手段后再按照法院的裁定进行协助。

---

① 案件来源：中国裁判文书网，案号：鲁执复字第 107 号

② 案件来源：中国裁判文书网，案号：（2014）昌执异字第 2 号

第二节　经典案例

关于人寿保单能否强制执行的问题，一直具有能与不能的两方观点。在司法判例中也没有统一性，由于法律在这方面规定的缺失，法院难以在此类案件的观点取得一致。以下案例都是站在个案的角度下进行解析和说明，并不代表同类案件只有这个裁判结果。建议结合第一节的大数据报告，对于法院两方观点比例有个大致的了解，再结合个案的深入分析，有助于对于法院裁判观点有宏微观的把握。

一、保单能够强制执行的情形

情形一：【投保人拒不履行生效法律文书确定的义务且怠于行使或不能行使保险合同的解除权时，法院有权代投保人（被执行人）行使解除权，强制投保人履行债务，也是扼制被执行人高消费行为的有效手段。强制解除合同后，可以执行退保后的保单现金价值】

案例一：申请执行人罗某某与被执行人汪某某抚养费纠纷一案[①]

【基本案情】2015 年 1 月 1 日，被执行人汪某某与案外人保险公司某支公司签订了两份合同，分别为：某险种为某（分红型）保险合同，投保人为汪某某，被保险人为汪某某，保险期间为终身，交费年限为 3 年，每年交保费7 000 元；某某终身寿险，合同生效日为 2016 年 3 月 1 日，投保人为汪某某，

---

① 案件来源：中国裁判文书网，案号：（2016）湘 0703 执异 51 号

被保险人为汪某某，保险期间为终身，交费年限为 10 年，每年交保费 70 000 元。

在执行申请执行人罗某某与被执行人汪某某抚养费纠纷一案中，异议人保险公司对法院要求该公司协助提取汪某某在其投保的保单现金价值的裁决提出书面异议。异议人称：法院无权提取汪某某在异议人处投保的保单现金价值。首先，异议人认为保险合同的现金提取只有在保险合同解除了的前提下才能进行，而根据保险法和保险合同相对性的原则，只有投保人才能任意解除保险合同。

其次，异议人与投保人签订的保险合同属于尚在履行的双务有偿合同，协助强制执行会使得异议人的利益受到损害，且处在投保人对异议人提出的维权风险中。针对异议人的异议请求，申请执行人辩称，该保险的现金价值属于法院可以强制执行的被执行人的财产范围之内。而被执行人辩称遵循法院的强制执行。

【法院裁判】被执行人汪某某以投保人的名义在案外人处购买分红式保险，属于投资型理财产品，该保险单的现金价值应属于汪某某的财产范围。汪某某拒不履行生效判决确定的义务，且无其他可供执行的财产，人民法院依法强制执行扣划该保单的现金价值并无不当。

虽然《保险法》规定了保险合同成立后，保险解除需投保人同意，但该条限制的是保险人，而非限制有权机关对投保人的强制执行权，人民法院在执行中强制退保并提取被执行人的保单现金价值的行为与本条规定并不冲突。所以对于案外人不能履行协助执行义务的异议请求，法院不予支持。

【案情评析】本案中涉及的保险险种属于分红型保险，不具有人身属性，属于可强制执行的保险种类。

【案件涉及的法律法规】

《最高人民法院关于人民法院办理执行异议和复议案件若干问题规定理解与适用》第 17 条：人民法院对执行行为异议，应当按照下列情形分别处理：

（一）异议不成立的，裁定驳回异议；（二）异议成立的，裁定撤销相关执行行为；（三）异议部分成立的，裁定变更相关执行行为；（四）异议成立或者部分成立，但执行行为无撤销、变更内容的，裁定异议成立或者相应部分异议成立。

《民事诉讼法第二百二十五条》当事人、利害关系人认为执行行为违反法律规定的，可以向负责执行的人民法院提出书面异议。当事人、利害关系人提出书面异议的，人民法院应当自收到书面异议之日起十五日内审查，理由成立的，裁定撤销或者改正；理由不成立的，裁定驳回。当事人、利害关系人对裁定不服的，可以自裁定送达之日起十日内向上一级人民法院申请复议。

案例二：申某、马洪学侵权责任纠纷执行实施类执行裁定书[①]

【基本案情】在执行申请执行人申天阳与被执行人马洪学侵权纠纷一案中，法院依据已经发生法律效力的（2008）栖民一初字第144号民事判决书，向被执行人发出执行通知，责令被执行人自觉履行义务，但被执行人未全部履行生效法律文书确定的义务。经法院调查，被执行人在保险公司投有保险。被执行人马洪学在人寿保险某支公司投保某年金保险（分红型）一份；被执行人马洪学在人寿保险某支公司投保某定期保险一份；被执行人路月英在人寿保险某支公司投保某定期保险一份。

【法院裁判】冻结被执行人马洪学、路月英二人的三份保险合同，冻结期限三年。冻结期间，上述保险费及收益未经法院许可，不得对外支付。

【案件评析】本案属于被执行人在民事判决书下达之后，仍然拒不履行判决义务。法院有权代被执行人行使解除权，强制投保人履行债务，通过冻结保险来实行强制执行权力。

【案件涉及的法律法规】

《中华人民共和国民事诉讼法》第220条规定：执行员在接到申请执行书

[①] 案件来源：中国裁判文书网，案号：（2009）栖执字第629号

或者移交执行书，应当向被执行人发出执行通知，责令其在指定的期间履行，逾期不履行的，强制执行。

《最高人民法院关于人民法院执行工作若干问题的规定（试行）》第38条规定：被执行人无金钱给付能力的，人民法院有权裁定对被执行人的其他财产采取查封、扣押措施。裁定书应送达被执行人。采取前款措施需有关单位协助的，应当向有关单位发出协助执行通知书，连同裁定书副本一并送达有关单位。

《最高人民法院关于人民法院执行工作若干问题的规定（试行）》第42条规定：被查封的财产，可以指令由被执行人负责保管。如继续使用被查封的财产对其价值无重大影响，可以允许被执行人继续使用。因被执行人保管或使用的过错造成的损失，由被执行人承担。

《最高人民法院民事执行中查封、扣押、冻结财产的规定》第29条：人民法院冻结被执行人的银行存款及其他资金的期限不得超过六个月，查封、扣押动产的期限不得超过一年，查封不动产、冻结其他财产权的期限不得超过二年。法律、司法解释另有规定的除外。

申请执行人申请延长期限的，人民法院应当在查封、扣押、冻结期限届满前办理续行查封、扣押、冻结手续，续行期限不得超过前款规定期限的二分之一。

《中华人民共和国民事诉讼法》第242条：被执行人未按执行通知履行法律文书确定的义务，人民法院有权向有关单位查询被执行人的存款、债券、股票、基金份额等财产情况。人民法院有权根据不同情形扣押、冻结、划拨、变价被执行人的财产。人民法院查询、扣押、冻结、划拨、变价的财产不得超出被执行人应当履行义务的范围。人民法院决定扣押、冻结、划拨、变价财产，应当作出裁定，并发出协助执行通知书，有关单位必须办理。

《最高人民法院关于适用〈中华人民共和国民事诉讼法〉的解释》第487条规定：人民法院冻结被执行人的银行存款的期限不得超过一年，查封、扣押动产的期限不得超过两年，查封不动产、冻结其他财产权的期限不得超过三年。

申请执行人申请延长期限的，人民法院应当在查封、扣押、冻结期限届满前办理续行查封、扣押、冻结手续，续行期限不得超过前款规定的期限。人民法院也可以依职权办理续行查封、扣押、冻结手续。

案例三：陈建升诉冯丽英等民间借贷纠纷案①

【基本案情】陈建升与被执行人冯丽英等民间借贷纠纷期间，冯丽英2011年起在平安金华公司为本人、配偶周荣献及子女冯周杨、冯君君投保共计9份投资分红型的人寿保险。而后法院判决冯丽英承担债务偿还责任，并要求保险公司协助办理与冯丽英保险合同退保。异议人人寿保险某支公司对法院要求该公司协助办理与冯丽英保险合同的退保手续提出书面异议。

异议人称：法院要求我公司协助解除保险合同并扣留保单现金价值，无法律依据亦无合同依据。申请执行人陈建升答辩称：根据《合同法》第59条的规定，双方串通，损害他人的合同无效。冯丽英骗取债务人的资金后，向保险公司买了保险，推定串通也是有理的，保险公司应将冯丽英已交保费全额退至人民法院，再返还冯丽英的债权人。此外，根据《最高人民法院关于限制被执行人高消费的若干规定》第3条第（八）项规定：被执行人为自然人的，不得支付高额保费。据此，法院可以限制被执行人购买保险，同理法院在强制执行时可以直接解除保险合同；并提取被执行人的财产权益。

【法院裁判】被执行人冯丽英购买的保单，主险合同均为分红保险合同，系投资型保险，属保险理财产品。在对保单的执行过程中，执行机构强制解除保险合同，剥夺被执行人对其财产的处分权，责令保险人将保单现金价值支付给执行债权人，属保障执行债权人债权实现的强制执行措施。

被执行人冯丽英支付高额保费购买保险理财产品属法律明确禁止的高消费

---

① 案件来源：中国裁判文书网，案号：（2014）金婺执异字第1号

行为，异议人认为保险合同的解约权为投保人专属的权利，但在投保人拒不履行生效法律文书确定的义务且怠于行使或不能行使保险合同的解除权时，法院有权代为投保人（本案中的被执行人）行使解除权，强制投保人履行债务，也是扼制被执行人高消费行为的有效手段。综上所述，法院强制执行手段不受只有投保人申请才能办理退保手续的限制，对被执行人的财产，法院均可强制执行，被执行人购买的人寿保险等保险理财产品退保后可获得的财产利益也在此列。

【案例评析】最高人民法院为了防止债务人欠债不还，制定了限制被执行人的消费行为，通过限制来督促被执行人履行生效文书的义务。《最高人民法院关于限制被执行人高消费及有关消费的若干规定》第 3 条规定：被执行人为自然人的，被采取限制消费措施后，不得有以下高消费及非生活和工作必需的消费行为，其中第 8 款规定了不得支付高额保费购买保险产品。本案例中被执行人冯丽英支付高额保费购买保险理财产品属法律明确禁止的高消费行为，应当责令保险人将保单现金价值支付给执行债权人，以保障执行债权人债权实现。

情形二：【投保的资金来源需合法，若用涉案赃款购买人寿保险，且保险公司明知保费为赃款而恶意承保的，该人寿保险将被强制执行，保险公司善意取得的除外】

案例四：刑罚变更案①

【基本案情】被告人刘某某利用组织、领导传销活动非法获取的赃款，于 2013 年 3 月 25 日在异议人人寿保险某分公司购买了 300 份某（分红型）保险计 30 万元。案发后，法院于 2014 年 9 月 11 日对该保险款予以冻结，2014 年 11 月 4 日法院作出（2014）洪法刑初字第 107 号刑事判决，对该保险款依法

---

① 案件来源：中国裁判文书网，案号：(2014) 洪刑执异字第 107-32 号

予以没收，上缴国库。

现该案判决发生法律效力后，法院于 2015 年 9 月 7 日发出协助执行函要求人寿保险某分公司在七日内将该保险款 30 万元及红利（或孳息）扣划至洪江市国库集中支付局。人寿保险某分公司提出异议称：该保险合同是双方意思表示真实，内容合法有效，不违反法律强制性规定，因此，该 30 万元保费因善意取得已转化为异议人的合法财产。

【法院裁判】被告人刘某某在异议人人寿保险某分公司所购买的 300 份某保险计 30 万元是分红增值保险，实质为理财投资，到期后保险公司应返本分红给投保人即被告人刘某某，根据《最高人民法院关于刑事裁判涉财部分执行的若干规定》第 11 条第 1 款的规定，并非被告人将赃款用于清偿债务、转让或者设置其他权利的情形，可见异议人提出系善意取得该保险投资不符合《最高人民法院关于刑事裁判涉财部分执行的若干规定》第 11 条第 2 款规定，且依据规定第三人善意取得涉案财物的还可以通过诉讼程序处理，故法院有权对被告人刘某某用赃款所进行的保险投资应予以追缴没收、上缴国库。

另法院要求异议人协助追缴被告人刘某某用赃款进行的保险投资，是依刑法规定强制追缴，并非被告人刘某某违反保险合同的规定终止保险投资合同。故异议人某保险公司提出的"刘某某现在享有的财产权是请求异议人支付保险金和退还报单现金价值的权利，而不是请求异议人退还保费；即使法院有权执行，也应当执行刘某某现在享有的财产权"的异议不能成立，法院不予采纳。驳回异议人人寿保险某分公司提出的书面异议。

【案例评析】本案中的投保资金来源是被告人刘某某利用组织、领导传销活动非法获取的赃款，资金取得行为属于我国刑法中规定的犯罪行为。《中华人民共和国刑法》第六十四条规定犯罪分子违法所得的一切财物，应当予以追缴或者责令退赔；对被害人的合法财产，应当及时返还；违禁品和供犯罪所用的本人财物，应当予以没收。没收的财物和罚金，一律上缴国库，不得挪用和自行处理。这是法院在依刑法规定强制追缴，并非被告人刘某某违反保险合同

的规定终止保险投资合同。

《最高人民法院关于适用〈中华人民共和国刑事诉讼法〉的解释》第 368 条：对冻结的存款、汇款、债券、股票、基金份额等财产判决没收的，第一审人民法院应当在判决生效后，将判决书、裁定书送达相关金融机构和财政部门，通知相关金融机构依法上缴国库并在接到执行通知书后十五日内，将上缴国库的凭证、执行回单送回。保险机关有义务协助执行，故异议不成立。

案例五：申请执行人泉州中院刑二庭与被执行人翁玉燕、异议人吴健达刑事附带民事赔偿执行裁定书①

【基本案情】被告人翁玉燕犯诈骗罪被判处有期徒刑十五年，并处罚金人民币十五万元。且责令被告人翁玉燕退赔各被害人的经济损失全部（注：被害人 32 人，总共经济损失 1 445.125 万元）。判决书中还确认"翁玉燕从 2009 年开始在香港、某保险公司购买人寿保险约 400 万元，款项均是骗来的款项"。而后法院冻结吴健达因该人寿保险所理赔收益款 1 369 319.29 元。

案外人吴健达提出异议称，泉州市鲤城区人民法院将其取得的某保险公司的保险理赔收益款 1 369 319.29 元（以下简称诉争款项）冻结，违反法律规定，理由是冻结诉争款项系保险公司因被保险人吴端龙（系案外人之父）身故保险金中给付案外人的人寿受益保险理赔金，是基于被保险人身故为保险理赔的先行条件，该先行条件与生命具有特定的人身专属性，应属案外人依法取得的个人财产。另查明保单载明投保人为翁玉燕、被保险人为吴端龙、受益人为吴健达等人的五份人身保险合同，保险公司应给付的身故保险金中吴健达受益的金额为 1 369 319.29 元。

【法院裁判】从查明的事实可以认定，投保人翁玉燕用于进行投保的资金均是骗来的赃款，是非法的，而根据其担保的保险合同约定，保险公司给付吴健达的保险理赔金，应认定违法所得产生的孳息。依据《中华人民共和国刑事

---

① 案件来源：无讼阅读，案号：（2015）鲤执异字第 1 号

诉讼法》第 234 条第 4 款的规定 "人民法院作出的判决生效以后，有关机关应当根据判决对查封、扣押、冻结的财物及其孳息进行处理。对查封、扣押、冻结的赃款赃物及其孳息，除依法返还被害人的以外，一律上缴国库"。故诉争款项在本案中是执行的标的，案外人的请求缺乏法律依据，异议不能成立。裁定如下：驳回异议人吴健达的异议。

【案件解析】根据之前的刑事判决，投保人的投保资金是犯诈骗罪所得该款项来源属于非法，不属于投保人的个人财产。根据《最高人民法院关于适用〈中华人民共和国刑事诉讼法〉的解释》第 366 条第 1 款的规定，查封、扣押、冻结的财物及其孳息，经审查，确属违法所得或者依法应当追缴的其他涉案财物的，应当判决返还被害人，或者没收上缴国库，但法律另有规定的除外。本案中的保险理赔收益款 1 369 319.29 元属于赃物孳息，即使是指定了受益人也要依法追缴。

情形三：【投保人为了规避强制执行而购买人寿保险的，法院可以对于被执行人的规避行为而冻结了保单，要求将保单强制退保，提取变价款】

案例六：佛山市某实业有限公司与胡某、熊某买卖合同纠纷一案①

【基本案情】被告胡某、熊某（系夫妻）被判决在十日内连带赔偿原告佛山市某实业有限公司货款及逾期付款赔偿金金额合计 12 余万元。由于胡某、熊某未履行判决，佛山市某实业有限公司于 2011 年 4 月 11 日申请执行，但被执行人胡某、熊某仍拒不履行，且避而不见。法院经财产调查未发现被执行人的财产线索，该案只有暂时作程序终结处理。

但执行法官并未就此放弃，每次财产调查都将本案被执行人列入，终于，在 2012 年 6 月的一次例行调查中发现了熊某的银行账户信息，进一步的调查发现：该账户虽然余额很小，但熊某使用该账户，定期向某保险公司支付保

---

① 案件来源：桂芳芳《保单强制执行大数据报告》。

费，2012 年 1 月至 5 月即支付了 3.6 万余元。执行法官顺藤摸瓜，查清了被执行人熊某在南昌某保险公司为自己、妻子胡某及子女投保了四份投资分红型的人寿保险。至 2012 年 6 月，已累计交纳保费 15 万余元。

【法院裁判】对于被执行人的规避执行行为，法院立即冻结了这四份保单，并通过保单上的联系方式与被执行人取得了联系，通知其限期解决，否则法院将强制退保，但被执行人置若罔闻。法院遂依法适用新修改的《中华人民共和国民事诉讼法》第二百四十二条，裁定：变价被执行人熊某的四份保单。同时，向某保险公司发出协助执行通知书，要求其将四份保单强制退保，提取变价款（保单现金价值）至法院账户。保险公司经再次通知被执行人解决无效后，依法履行了协助执行义务，于 2013 年 3 月将变价款 8.4 万余元汇至法院。

【案件解析】本案中熊某拒不履行生效文书的还款义务，在法官苦苦追寻中才找到了可供执行的财产线索，被执行人的态度具有明显恶意避债的主观，应该强制执行，保障债权人的权利和司法公正。

情形四：【在法院强制执行过程中，被执行人将保险合同向法院提供担保，解除合同退保后或将合同担保给法院后，法院保单现金价值有权予以执行】

案例七：贾某甲诉贾某乙等民间借贷纠纷案[①]

【基本案情】被执行人贾某乙欠申请执行人贾某甲借款本金 500 万元及利息（自 2013 年 12 月 23 日起至欠款付清之日止，按同期银行贷款利率的四倍计算），经判决要求还款。本案在审理过程中，另一个被执行人王某于 2014 年 12 月 19 日以其在人寿保险某分公司的某（分红型）保险向任城区人民法院提供担保，要求解除对其名下车辆、房屋的查封和银行存款的冻结，任城区人民法院于当日冻结了该保单。该保单合同生效日期为 2011 年 3 月 3 日，保险期间为 6 年，保费为 30 万元，保险金额为 323 100 元。任城区人民法院在执行

① 案件来源：无讼阅读案例，案号：（2015）任执字第 1845 号、（2015）济执复字第 47 号、（2015）任执字第 395 号

过程中，于 2015 年 4 月 15 日向保险公司作出（2015）任执字第 395 号协助执行通知书，要求提取被执行人贾某乙、王某、戚国徽的保单收入。

其中，一份保险受理日期为 2012 年 10 月 19 日，险种为某终身重大疾病保险（2012 版），保险期间为终身，投保人与被保险人均为贾某乙，保费为 15 060 元；一份保险受理日期为 2013 年 3 月 25 日，险种为某（分红型）保险和某重大疾病保险，投保人为贾某乙，被保险人为戚国徽，保费合计为 10 000 元；一份保险受理日期为 2012 年 10 月 23 日，险种为某（分红型）保险、某终身重大疾病保险（2012 版）和某医疗保险，投保人为戚国徽，被保险人为戚佳煊，保费合计为 17 870 元。

2015 年 5 月 12 日，人寿保险某分公司出具说明，证实贾某乙 2012 年 10 月 19 日投保的保单目前处于失效状态，截止到 2015 年 5 月 12 日退保金额为 7 680 元；贾某乙 2013 年 3 月 25 日投保的保单目前处于失效状态，截止到 2015 年 5 月 12 日退保金额为 3 893.08 元；戚国徽投保的保单目前处于失效状态，截止到 2015 年 5 月 12 日退保金额为 3 176.73 元；戚国徽投保的保单目前处于失效状态，截止到 2015 年 5 月 12 日退保金额为 480 元；王某投保的保单目前处于正常有效状态，截止到 2015 年 5 月 12 日退保金额为 319 119.63 元。

保险公司不服，提出异议称，未经投保人本人到异议人处填写退保申请，异议人无权单方解除合同，保险合同一旦解除，投保人只能领取保单的现金价值，不再享有保险合同的相关权益。被执行人王某本人主动向任城区人民法院提供担保，以解除法院对其名下车辆、房屋的查封和银行存款的冻结。

【法院裁判】本案所涉五份保险合同，均为人身保险合同。《中华人民共和国保险法》第 15 条规定："除本法另有规定或者保险合同另有约定外，保险合同成立后，投保人可以解除合同，保险人不得解除合同。"该法第 47 条规定："投保人解除合同的，保险人应当自收到解除合同通知之日起三十日内，按照合同约定退还保险单的现金价值。"

根据上述法律规定，对人身保险合同，投保人享有法定的任意单方解除

权，投保人解除合同的，保险公司应自收到解除合同通知之日起三十日内，按照合同约定退还保险单的现金价值。保险单的现金价值是投保人的收入，故人身保险合同具有财产权益，可以作为强制执行的标的。

对于人民法院是否可以强制提取保险合同的现金价值，法院认为，本案中王某名下的保单系王某本人主动向任城区人民法院提供担保，以解除法院对其名下车辆、房屋的查封和银行存款的冻结，其以保单向法院提供担保的行为应视为其同意法院在符合条件的情形下提取保单的现金价值，从而实现其向法院提交保单的担保功能。故而任城区人民法院提取该保单的现金价值是基于王某自己的意思表示，复议人即应按照法律规定和合同约定退还该保单的现金价值，现复议人主张人民法院不能强制提取该保单的现金价值，法院不予支持。

对于本案所涉另外四份保单，即被执行人贾某乙名下的两份保单及被执行人戚国徽名下的两份保单，经审查，现均正处于合同效力中止状态。这四份合同的组成部分之一"某保险公司保险基本条款"第2条第2款规定："投保人未按上述规定日期交付保险费的，自次日起六十日为宽限期间，在宽限期间内发生保险事故，本公司仍承担保险责任；超过宽限期间仍未交付保险费的，本合同效力自宽限期间届满次日起中止。在本合同效力中止期间，本公司不承担保险责任。"

上述这四份保单已超过交付保险费的宽限期，现正处于合同效力中止期间，根据合同双方约定，在合同效力中止期间，即便发生合同双方约定的保险事故，复议人也不承担保险责任，故人民法院强制提取效力中止的保险合同的现金价值，没有对复议人及被保险人、受益人的利益现状产生实质影响。

虽然投保人在合同效力中止期间有申请复效的权利，但"中国人寿保险股份有限公司个人保险基本条款"第3条规定："在本合同效力中止之日起二年内，投保人可填写复效申请书，并提供被保险人的声明书或二级以上医院（含二级）医院出具的体检报告书，申请恢复合同效力。经本公司与投保人协商并达成协议后，自投保人补交所欠的保险费及利息、借款及利息的次日起，本合同效力恢复。"根据该条规定，合同效力的恢复需要投保人补交所交保险费等相关费用、提出申请、履行如实告知义务等，并需与复议人协商达成协议，实际仍需经过要约承诺的订约阶段，即便合同效力恢复，复议人对中止期间发生的保险事故仍不承担保险责任，保险合同的效力从投保人补交所欠费用的次日才予以恢复。

综合以上分析，法院认为，人民法院可以强制提取效力中止保险合同的现金价值，复议人的复议理由不能成立。裁定如下：驳回申请复议人人寿保险某分公司的复议申请。

【案件解析】本案中的王某作为被执行人之一将其名下的保险作为担保，解除法院对其名词的财产查封和冻结，这种行为视为同意赋予法院在特定条件下对其保单价值提取的权利。法院可以提取。

情形五：保险合同约定的事项未发生，则保险合同的财产权益是投保人所具有的现金价值，属投保人财产，投保人的债权人对现金价值申请强制执行，即视其债权到期。人民法院可以查封、扣押、冻结被执行人占有的动产、登记在被执行人名下的不动产、特定动产及其他财产权。

案件八：保险强制执行异议纠纷 ①

【基本案情】被执行人甘某在人寿保险某公司为甘某投保了某终身寿险（分红型）一份，为杜某丙、杜某乙投保了某某保险（分红型）各一份。法院于2014年1月23日向人寿保险某公司送达执行裁定书、协助执行通知书，要求某保险公司协助提取该三份保险的现金价值及分红。人寿保险某公司提出异议。

【法院认为】被执行人甘某投保的三份人寿保险均属于分红型保险。人寿保险合同的财产权益在不同的时间段分别属于投保人和受益人。如保险合同约

---

① 案件来源：中国裁判文书网案号：（2014）吉中执异字第4号

定的事项未发生，则保险合同的财产权益是投保人所具有的现金价值，属投保人财产，投保人的债权人对现金价值申请强制执行，即视其债权到期。人民法院可以查封、扣押、冻结被执行人占有的动产、登记在被执行人名下的不动产、特定动产及其他财产权。

《最高人民法院关于人民法院民事执行中查封、扣押、冻结财产的规定》第 5 条采用列举方式列明不得查封、扣押、冻结被执行人财产的情形，分红型人寿保险合同权益不属于不得查封、扣押、冻结的范围。故保险公司的异议理由不能成立，裁定驳回异议请求。

【案件解析】本案中被执行人投保的人寿保险，约定的事项未发生，这时保单的财产权益属于投保人，只有约定事项发生了才会转移到受益人身上，那么这时候法院能够强制执行属于被执行人的财产权益。

二、保单不能强制执行的情形

情形一：【以被保险人的身体健康与疾病为投保内容，属于人寿保险范畴，具有人身保障功能。法院强制执行该保单的现金价值将会危害被保险人的生存权益，因此不能强制执行。】

案例九：陈敏与虞春燕、黄友录执行裁定书 [1]

【基本案情】2007 年 10 月至 2011 年 4 月，虞春燕、黄友录陆续与某保险公司签订了七份保险合同。2013 年 6 月 24 日，执行法院作出（2013）温瑞执民字第 4403 号裁定书，冻结虞春燕、黄友录所投保险的现金价值。2013 年 10 月 10 日，执行法院作出（2013）温瑞执民字第 4403–2 号裁定，扣划被执行人虞春燕、黄友录所投保险的现金价值及生存金，并向保险公司发出协助执行通知书。保险公司提出执行异议，因证据问题自行撤回，后于 2013 年 10 月 24 日根据要求将保单现金价值及生存金共计 161 050.47 元汇入执行法院指定账户。

---

[1] 案件来源：中国裁判文书网，案号：（2014）浙温执复字第 36 号

被执行人虞春燕、黄友录申请复议。申请复议人虞春燕、黄友录称，一、原审法院将申请人所投保险的现金价值进行扣划，侵犯了保险合同当事人权益。申请人以自己或家人的生命、健康作为保险利益，分别于 2007 年、2009 年、2010 年、2011 年与某人寿保险公司签订了七份保险合同，该保险是为了保障被保险人的身体和生命利益，该利益与身体健康不可分割，具有很强的人身依附属性。执行法院对保险单的现金价值进行扣划必将导致该七份保险合同自动解除，使受益人无法再向保险公司索要保险金。二、申请人所投的七份保险合同并非属于储蓄或投资型保险合同，其现金价值不是申请人的储蓄或投资，原审法院强制扣划没有法律依据。保单的现金价值是申请人对保险公司所享有的一种可期待的债权，保险合同解除前，保单的现金价值作为保险费的一部分归保险公司所有，申请人对保单的现金价值享有期待权，不享有保单现金价值请求权，债权未到期，执行法院不能强制执行。

【法院裁判】复议人虞春燕、黄友录于 2007 年、2009 年、2010 年、2011 年与某保险公司签订的七份保险合同，以被保险人的身体健康与疾病为投保内容，属于人寿保险范畴，具有人身保障功能。法院强制执行该保单的现金价值将会危害被保险人的生存权益。因此，该类人寿保险不宜强制执行。综上，申请复议人复议理由成立，法院予以支持，执行法院认定该保险为储蓄或投资型保险合同，并据此扣划该保单现金价值不当，撤销原法院执行裁定。

【本案解析】本案是以被保险人的身体健康与疾病为投保内容，属于人寿保险范畴，具有人身保障功能。法院强制执行该保单的现金价值将会危害被保险人的生存权益。法院不能强制执行。

情形二：【保单作为被执行人的责任财产应是建立在投保人退保或保险公司解除保险合同，由保险公司向投保人退还部分金额的基础上。目前，被执行人对所投保保险均未表示退保，法院强制解除保险合同违背自愿原则。且执行法院未经投保人同意，强行提取被执行人及其家庭成员投保保单的退保金没有

法律依据。】

案例十：中国人寿保险某支公司、宋贤良等与刘泽民民间借贷纠纷执行裁定书[1]

【基本案情】经查，宋贤良利与刘泽民民间借贷纠纷一案，河北省玉田县人民法院于 2014 年 3 月 8 日作出（2014）玉民初字第 1101 号民事判决书，判决："刘泽民偿还宋贤良借款本金 80 万及利息……"因被执行人刘泽民未能履行生效法律文书所确定的义务，河北省玉田县人民法院于 2015 年 11 月 18 日作出（2014）玉执字第 507 号执行裁定书，裁定扣划李建欣（系被执行人刘泽民之妻）投保的被保险人刘泽民在人寿保险某支公司的两份保单的款项，扣划刘泽民投保的被保险人李健欣在人寿保险某支公司保单的款项至河北省玉田县人民法院，并向人寿保险某支公司送达了协助执行通知书。目前，刘泽民、李建欣对上述所投保的保险均未表示退保。

【法院裁判】原执行法院认为，刘泽民、李健欣在某保险公司投保的三份某终身商业人身保险，该保险属于投资连接性保险产品，保单的现金价值，属于投保人刘泽民、李健欣的财产权，该财产权属于责任财产，人民法院可以执行。保单的现金价值根据相关法律法规的规定和保单的约定计算确定。

中院认为，（2015）玉执异字第 6 号执行裁定书所认定"保单的现金价值，属于投保人刘泽民、李健欣的财产权，该财产权属于责任财产，人民法院可以执行"的事实，应是建立在投保人退保或保险公司解除保险合同，由保险公司向投保人退还部分金额的基础上，但目前刘泽民、李建欣并未与人寿保险某支公司解除保险合同，且该合同仍在履行中，故河北省玉田县人民法院要求保险公司协助执行扣划刘泽民、李建欣在某保险公司的保险款项至河北省玉田县人民法院势必造成双方所达成保险合同的强制予以解除，显然违背自愿原则。最终裁定撤销（2015）玉执异字第 6 号执行裁定书，发回原审法院重新审查。

---

[1] 案件来源：中国裁判文书网，案号：（2016）冀 02 执复 47 号；同一申请复议人案件：（2016）冀 02 执复 48 号；（2016）冀 02 执复 54 号；

【本案解析】保单作为被执行人的责任财产应是建立在投保人退保或保险公司解除保险合同，由保险公司向投保人退还部分金额的基础上，本案中刘泽民、李建欣并未某保险公司解除保险合同，且该合同仍在履行中，法院不得强制执行。

案例十一：陈满红、陈美英、魏平丽与陈志平刑事附民事案件纠纷①

【基本案情】2012 年 4 月 16 日作出的（2012）新刑公初字第 29 号刑事附带民事判决书发生法律效力后，申请执行人陈满红、陈美英、魏平丽向法院申请执行。被执行人陈志平未按执行通知书履行生效判决确定的义务。经该院调查，被执行人陈志平及家庭成员李荣肖在人寿保险某支公司有保险，法院于2014 年 10 月 24 日向保险公司送达（2012）新执字第 173-4 号执行裁定及协助执行通知书，协助提取被执行人陈志平及家庭成员李荣肖的退保金。

另查明原执行法院裁定所提取退保金的四份保单均为人身保险合同，投保人分别为被执行人陈志平（三份）及家庭成员李荣肖（一份），投保人在本案判决生效前已投保，且履行完合同约定的缴费义务。被执行人陈志平仅是其中一份保单的被保险人，其余三份保单的被保险人均不是被执行人陈志平。

【法院裁判】人身保险是以被保险人的寿命和身体为保险标的的保险，具有很强的人身依附性。本案中，执行法院裁定提取退保金的四份保单系被执行人陈志平及其家庭成员在本案判决生效前已投保，并交付了全部保险费的人身保险，因此，被执行人并不存在违反《最高人民法院关于限制被执行人高消费的规定》第三条第一款第（八）项规定的"被执行人为自然人的，被限制高消费后，不得有以其财产支付高额保费购买保险理财产品"的行为。

另外，现行法律及司法解释对人民法院强制执行退保金没有作出明确规定，且根据《保险法》第十五条"除本法另有规定或者保险合同另有约定外，保险合同成立后，投保人可以解除保险合同，保险人不得解除合同"的规定，

① 案件来源：无讼阅读，案号：（2015）石执审字第 00070 号

执行法院未经投保人同意，强行提取被执行人及其家庭成员投保保单的退保金没有法律依据。法院裁定：撤销原法院（2012）新相关的执行裁定。

【本案解析】保单作为被执行人的责任财产应是建立在投保人退保或保险公司解除保险合同，由保险公司向投保人退还部分金额的基础上，本案中被执行人并未与某保险公司解除保险合同，且该合同仍在履行中，法院不得强制执行。且人身保险是以被保险人的寿命和身体为保险标的的保险，具有很强的人身依附性。也是本案中法院不能强制执行的一个原因。

情形三：【被执行人的主体是明确且唯一的，在未依法追加第三人为被执行人时，法院强制扣划第三人的保险现金价值，于法无据，应予返还】

案例十二：人寿保险某支公司、张德富与逢新元买卖合同纠纷[①]

【基本案情】被执行人逢新元与第三人孙瑞玲系夫妻关系。申请执行人张德富与被执行人逢新元因买卖棉纱欠款纠纷一案，经法院（2006）昌民一初字第 2414 号民事判决裁决，判令被执行人逢新元偿付申请执行人张德富货款39 150 元。现该民事判决书已发生法律效力，并已逾履行期。

第三人孙瑞玲于 2004 年 4 月 21 日在异议人人寿保险某支公司格式保险合同上签字且缴费成功，险种为某（分红型）保险。法院于 2013 年 10 月 23 日作出（2013）昌执重字第 146 号执行裁定书，提取被执行人逢新元之妻孙瑞玲在人寿保险某支公司的分红型保险 30 000 元。

人寿保险某支公司提出执行异议。辩称：在投保人未申请解除保险合同的情况下，异议人直接单方解除合同、协助冻结、提取被保险人的收益（保险合同的现金价值），没有法律依据。第三人孙瑞玲称：人民法院裁定执行孙瑞玲的财产，但将申请人孙瑞玲的保单作为执行对象，被执行人表述错误；孙瑞玲不是被执行人，人民法院直接裁定执行第三人名下的财产，于法无据。人寿保

---

① 案件来源：中国裁判文书网，案号：（2014）昌执异字第 2 号

险合同是第三人为自己投保的个人财产，具有明显的人身属性，不是与被执行人的共有财产，为此申请人民法院纠正以上违法行为。

【法院裁判】异议人某保险公司与第三人孙瑞玲于 2004 年 4 月 22 日签订的某保险合同，系双方真实意思表示，内容合法有效，非经法定事由及合同双方当事人合意，不得随意解除。异议人的权利和义务，是接收第三人的保险金和按期支付第三人的红利费，第三人的权利和义务，是收取因保险而产生的红利和支付保险费，双方的权利和义务是相辅相成的，并且互为前提和基础。

法院作出的扣划孙瑞玲在某保险公司的分红型保险 30 000 元于法院账户的裁定书，事实上已解除了以上双方签订的合同，其内容是与法律相抵触的，因此，应当予以撤销。被执行人逄新元作为被执行人的主体是明确的且唯一的，在没有依法追加第三人为被执行主体的前提下，扣划第三人孙瑞玲投保由异议人直接掌控的保险金，于法无据，应予返还。故异议人异议理由正当，法院予以支持。

【案件解析】本案件涉及的人寿保险合同是由某保险公司与第三人孙瑞玲签订的，与被执行人无关。被执行人逄新元作为被执行人的主体是明确且唯一的，在没有依法追加第三人为被执行主体的前提下，扣划第三人孙瑞玲投保的资金是不符合法律规定的。

案例十三：贺传林与济宁市明坤化工有限公司、常立明民间借贷纠纷执行复议裁定书[①]

【基本案情】常立明于 2011 年 3 月 24 日在某人寿保险公司投保，被保险人为袁俐（妻子），已交保费 80 000 元。常立明于 2009 年 3 月 6 日在某人寿保险公司投保某 2008 年金保险被保险人常蕾（女儿），已交保费 120 000 元；常立明于 2009 年 3 月 10 日在某人寿保险公司投保某保险定期保障计划，被保险人常蕾（女儿），已交保费 18 000 元。以上合计常立明投保 218 000 元。

---

① 案件来源：中国裁判文书网，案号：（2016）鲁执复 132 号

因贺传林与济宁市明坤化工有限公司、常立明民间借贷纠纷一案，2014年10月11日，济宁中院作出（2014）济民初字第155号民事判决书，判定：被告济宁市明坤化工有限公司、被告常立明偿还原告贺传林借款本金633万元及利息。

2015年6月15日，济宁中院作出（2014）济执字第325号执行裁定书，裁定：提取、扣留被执行人常立明在某保险公司购买的三份保单中应得的现金收入94 700元。并向某保险公司送达了协助执行通知书。

【法院裁判】根据查明的涉案三个保险合同，其中两份合同分红分别为2 297.34元和5 911.14元，可以依法提取；对于三份保单的现金价值，由于合同还没有到终止的时间，保单的双方当事人也没有解除合同的意思，法院不应以强行解除保险合同的方式提取保单的现金价值，可以先对保单的现金价值予以冻结，待提取条件成就后再行提取。

济宁中院遂以（2014）济执异字第325号执行裁定书，裁定变更济宁中院（2014）济执字第325号执行裁定的内容为：提取、扣留被执行人常立明在某公司济宁中心支公司购买的三份保单中应得的现金收入8 208.48元。贺传林不服，向法院申请复议，请求撤销异议裁定。理由是被执行人常立明在某保险公司的三份人寿保险合同是分红型人寿保险，是集保障与投资分红于一体的多功能险种，从保单的现金价值请求权来看，一旦投保人提出要求，保险人就必须向投保人给付这笔现金价值，由此保险单现金价值请求权可以理解为投保人可以随时向保险人主张的债权或提取的收入。济宁中院冻结的被执行人常立明在某保险公司的三份保单，其中两份性质为投资理财产品，系常立明的个人财产，济宁中院应予以强制执行。

【案件解析】法院已对涉案三份保单的现金价值予以冻结，该三份保险合同因被执行人不再缴纳保险费失效的时间已临近，待提取条件成就后再行提取，不会损害贺传林的权益。这也是法院维护当事人利益选择有利于当事人利益的手段进行司法裁判的证明。

情形四:【人身保险作为法院强制标的的执行限制——要在不影响保留被执行人及其所抚养家属的生活必需品】

案例十四:赵立学、滨州市某有限责任公司与某牧科技有限公司、王成忠等追偿权纠纷

【基本案情】某公司诉三某公司、赵立学、张玉玲等追偿权纠纷一案,滨州中院于 2014 年 6 月 26 日作出(2014)滨中商初字第 9 号民事判决书,内容为:一、三宝公司于本判决生效后十日内向某公司偿还担保代偿款 670 万元及利息;二、王成忠、张玉玲等对上述债务向原告某承担连带清偿责任;三、王成忠、张玉玲等向某公司承担担保责任后,有权向三某公司追偿,也有权要求其他被告对其向主债务人不能追偿部分承担二十六分之一的担保份额。针对对执行提出异议超出了执行标的,法院查出其与妻子张玉玲拥有别墅及其他财产,并非只有滨州中院查封的以上财产。

【法院裁判】人民法院可以查封被执行人应当履行义务部分的财产,但应当保留被执行人及其所扶养家属的生活必需品。本案中,异议人赵立学作为被执行人,为其他案件提供担保,其与妻子张玉玲拥有别墅及其他财产,并非只有滨州中院查封的以上财产。实际执行中,滨州中院查封的财产不属于最高人民法院《关于人民法院民事执行中查封、扣押、冻结财产的规定》第五条规定禁止查封的财产。其提出查封财产影响其正常生活的理由不能成立。

【案件解析】人民法院可以查封被执行人应当履行义务部分的财产,但应当保留被执行人及其所扶养家属的生活必需品。这是执行过程中的一个重大限制,体现了法律人文关怀。

情形五:【保单的形成时间在债务发生之前,且保险单的受益人均为案外人,法院不能强行解除该保险合同,将保费变成现金价值。】

案件十五：何井成与国长东、何春影民间借贷纠纷一案 ①

【基本案情】原告何某因与被告国某、何某（二被告系夫妻关系）民间借贷纠纷，将被告诉至法院，法院于 2015 年 9 月 22 日作出（2015）东民北初字第 167 号民事调解书，调解内容：被告国某、何某自愿于 2015 年 9 月 25 日一次性偿还原告何某本金 20 万元及利息 24 000 元。调解生效后，被告没有自动履行义务，何某于 2015 年 10 月 13 日申请执行。2016 年 1 月 27 日法院作出（2015）东民执字第 309-2 号执行裁定书和协助执行通知书，冻结了被执行人国某、何某在保险公司公司的七张保单。该七份保单的形成时间均在 2014 年 4 月 2 日前，即被执行人向申请执行人借款之前。

【法院裁判】法院依据已生效法律文书并经申请执行人何井成申请，裁定冻结被执行人国长东、何春影银行存款及财产，符合法律规定。但第一份合同为终身保险，被保险人身故后才有保险赔偿金，且受益人为何欣航，法院冻结该份保险不妥。

第二份保险为两全分红型保险，虽然公司确定有红利分配时红利将分配给投保人，但公司的红利没有确定，红利占本合同的保险金份额比例较小，被保险人在合同规定的条件下因疾病身故，给付 300% 的身故保险金，或保险期间届满公司给付 300% 的满期保险金，大比例赔付的保险金受益人为何欣航，法院全额冻结该保险合同不妥。

第三和第四份为同一险种保险合同，虽然该合同第五条的保险责任第一项规定了被保险人在 18 周岁、19 周岁、20 周岁、21 周岁的年生效对应日，公司按本合同基本保险金额的 10% 给付婚嫁保险金，被保险人生存至 25 周岁的年生效对应日，公司按本合同基本保险金额的 60% 给付婚嫁保险金。但被保险人生存至 60 周岁的年生效对应日，公司按本合同基本保险金额的 200% 给付满期保险金。因大比例的保险金要待被保险人年满 60 周岁才能获得，受益

---

① 案件来源：中国裁判文书网，案号：（2017）吉 0303 执异 8 号

人为何欣航，法院全额冻结该合同的保险金不妥。

第五份合同的身故保险金和意外伤害身故保险金为本合同的大额赔付，且受益人为何欣航，法院全额冻结保单现金不妥。

第六份和第七份合同的投保人和受益人均为何欣航，被执行人在该合同中没有收益权，冻结该份合同不妥。该七份保单的形成时间均在被执行人向申请执行人借款之前。而且七份保险单的受益人均为何欣航，法院不能强行解除该保险合同，将保费变成现金价值，故冻结何春影某保险公司的保费没有法律依据，也没有实际意义，应中止执行，故异议人（案外人）何欣航异议理由成立，法院予以支持。

【案件解析】本案中保单的形成时间均在被执行人向申请执行人借款之前。这时法院不能强行解除该保险合同，且被执行人与保险所获利益无关，故冻结何春影某保险公司的保费没有法律依据，也没有实际意义。

三、保险公司应对及其不同结果

情形一：【驳回申请人异议，维持原裁定对保单进行强制执行】

案件十六：某保险公司执行异议一案[①]

【基本案情】滨州中院于 2014 年 6 月 26 日作出（2014）滨中商初字第 9 号民事判决书，内容为：一、被告邹平县三宝畜牧科技有限公司于判决生效后十日内向原告滨州市财昌融资担保有限责任公司偿还担保代偿款 670 万元及利息（自 2013 年 11 月 14 日即代偿之日至 2014 年 1 月 6 日起诉之日，以 670 万

[①] 案件来源：中国裁判文书网，案号：（2015）鲁执复字第 107 号

【同一申请复议人案件】（2015）滨中执异字第 1 号、（2015）滨中执异议字第 6 号、（2015）滨中执异议字第 7 号、（2015）滨中执异议字第 8 号、（2015）滨中执异议字第 9 号、（2015）滨中执异字第 10 号、（2015）滨中执异议字第 12 号、（2015）滨中执异议字第 13 号、（2015）滨中执异议字第 20 号

持相同或相似观点的裁定有：（2016）鲁执复 119 号、（2015）鲁执复字第 112 号

元为基数，按中国人民银行同期同类人民币贷款基准利率四倍标准计算）；二、被告王成忠、辛桂云、王成民、丁转、……、袁洪涛对上述债务向原告滨州市财昌融资担保有限责任公司承担连带清偿责任；2014 年 8 月 20 日，滨州市财昌融资担保有限责任公司向滨州中院申请执行，该院于 2014 年 8 月 22 日立案执行。另查明：一、异议人丁转在某保险公司的涉案保单有 4 份。2014 年 12 月 16 日，该院作出（2014）滨中执字第 209-2 号裁定书，对上述涉案保单的现金价值进行提取。

二、异议人丁转在太平洋人寿的涉案保单有 2 份。2014 年 8 月 27 日，滨州中院作出（2014）滨中执字第 209 号裁定书，对上述保单进行了查封。2014 年 12 月 22 日，该院作出（2014）滨中执字第 209-4 号裁定书，对上述涉案保单的现金价值进行提取。

三、异议人丁转于 2008 年 4 月 3 日与某保险公司签订人寿保险合同，2014 年 12 月 16 日，滨州中院作出（2014）滨中执字第 209-5 号裁定书，对上述涉案保单的现金价值进行提取。

【法院裁判】本案争议的焦点问题是：一、保险单的现金价值是否属于投保人的财产权益，能否作为执行标的；二、在投保人未解除保险合同的情况下，人民法院能否对保险单的现金价值强制执行。

第一，本案所涉分红型人寿保险是兼具人身保障和投资理财功能的保险，虽然是以人的生命和身体为保险标的，但保险单本身具有储蓄性和有价性，其储蓄性和有价性体现在投保人可通过解除保险合同提取保险单的现金价值。这种保险单的现金价值系基于投保人缴纳的保险费所形成，是投保人依法享有的财产权益，并构成投保人的责任财产。

同时，该财产权益在法律性质上并不具有人身依附性和专属性，也不是被执行人及其所扶养家属必需的生活物品和生活费用，不属于《最高人民法院关于人民法院民事执行中查封、扣押、冻结财产的规定》第五条所规定的不得执行的财产。因此，保险单的现金价值依法可以作为强制执行的标的。丁转主张该类保险具有人身性，不能成为强制执行标的的理由，不能成立。

第二，人民法院的强制执行行为在性质上就是替代被执行人对其所享有的财产权益进行强制处置，从而偿还被执行人所欠的债务。根据《中华人民共和国保险法》第15条、第47条的规定，在保险期内，投保人可通过单方自行解除保险合同而提取保险单的现金价值。由此可见，保险单的现金价值作为投保人所享有的财产权益，不仅在数额上具有确定性，而且投保人可随时无条件予以提取。

基于此，在作为投保人的被执行人不能偿还债务，又不自行解除保险合同、提取保险单的现金价值以偿还债务的情况下，人民法院在执行程序中有权强制代替被执行人对该保险单的现金价值予以提取。但是，在投保人与保险合同的被保险人、受益人不一致时，考虑到被保险人或者受益人的利益维护，如果受益人或被保险人愿意承受投保人的合同地位，维系保险合同效力，并向执行法院交付了相当于保险单现金价值的货币以替代履行的，人民法院应对保险单的现金价值不再执行。

故驳回异议人丁转的复议申请。

【案例评析】分红型人寿保险具有储蓄性和有价性，投保人可通过解除保险合同提取保险单的现金价值，是投保人依法享有的财产权益，不属于相关法律规定的不得执行的财产，因此可作为强制执行的标的。也因此，在作为投保人的被执行人不能偿还债务，又不自行解除保险合同、提取保险单的现金价值以偿还债务的情况下，人民法院在执行程序中有权强制代替被执行人对该保险单的现金价值予以提取。

情形二：【申请复议人复议成功】

案件十七：执行申请执行人宋贤良与被执行人刘泽民民间借贷纠纷一案①

---

① 案件来源：中国裁判文书网，案号：（2015）玉执异字第6号

【基本案情】宋贤良与刘泽民民间借贷纠纷一案，玉田县人民法院于2014年3月8日作出（2014）玉民初字第1101号民事判决书，判决："刘泽民偿还宋贤良借款本金80万及利息……"因被执行人刘泽民未能履行生效法律文书所确定的义务，法院于2015年11月18日作出（2014）玉民执字第507号执行裁定书，裁定扣划李建欣（系被执行人刘泽民之妻）投保的被保险人刘泽民在人寿保险某支公司两份保单的款项，扣划刘泽民投保的被保险人李健欣在保险公司保单的款项至河北省玉田县人民法院，并向某保险公司玉田支公司送达了协助执行通知书。

复议人人寿保险某支公司对此不服，向玉田县人民法院提出执行异议，法院于2016年3月18日作出（2015）玉民执异字第6号执行裁定书驳回其异议。目前，刘泽民、李建欣对上述所投保的保险均未表示退保。人寿保险某支公司申请复议。

【法院裁判】（2015）玉民执异字第6号执行裁定书所认定"保单的现金价值，属于投保人刘泽民、李健欣的财产权，该财产权属于责任财产，人民法院可以执行"的事实，应是建立在投保人退保或保险公司解除保险合同，由保险公司向投保人退还部分金额的基础上，但目前刘泽民、李建欣并未与复议某保险公司解除保险合同，且该合同仍在履行中，故田县人民法院要求复议人协助执行扣划刘泽民、李建欣在某保险公司的保险款项至玉田县人民法院势必造成双方所达成保险合同的强制予以解除，显然违背自愿原则。综上所述，河北省玉田县人民法院作出的（2015）玉民执异字第6号执行裁定书所认定的事实不清、证据不足。撤销（2015）玉民执异字第6号执行裁定书，发回原审法院重新审查。复议人异议请求得到支持。

【案例解析】在保险公司被驳回异议请求时，应该申请复议，直到穷尽所有的救济手段。

案件十八：某保险公司、江苏某典当有限公司与朱永良、许菁等典当纠纷 [①]

【基本案情】朱永良与许菁系夫妻关系，朱梓豪、张润歆、朱剑辉系朱永良、许菁的子女。许菁曾用名许红红。在江苏某典当有限公司与朱永良、许菁、江苏某投资有限公司典当合同纠纷一案，无锡仲裁委员会于 2012 年 12 月 3 日作出了（2013）锡仲调字第 14 号调解书，根据该调解书，朱永良、许菁及江苏某投资有限公司应于该调解书签收之日起三十日内一次性向江苏某典当有限公司支付借款本金 300 万元整、典当综合费用 602 100 元、逾期利息 137 340 元及仲裁费 34 510 元，共计 3 636 610 元；江苏某典当有限公司放弃其他仲裁请求，江苏某典当有限公司与许菁、朱永良、江苏某投资有限公司再无任何纠纷。因朱永良、许菁、江苏某投资有限公司未能履行上述调解书确定的义务，江苏某典当有限公司向法院申请执行。

在执行过程中，法院于 2014 年 10 月 28 日向人寿保险某公司送达（2013）锡执字第 379-1 号执行裁定书与（2013）锡执字第 379 号协助执行通知书，要求该公司协助执行以下事项：解除许菁在该公司的保险合同并将解除后的保单现金价值扣划至法院。人寿保险某公司对上述协助执行通知书不服，向法院提出异议。异议称：请求撤销无锡市中级人民法院（2013）锡执字第 379 号协助执行通知书。理由如下：一、根据合同的相对性，仅合同当事人有权解除保险合同；另外，除保险法另有规定或保险合同另有约定外，保险人不得解除保险合同。所以，异议人无权与许菁解除保险合同。法院直接解除许菁与该公司的保险合同亦无法律依据。二、法院如强制解除涉案保险合同，会损害朱梓豪等第三人的合法权益。

另查明涉案 13 份保险皆为人身保险，正常缴费，均在有效期内，投保人皆为许菁。保单 1 的被保险人为张润歆，受益人为许菁；保单 2 的被保险人为朱梓豪，受益人为许菁；保单 3 的被保险人为朱永良，受益人为许菁；保单 4

---

① 案件来源：中国裁判文书网，案号：（2014）锡执异字第 0037 号

的被保险人为许菁，受益人为朱梓豪；保单 5 的被保险人为朱剑辉，受益人为许菁；保单 6 的被保险人为朱永良，受益人为朱梓豪；保单 7 的被保险人为许红红，受益人为法定继承人；保单 8 的被保险人朱梓豪，受益人为法定继承人；保单 9 的被保险人为许红红，受益人为朱梓豪。

【法院裁判】一、关于人寿保险单及其现金价值能否成为执行标的的问题。人寿保险单具有财产属性，能够成为强制执行的标的。《保险法》第 47 条规定，投保人解除合同的，保险人应当自收到解除合同通知之日起三十日内，按照合同约定退还保单的现金价值。依据上述规定，保险合同解除前，投保人对保险人不享有保单现金价值的请求权；保险合同解除后，保单的现金价值才能产生并最终确定，投保人对保险人方享有保单现金价值请求权的到期债权，如投保人为被执行人，法院可以对该人寿保险单及现金价值予以执行。故人寿保险单及其现金价值成为执行标的的前提是保险合同已解除。

关于法院要求某保险公司解除其与许菁之间的保险合同并提取现金价值是否有法律依据的问题。合同解除是合同相对人终止合同的一种方式。《中华人民共和国保险法》第 15 条规定，除本法另有规定或者合同另有约定外，保险合同成立后，投保人可以解除保险合同。依据上述规定，如果投保人与保险人未在保险合同中将法院强制执行作为合同解除的一种特殊情形，且未出现保险法规定或者保险合同约定的保险公司可解除保险合同的情形，保险合同的解除权只能归投保人所有，人民法院不宜直接要求保险公司解除保险合同并提取现金价值。

本案中，许菁作为涉案 13 份人寿保险单的投保人，并未向保险公司提出解除保险合同，上述保险合同亦未出现保险法规定或者保险合同约定的保险公司可解除保险合同的情形；另外，申请执行人江苏某典当有限公司亦未举证证明被执行人存在通过人寿保险规避法院执行的行为，故法院要求某保险公司解除其与许菁的 13 份保险并提取保单现金价值没有法律依据。但考虑到人寿保险单的财产价值，法院可以对被执行人享有的人寿保险单的财产价值采取相关执行措施。

【案件解析】保险公司协助司法机关执行的前提是债务人在保险公司拥有合法债权。对于依法成立生效并正在履行的保险合同，除非出现导致合同不存在、被撤销或者解除保险合同效力终止等情形，否则，司法机关要求保险公司协助执行投保人的保险费没有法律依据，保险公司有权向法院提出执行异议，说明有关情况，解释无法协助执行的原因。

案例十九：人寿保险公司某支公司、柳守权与胡建荣、王毛银等民间借贷纠纷①

【基本案情】被申请执行人柳桂珍在异议人人寿保险公司某支公司处投有某（分红型）保险，被保险人为被申请执行人柳桂珍，身故受益人为被申请执行人柳桂珍的法定继承人。2014 年 11 月，法院向异议人送达了扣划被申请执行人柳桂珍保单现金价值的协助执行通知书。

【法院裁判】保险费是投保人依据保险合同交付保险公司的费用，由保险公司按照约定承担保险责任，实质是投保人付出一定代价即保险费而得到一种保障，此种保障最终体现为一种财产权益。被申请执行人柳桂珍在异议人处投保的是某保险（分红型），此种情况法院有权执行被申请执行人柳桂珍在异议人处的保险费，以司法强制力使该保险合同予以解除或变更，以实现申请执行人依据生效法律文书确定的权益，异议人有义务予以协助。

故异议人请求法院撤销（2014）甬北执民字第 795 号协助执行通知书的异议请求，法院不予支持。驳回人寿保险某支公司的异议。保费属于保险公司所有，江北区人民法院不能执行保险公司的财产。人寿保险是专属于债务人人身的债权，江北区人民法院不是保险合同的当事人，不具备解除保险合同的主体资格，不能强制执行。异议人是人寿保险公司，不属于"其他有储蓄业务的单位"，客户保险费也并非存款性质，故请求撤销原协助执行通知书。

---

① 案件来源：中国裁判文书网，案号：（2015）甬北执异字第 10 号

【案件解析】保险公司协助法院执行不是简单的配合，应对执行案件认真分析，在有争议点的情况下要及时向法院提出异议请求。但要注意的是对于要求保险人协助扣划保单现金价值的执行方式，各地法院的实际操作也不尽一致。

最典型的莫过于广东高院于 2016 年 3 月 3 日公布的《关于执行案件法律适用疑难问题的解答意见》，其中针对"问题十一、被执行人的人身保险产品具有现金价值，法院能否强制执行？"，处理意见为："虽然人身保险产品的现金价值是被执行人的，但关系人的生命价值，如果被执行人同意退保，法院可以执行保单的现金价值，如果不同意退保，法院不能强制被执行人退保。"可见，并非各地法院都倾向于采取要求保险人协助扣划保单现金价值的执行方式。

第三节　人寿保险能否强制执行法商大智慧

一、人寿保险强制执行中法商智慧

丘吉尔首相曾说："如果我办得到，我一定把保险两个字写在家家户户的门上，以及每一个业务人员的手册上，因为我深信，透过保险，每个家庭只要付出微不足道的代价，就可以免遭万劫不复的灾难。"保险作为财富管理工具，财富传承功能和转移风险的保障功能是受到拥趸的核心理由。

近年来，对于人身保险产品能否被强制执行的问题素有争议，浙江省和广东省分别在 2015 年和 2016 年出台相关规范，对本省的执行案件进行指导，详见（2015 年《浙江省高级人民法院关于加强和规范对被执行人拥有的人身保险产品财产利益执行的通知》、广东省高级人民法院《关于执行案件法律适用疑难问题的解答意见》）。而这些关于人寿保险强制执行的文件一石激起保险界的千层浪，虽然只是地方性的规定，但是随着社会的发展，将会逐步成为趋势。

人寿保险虽然不是一种财产性凭证，但保险公司和合同当事人订立的保险合同包含着各式的权益。在执行活动中，不仅关注房产、土地、存款等传统大额执行标的，法院越来越重视对人寿保险的保单执行，保单的执行越来越全面纳入法院的执行范围内。这个趋势给保险公司和保险合同当事人打了预防针，面对人寿保险强制执行方面的法律问题，除了第一节大数据报告的"管中窥豹"，第二节典型案例的"知行合一"，还需要在本章中结合平时的实务给出更专业和精准的建议。

（一）对保险公司的建议

法院会要求保险公司协助执行寿险保单，在下列情形下，保险公司将面临相应的法律风险：

（1）被法院要求协助单方解除保险合同，并将保单现金价值支付给指定的人。此时，保险公司如协助执行，则存在违反《保险法》和保险合同的风险。

（2）被法院直接裁定解除保险合同，要求保险公司协助将保单现金价值支付给指定的人。此时，如果保险公司对寿险保单作退保处理并支付保单现金价值后，被保险人或受益人持保单向保险公司索赔，保险公司将面临可能须履行原保险合同的风险。

（3）对法院不合法的司法协助要求，保险公司如果置之不理或者处理不恰当，法院可能会以妨碍民事诉讼为由对其采取司法强制措施。

实践中，保险公司为了规避可能遇到的风险，常见的做法有：提出执行异议，若法院对异议不支持，则提出复议。穷尽异议程序后，如法院仍然要求保险公司协助执行，则按照法院裁定协助执行。

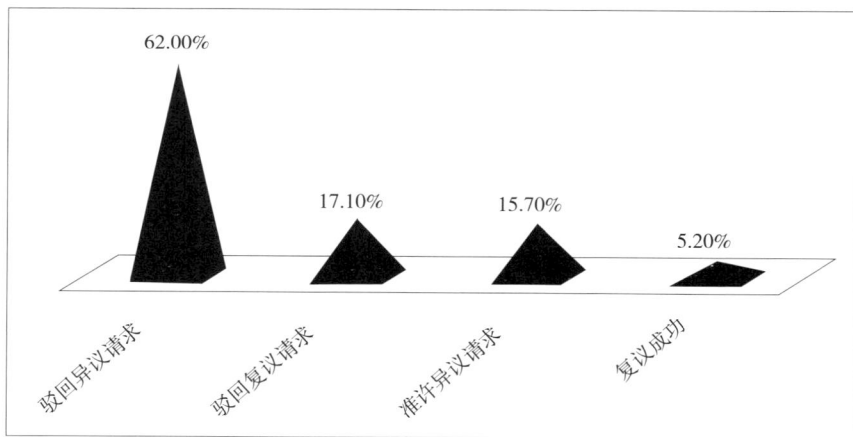

图14　保险公司异议案件处理

【数据阐明】根据保险公司对执行提出的异议和复议案件分析，法院驳回请求继续要求保险公司进行协助强制执行的比例占62%，驳回复议请求的比例为 17.1%。准许异议请求的占 15.7%，复议成功的情况占其中的 5.2%。从数据来看，法院驳回异议请求和复议请求的情况比较多，但是为了应对法律风险，仍然建议保险公司穷尽救济手段后再按照法院的裁定进行协助。

除此之外，保险公司还可以采取以下措施保护自身权益和促进行业发展：

① 目前我国在保单是否能够强制执行的问题上没有明确具体的立法，给保险公司带来不确定的风险。这是保险公司处在两难状态和风险中的根本原因。保险公司和保险行业要在平常的实践活动中，对于遇到和待解决的法律问题多加讨论和宣传，在多寻求法律救济的同时推动相关立法和司法解释的建立和完善。

② 法院裁定协助的时候，即要求保险公司单方面解除合同、提取保险的现金价值等，保险公司应该尽量积极主动地协助法院实行，法院依照职权对生效的法律文书的判决的内容运用国家强制力进行落实，保险公司如果不配合将会承担相应的法律责任，如罚款、拘留等。但是这里的配合法院不是简单的配合，应对执行案件认真分析。不恰当地配合执行会给保险公司带来损失和风险，解决措施是可以要求法院让投保人亲自到保险公司解除合同，避免保险公司单方面解除合同引起新的诉讼。

③ 在穷尽司法救济后，才能应对保险合同当事人对其的索赔。在提出异议和复议时应把书面材料保存和做好记录工作，以应对保险合同当事人将来可能提出的索赔。

④ 保险公司应该尽好自己的谨慎义务，从自身行动减少风险的发生。如对保险公司要协助执行的事项进行审查和核对，对判决文书认真研读，对被执行人在该保险公司的保险情况进行认真审查，降低经营风险。

（二）对保险合同当事人的建议

首先，应该对保单现金价值可能的属性有所了解：第一种是完全的储蓄，是属于投保人的财产权益；这是在现实执行过程中容易被执行的对象；第二种本质上是未来保障性保费或风险保费的提前缴纳；第三种是保单现金价值的一

部分，本质上是储蓄，另一部分本质上是未来风险保费的提前缴纳，是前面两者的结合，即用于购买未来保险期限内的保障。

实践中法院会对保单现金价值进行判断和拆分，将用于购买未来保障而提前缴纳的风险保费从保单现金价值中扣除，仅将本质上是储蓄的保单现金价值作为投保人的可被强制用来还债的财产。如果合同保险当事人想要防止被执行，建议购买保单现金价值本质上是未来保障性保费或风险保费的提前缴纳。

其次，积极提起司法救济程序。由于法院对保单的强制执行没有明确的法律规定和具体操作标准。在法院对保险当事人财产的强制执行中具有很多可商榷的地方，各个地区和法院在司法实践中所持的观点也不一样，在面对强制执行时，应当及时提起异议和复议等司法救济手段，在被执行过程中保留好证据，与法院说明自身的理由，维护好自身权益。

二、人寿保险强制执行的精彩问答

1. 什么是保单的现金价值？具有什么样的法律性质？

《保险法》第 15 条规定："除本法另有规定或者保险合同另有约定外，保险合同成立后，投保人可以解除合同，保险人不得解除合同。"第 47 条规定："投保人解除合同的，保险人应当自收到解除合同通知之日起三十日内，按照合同约定退还保险单的现金价值。"

这个法条说明，保单现金价值本质上是保险公司在未承担保险责任之前的在特定时间点对投保人的负债，也是特定时间点投保人对保险公司享有的债权。但是，该债权的实现应具备特定条件：对于依法成立生效并正在履行的保险合同，除非出现导致保险合同不存在、被第三方依法撤销或者保险公司依法定条件解除保险合同等情形，保险合同只能由投保人单方解除，在投保人单方解除保险合同后，保险公司应向投保人退还保单现金价值[1]。

---

[1] 董晓华，郁青峰 . 对司法机关向保险公司提出协助执行保险费要求的分析 . 保险研究，2008.

2. 保险费能够强制执行吗？

保险费是指投保人按照其与保险人签订的人寿保险合同约定向保险人交付的费用。在寿险合同关系中，投保人缴纳了保险费，保险公司才承担理赔的义务，而且，投保人对保险费没有任意支取的权利，只有在解除合同时才能取回相应的保单现金价值。因此保险费交到保险公司后，其所有权已归保险公司所有，不再是投保人的财产。故法院无权采取像冻结、划拨银行存款的手段来冻结、划拨作为被执行人的投保人交付保险公司的保险费。

3. 哪些保险利益属于保险当事人的财产权？

投保人向保险公司所购买的保险产品、依照保单约定可获得的保险金或者以现金支付的保单红利，或退保后保单的现金价值，均属于投保人、被保险人或者受益人的财产权，当投保人、被保险人或受益人作为被执行人时，该财产权属于责任财产，人民法院可以执行。"保单的现金价值属于投保人财产权，该财产权属于责任财产，人民法院可以执行的事实"是要建立在投保人退保或保险公司解除保险合同，由保险公司向投保人退还部分金额的基础上[①]。

4. 所有的保单都能够强制执行吗？

涉及这个问题需要分类讨论，区别对待：

第一，对于纯粹的储蓄性保单，即风险保额为零的保单，或未来无须缴纳任何风险保费的保单，这类保单的现金价值本质上就是储蓄，可以视为投保人的财产权益，从而用来偿还其债务，法院可以强制执行。

第二，对于满足养老生活费用的养老年金保险保单，法院应该对这类保单的现金价值进行测算，或委托第三方专业人员进行测算，为被保险人留下未来的基本生活费用，而不是全部强制执行。

第三，对于既有保障又有储蓄成分的保单，即风险保额不为零的保单，应该将现金价值进行拆分，将用于未来风险保障的风险保费从中扣除，然后将剩

---

① 参考资料：《论述死亡率的变动对现金价值的影响》

余的保单现金价值用于强制偿还投保人债务。

第四，保监会《人身保险公司保险条款和保险费率管理办法》规定，人寿保险是指以人的寿命为保险标的的人身保险，分为定期寿险、终身寿险、两全保险等，其设计类型分为普通型、分红型、投资连接型、万能型等。所以，买保险时，如果产品属于定期寿险、终身寿险或者两全保险，都属人寿保险的范畴归属，不能掉以轻心的是，很多保险公司以类似年金形式返还的产品，实际属两全保险。而且，投资连接结险和万能险的投资账户部分，甚至分红险的红利部分，因为其理财色彩浓厚，具有极强的理财功能，与人身属性无关，也可能被法院强制执行。

所以，储蓄性为主的两全保险的现金价值大部分是可用于强制偿还投保人债务的；终身重大疾病保险、终身寿险的保单现金价值是基本不能用于偿还投保人债务的；养老年金保险则需要进行拆分；其他产品需要根据具体情况确定①。

这四种分类，有助于在平常的实务生活中在购买保险时就能够有针对性，建议购买在司法实践中具有保障功能的保险产品。

5. 保单的现金价值怎么确定？有什么标准？

保单的现金价值具体怎么确定涉及保险精算原理，具有很强的业内专业性。在平常签订保险合同时合同中会有列明现金价值具体的数据表格，但是具体如何解释其计算原理在具体实践中差强人意。在司法实践中，曾经因为对"现金价值"到底几何的计算标准和计算结论引起很多纠纷，从法院的判决来看，并没有统一的路径。②

6. 事人或利害关系人认为法院作出的执行行为侵犯了其自身的利益时，应当如何维护自身权益？

当事人可以利用法律程序捍卫自己的合法权益。当当事人、利害关系人认

---

① 参考资料：《法院可否以及如何强制执行保单价值》，上海保险
② 李平．保单"现金价值"强制执行司法现状及裁判规则．法律讲堂，2017.

为法院的执行不符合法律规定，可以向作出执行的法院提出书面异议，如果被驳回，当事人、利害关系人对裁定不服的，可以向上一级法院申请复议。

7. 法院如何执行？保险公司可以不"协助"法院强制执行的义务吗？且保险公司需要如何协助？ ①

保险机构没有正当理由拒绝履行协助执行义务的，法院对相关保险机构采取民事制裁措施：查封、冻结、退保。查封的是被执行人的保单；冻结意味着不允许提领；不允许将保单约定取得该财产利益的权利人变更为被执行人以外的第三人；不允许变更红利支付方式。退保意味着若被执行人下落不明，或者被执行人拒绝签署退保申请书的，保险公司协助退保。

8. 如果被执行人所投人寿保险未到期，这时法院还能对其进行强制执行吗？

在执行中如果发现人寿保险未到期，暂时无法提取现金价值，如果未发现被执行人有其他可供执行的财产，应终结该执行程序。

9. 被保险人、受益人为未成年人的人寿保险合同能够执行吗？

我国《未成年人保护法》第 3 条规定，未成年人享有生存权、发展权、受保护权、参与权等权利，国家根据未成年人身心发展特点给予特殊、优先保护。在被保险人、受益人为未成年人的寿险合同，是父母为促使子女健康成长而提供的物质保障，所投入的保险费是父母双方对其夫妻共同财产作出的处分，可视为对未成年子女的赠予。因此，这种情况下，应尽量使原有的人寿保险合同继续有效。

10. 依据合同的相对原则及保险法相关的规定，除法律特别规定外，只有投保人才有合同的任意解除权，非经投保人申请退保，任何人不能中止保险合同并提取保单现金价值，为什么法院还能强制解除保险合同？

《中华人民共和国保险法》规定了保险合同成立后，保险解除需投保人同

---

① 胡佩霞 . "买保险逃税避债"可能行不通 . 深圳商报，2015.

意，但该法条限制的是保险人，而非限制有权机关对投保人的强制执行权，人民法院在执行中强制退保并提取被执行人的保单现金价值的行为与本条规定并不冲突。保险合同具有储蓄性和有价性，保险合同的保险单现金价值是从投保人缴纳的保险费所有权转化而来。投保人作为保险合同的订立主体和缴费主体，是保险合同的当事人，享有法定的解除保险合同及对保险合同的保险单现金价值的请求、抵押、转让等处分权能，并非限制有权机关对投保人的强制执行权。

第四节　结　语

《左传》有云："居安思危，思则有备，有备无患。"中华民族是一个居安思危的民族，保险也是人类社会最古老的风险管控方式之一，人寿保险是保险中的重要类别，它对社会稳定的维护、幸福人生的规划、家庭财富的管理与传承，均有不可替代的作用。所以人民法院执行人寿保单的相关问题，关系到债权人债权的实现和保险关系人的切身利益，对于这个问题的探讨具有重要的司法实践意义。

因为法律在保单是否能够强制执行的规定中尚不明确，本文试图研究在此方面的裁判倾向，提出法律风险的预防和应对对策。虽然我国不是判例国家，但是正如朱尼厄斯所说，一个判例造成另一个判例，它们迅速累聚，进而变成法律——以案明鉴可以辨法理，前车之鉴后车之师，本文通过对裁判法律文书的跟踪和解读，以窥探案件的裁判思路和裁判背后的法律价值选择及利益平衡。

通过本次保险执行类裁判文书的大数据分析可以看出相关争议焦点的司法实践判断——在一般条件下，被执行人是投保人，保单易被法院执行；被执行人是被保险人，被保险人死亡后，若有指定受益人的，保险金不用于偿债；被执行人是受益人，领取保险金后法院可强制执行。

四

投保人未如实
告知的保单处理

BIG DATA

前　言

　　保险纠纷的增加对保险法的适用不断造成挑战，成为民事案件数量中占比较高的一类案件。因此，自《中华人民共和国保险法》实施 20 多年来，不断加强对保险相关法律法规的修订。 2009 年最高人民法院出台《保险法解释（一）》；2013 年最高人民法院出台《保险法解释（二）》。2014 年全国人大常委会通过了对《中华人民共和国保险法》的修订，2015 年 12 月 1 日《保险法解释（三）》开始实施。在保险纠纷中，有相当数量的案件是对未如实告知义务是否履行形成的纠纷。

　　保险行业属于风险行业，是对能否发生、发生时间、损失程度都不确定的事故采取的预防保障措施，风险的大小直接决定了作为保险人的保险公司是否愿意承保、保险合同的内容以及保险费率的高低，因此投保人如实告知义务成为保险法规定的法定义务，这是诚实信用原则在保险法中的体现。保险公司同意承保也会在保险单承包的范围内进行，根据其对风险的评估和控制收取保费，如果投保人没有如实告知，对保险公司来说风险和收益也无法对等，同样，保险人未进行询问，投保人也没有主动告知的义务。从这一角度来讲，通过大数据展示投保人如实告知义务的相关案件，可以直观地看到目前主要纠纷的类型和裁判结果。

　　本章的大数据报告通过对裁判文书的收集，对保险纠纷中投保人未履行如实告知义务诉讼的现状、地域分布、裁判观点进行分析。同时结合可视化图表，为保险从业者以及保险消费者处理身边类似保险纠纷提供可参考的数据。

第一节　投保人未如实告知的案例大数据

一、全国投保人未如实告知义务类案件裁判基本情况

（一）投保人未如实告知义务类案件的数据来源

案例来源：中国裁判文书网、无讼案例

期限：2009 年至 2017 年 5 月（以最后一次访问裁判文书网为止）

法院：全国各级法院

检索关键词：如实告知义务

案例收集截止日期：2017 年 5 月

数量：采样 3013 件

其中裁判观点整理：849 件

【数据剖析】全国投保人未如实告知义务类案件数量较多，本书主要针对的是人寿保险投保时的如实告知义务，因此在进行案例检索时对案例库中的七千余件涉及如实告知义务的案件进行了筛选，最后得到三千余件有效案例。对 2017 和 2016 年两年的有效案例八百余件进行详细的数据分析，能够得出近几年法院的主要裁判观点。数据分析时，对涉案省份、审级、年份、涉案保险公司、胜诉方以及保险险种和法院裁判观点进行统计分析。尽可能全面有效地展现此类案件的常见争议点以及法院处理方式。

（二）投保人未如实告知义务类案件的年度变化

【数据阐明】从统计数据来看，九年来未如实告知义务的案件呈现了一次断崖式增长，2009—2013 年数量稳定，2009 年 91 件，2010 年 106 件，2011

年 131 件，2012 年 85 件，2013 年 222 件。在 2014 年，案件数量激增，达 716 件，在此之后一直呈现平稳增长趋势。2015 年和 2016 年分别为 751 件和 792 件。截止统计之日，2017 年的相关案件为 119 件。

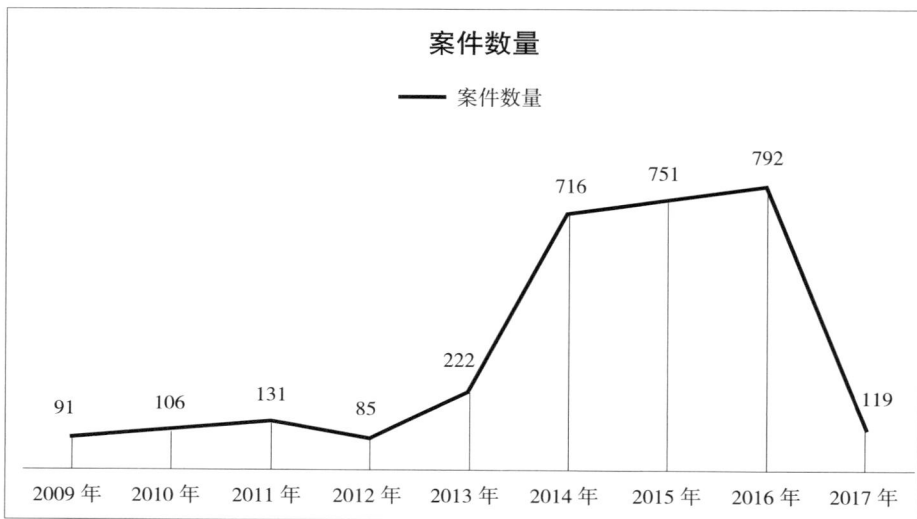

【数据剖析】2009 年 2 月 28 日，十一届全国人大常委会第七次会议审议通过了《中华人民共和国保险法（修订案）》，并将于 2009 年 10 月 1 日起施行。新的《保险法》在制度设计和完善上有了进步。此后，随着 2014 年《保险法》的修订，相关案件增长。

2014 年开始此类案件迅速增长的原因同保险行业的发展密不可分。根据保监会公布的信息显示，2014 年全国保费收入突破 2 万亿元，保险业增速达 17.5%，人身险保费收入 1.3 万亿元，同比增长 18.2%，与民生保障关系密切的年金保险同比增长 77.2%，保障性较强的健康保险同比增长 41.3%。[①]

此外，因为裁判文书网络公开从 2013 年开始逐渐完善，这也是 2014 年开始断崖式增长的另一个原因。对比第一章"离婚保险分不分"的案件数量，在

[①] 中国保险监督管理委员会 http://www.circ.gov.cn/web/site0/tab5207/info3948988.htm，访问日期 2017 年 6 月 28 日

增长趋势方面存在一定相似性。

（三）投保人未如实告知义务类案件的全国地域分布

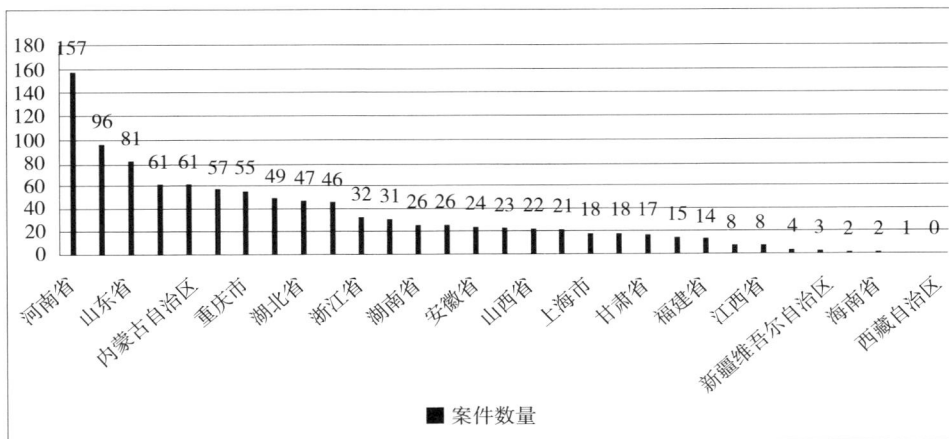

【数据阐明】根据全国投保人未如实告知义务类案件裁判文书的分布数据，河南省占据首位，其次四位依次为：吉林省、山东省、河北省和内蒙古自治区。

【数据剖析】该类纠纷在全国的分布不均匀，河南省最多，西藏自治区最少。尽管在省份中的分布较为零散，但仍然可以发现一定的规律。在东部和中部省份中涉案纠纷较多，与之相对的，西南和西北部的涉案纠纷较少，这和这些地区的经济发展水平以及人口数量有关。不可排除的是，在数量较多的省份中，投保人与保险公司的针对是否如实告知以及理赔的意见分歧更为尖锐。

（四）投保人未如实告知义务类案件的审理程序概况

【数据阐明】在涉及投保人如实告知义务的案件中，一审程序占比61%，二审占据39%，重审和再审程序占比不足1%。

【数据剖析】笔者在案例统计过程中发现，所有的案件一审均为保险公司做出不予理赔的决定之后，投保人向法院提起的诉讼。因此，在一审程序中原告均为投保人或其近亲属，被告为保险公司。二审程序中多为保险公司败诉后上诉，投保人作为被上诉人的案件。当然，也存在一部分一审判决保险公司胜诉，投保人上诉的情况。总体来说，二审维持原判的情况占比较多。重审和再审案件仅有一起，占比极少。

审理程序

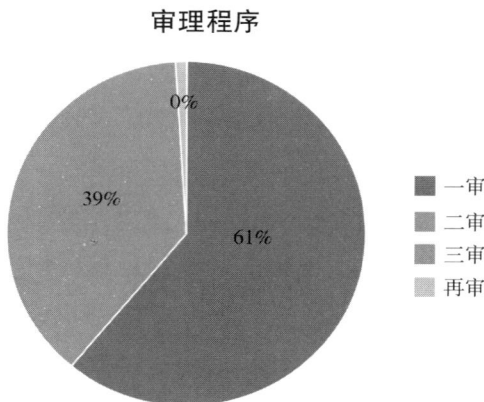

（五）投保人未如实告知义务类案件的案由

案由：人身保险合同纠纷

本书主要探讨的是人寿保险的大数据分析，因此关于如实告知义务的保险合同纠纷，主要讨论点限制在人身保险合同中。这也是在案例检索过程中使用的案由。

（六）投保人未如实告知义务类案件的主要险种

【数据阐明】统计过程中，很多判决涉及的险种不止一种，主险再加附加险的情况很多，同时会存在一种保险属于多种险种的情况，例如理财型健康保险等。统计目的主要是显示在未如实告知义务中涉及的保险种类。由图可以看出，健康保险在未如实告知的案件中占比最高，而少儿保险占比最低。终身寿险的比例位居第二，理财保险和意外保险次之。

【数据剖析】为便于统计，参照中国人寿保险的分类，定期寿险主要包括"两全保险"和"定期寿险"；少儿保险大多是分红保险，在为子女提供意外、医疗等健康保障的同时，还有教育金、婚嫁金等生存给付，统计时着重记录含子女、学生、儿童、宝宝的保险险种；健康保险占比最多的主要原因是涉及保险险种较多，主要包括疾病保险、医疗保险、失能收入损失保险和护理保险等险种；终身寿险因其保险期限为终身，费率高于定期寿险且每张保单都会发生给付，因此由于如实告知义务是否履行产生的纠纷也比较多，在数据统计中占比较大；意外保险是为保障意外事件造成的损失，常见的有各类意外伤害险；理财保险分为万能险和分红险，对此一并进行了统计。上述分类基本能够涵盖所有的判决所涉保险。

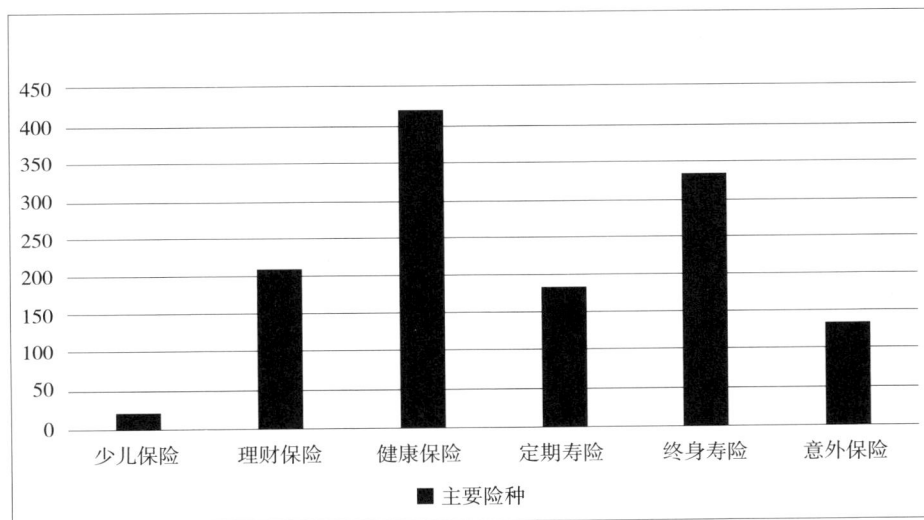

从图中可以看出，健康保险的占比最高。在违反告知义务的案件中几乎都存在带病投保的情况。从投保人角度而言，人们在医疗消费高和重大疾病发病率提升的情况下，开始重视自身的身体健康。面对花费较高的人身保险，健康的消费者的购买积极性不高，而当消费者患病后意识到保险重要性时，保费高昂和保险公司拒绝承保使得部分消费者抱有侥幸心理，违反告知义务投保的情况由此出现。

从保险从业人员的角度来看，诱导投保人违反告知义务的情况也时有发生。保险公司的格式合同细致烦琐，保险代理人不经过说明即签署的情况也是导致这类案件繁多的原因。

（七）投保人未如实告知义务类案件所涉保险公司分类

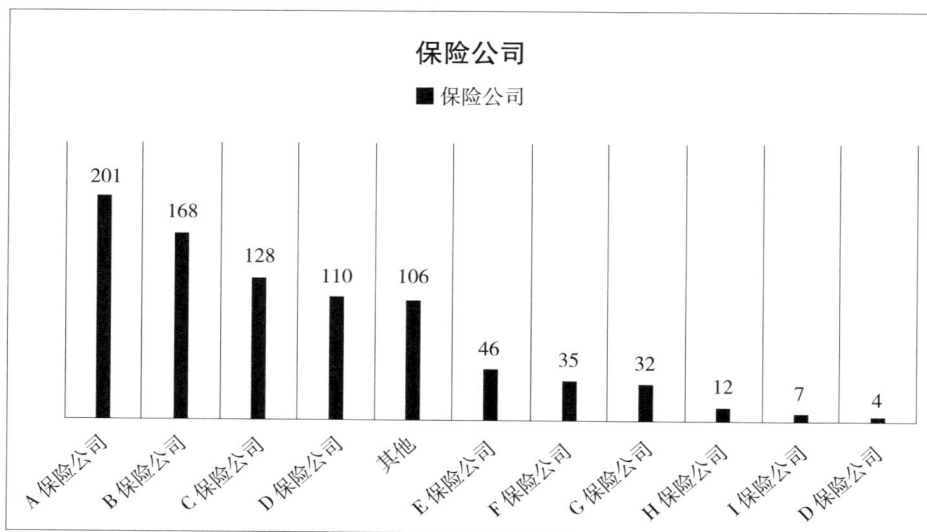

保险公司

■ 保险公司

【数据阐明】在涉案的保险公司中，数量存在一定的差异，因涉及公司的隐私，故只对涉案数量进行统计。由此可见，排名前四位的保险公司纠纷数量明显多于其他保险公司，这与其业务量有着紧密的关系。除上述十家保险公司以外，案件涉及其他保险公司或法院未列明保险公司名称的判决共计 106 起。

【数据剖析】根据保监会对 2016 年人身保险公司原保险保费收入的统计①，笔者收集了人寿保险领域份额较大的数家保险公司。根据保监会数据显示，国寿股份保费收入最高，太保寿次之，平安寿第三。在如实告知义务纠纷中，保费收入和纠纷多少并不一一对应。上图一方面较客观地展示了目前各大保险公司的市场份额，另一方面体现了哪些保险公司因如实告知义务产生的纠纷较多。对保险公司来说，针对这一业务领域具有一定的参考价值和意义。

（八）投保人未如实告知义务类案件所涉保险公司胜诉率

【数据阐明】在投保人如实告知义务的案件中，保险公司败诉率较高，达689 起，占比为 81%；胜诉 160 起，占比 19%。在三家应诉最多的保险公司中，

① 中国保险监督管理委员会 http://www.circ.gov.cn/web/site0/tab5203/info4060025.htm

A 公司的败诉率低于平均水平，为 73%；C 公司败诉率最高，为 96%，参与统计的 128 起诉讼中，有 122 起败诉。

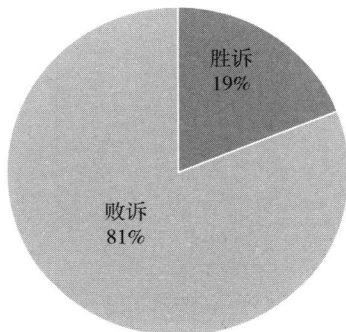

案件数量

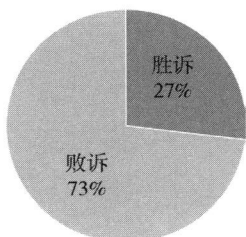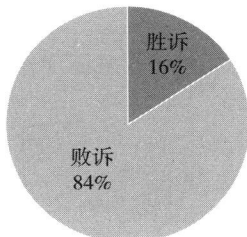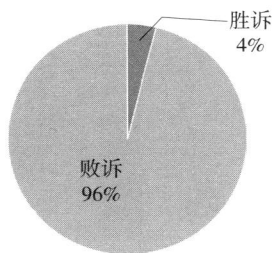

【数据剖析】从统计数据来看，针对保险公司败诉的原因，后文会主要进行分析，这也是探讨如实告知义务的价值所在。

（九）投保人未如实告知义务类案件的争议点分析

争议点：投保人是否履行了如实告知义务

我国投保人告知义务之所以会成为保险纠纷的重要案由，主要存在的问题是投保人和保险公司对投保人是否如实告知的主观认定、未如实告知的事项与保险事故之间是否存在因果关系、保险公司及其工作人员是否尽到调查义务、不予理赔是否经过了除斥期间，以及其他诸如投保中的体检问题、询问方式及合同签署等问题，这些都是由投保人是否如实告知所引起的。

二、投保人未如实告知义务类案件裁判观点概览

（一）法院裁判观点综述

投保人未如实告知义务类案件的法院裁判观点可以分为两类，一类为保险公司胜诉，一类为投保人胜诉。根据这两大类裁判结果，整理出 10 类裁判观点。结合前文已有的数据和《保险法》第 16 条关于告知义务的规定，保险公司败诉的情况比较复杂，裁判观点较丰富。下图中橙色部分的统计为保险公司败诉的裁判观点，蓝色部分为保险公司胜诉的裁判案例。

法院裁判观点一览

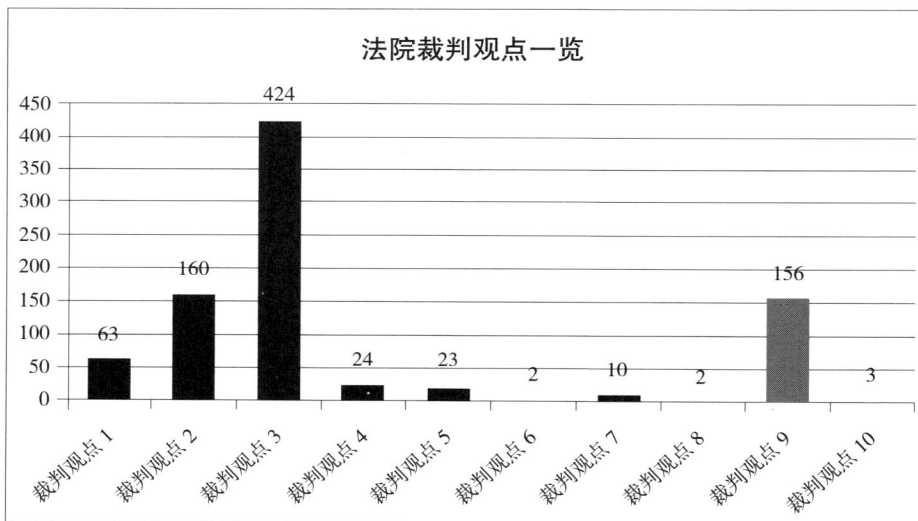

（二）法院裁判观点

1. 保险公司败诉

（1）投保人未如实履行告知义务，保险公司自知道有解除事由之日起 30 天内行使解除权，否则将丧失合同解除权。①

（2）若保险公司对合同的解除事由并不知情，最长可在 2 年内解除合同；

---

① 【相关案例】（2016）沪 01 民终 13447 号，（2016）豫 1103 民初 1104 号，（2016）浙 03 民终字第 1643 号，（2016）黑 02 民终 2022 号，（2016）皖 15 民终 1690 号

2 年后发生保险事故的，保险公司应予以理赔。①

（3）发生纠纷后，保险公司应当就投保人未履行告知义务进行举证，举证不能的，应予以理赔。②

（4）保险人在合同订立时已经知道投保人未如实告知的情况的，保险人不得解除合同，发生保险事故的，保险人应当承担赔偿或者给付保险金的责任。③

（5）投保人因重大过失未履行如实告知义务的，未履行告知义务的有关事项与保险事故没有直接因果关系，保险人以投保人未尽如实告知义务为由拒绝承担保险责任的，不予支持。④投保人未如实告知的结果并未达到足以影响保险人决定是否承保或提高保险费率的程度，保险人不得解除合同。⑤

（6）保险人未行使合同解除权，直接以存在《保险法》第 16 条第 4 款、第 5 款规定的情形为由拒绝赔偿的，人民法院不予支持。⑥

（7）保险人在保险合同成立后知道或者应当知道投保人未履行如实告知义务，仍然收取保险费，又依照保险法第十六条第二款的规定主张解除合同的，人民法院不予支持。⑦

（8）保险人知道被保险人的体检结果，仍以投保人未就相关情况履行如实

---

① 【相关案例】（2017）皖 13 民终 120 号，（2015）思民初字第 17977 号，（2016）渝 02 民终 300 号，（2016）川 10 民终 405 号

② 【相关案例】（2016）鄂 12 民终 911 号，（2016）粤 2071 民初 26673 号，（2017）甘 04 民终 38 号，（2016）苏 0612 民初 2830 号，（2016）豫 96 民终 459 号，（2016）吉 07 民终 538 号，（2016）闽 02 民终 1539 号

③ 【相关案例】（2017）鲁 11 民终 382 号，（2017）鄂 06 民终 79 号

④ 【相关案例】（2016）晋 01 民终 2229 号

⑤ 【相关案例】（2017）鲁 06 民终 148 号，（2016）鲁 1721 民初 2904 号，（2016）陕 06 民终 898 号

⑥ 【相关案例】（2016）皖 15 民终 1690 号

⑦ 【相关案例】（2016）豫 1103 民初 1104 号，（2016）黑 02 民终 2022 号

告知义务为由解除合同的，人民法院不予支持。[①]

2. 保险公司胜诉

（1）投保人故意不履行或因重大过失未履行如实告知义务的，足以影响保险人决定是否同意承保或者提高保险费率的，保险人有权解除合同。保险人对于合同解除前发生的保险事故，不承担赔偿或者给付保险金的责任。[②]

（2）保险公司在订立合同时已经知道投保人未如实告知的，不得解除合同，但投保人应就保险公司知情举证，举证不能的，保险公司不理赔。[③]

---

① 【相关案例】（2016）吉 0523 民初 427 号，（2016）冀 0281 民初 2659 号

② 【相关案例】（2016）甘 01 民终 2898 号，（2016）苏 1324 民初 8928 号，（2016）鲁 10 民终 2688 号

③ 【相关案例】（2017）沪 01 民终 383 号

第二节　经典案例

投保人在投保时并未如实告知健康状况，索赔时可能面临拒赔；部分保险代理人可能未完全履行说明义务，导致理赔时保险人援引"未履行告知义务"而拒赔。2009年新保险法第一次引入"两年"的"不可抗辩期"，但是不可抗辩条款≠必须赔条款，什么情况下保险公司可以拒赔？什么情况可以抗辩？真实的裁判案例告诉你。

一、投保人胜诉的经典案例

（一）投保人未如实履行告知义务，保险公司自知道有解除事由之日起30天内行使解除权，否则将丧失合同解除权。[①]

案例一：焦飞与某保险公司健康保险合同纠纷

【基本案情】2011年11月7日，焦飞母亲王吉珍经超声诊断显示"左肾积水、宫腔积液"。同年12月8日，王吉珍在填写投保书时，在"是否有正在生效的商业人身险产品？""过去两年内是否参加身体检查并发现结果异常？"等项目中，均填写"否"。12月14日，王吉珍在保险公司投保某人寿保险，受益人为焦飞，保额10万元。

2012年6月25日，投保人王吉珍因腹腔继发性恶性肿瘤住院治疗，经上腹部CT平扫检查："子宫及附件未见显示。"王吉珍于27日出院，28日去世。2013年9月21日，保险公司出具《理赔决定通知书》，载明："被保险人在投

[①]【相关案例】（2016）沪01民终13447号，（2016）豫1103民初1104号，（2016）浙03民终字第1643号，（2016）黑02民终2022号，（2016）皖15民终1690号

保之前已经患有左肾积水、宫腔积液，此情况在投保书中未如实告知，故对本次理赔申请予以全额拒付。"

一审判决：投保人王吉珍在投保前一个月的体检中即知晓自己"左肾积水、宫腔积液"，但故意未如实告知。而焦飞主张保险公司对该体检结果是明知的，但并无证据提交，故对焦飞主张不予支持。焦飞上诉。

【法院判决】被上诉人于 2013 年 9 月 21 日作出《理赔决定通知书》，但并没有在法律规定的 30 日内行使解除权。根据最高人民法院《关于适用〈中华人民共和国保险法〉若干问题的解释（二）》第八条"保险人未行使合同解除权，直接以存在保险法第 16 条第 4 款、第 5 款规定的情形为由拒绝赔偿的，人民法院不予支持。但当事人就拒绝赔偿事宜及保险合同存续另行达成一致的情况除外"的规定，被上诉人未在解除权行使期间行使解除权，其解除权消灭，本案保险合同对双方仍具有约束力，双方应当按照合同约定享有权利、承担义务。因此，法院对被上诉人关于不应承担保险责任的抗辩理由，不予支持。被上诉人应向上诉人给付保险金人民币 10 万元。[①]

【案件评析】保险人得知投保人未如实告知后，保险公司应在 30 天内解除合同，在解除权消灭后无权拒绝赔偿

案例二：某保险公司诉黄猛人身保险合同纠纷案

【基本案情】2012 年 5 月被保险人黄某被确诊为肺癌，并多次住院进行化疗、治疗。2013 年 5 月、2014 年 5 月，2015 年 5 月，被保险人黄某先后利用网络向保险公司投保保险产品，保险产品均包括个人重大疾病保险、意外每日住院津贴等保险项目。

2015 年 10 月 12 日至 11 月 23 日，被保险人黄某住院治疗。2015 年 10 月 22 日，其子黄猛通过邮件向保险公司提交理赔材料。保险公司电话告知其"被保险人提交的材料基本均为无效，要求家属重新准备，待收到材料后再行

[①]【案例来源】无讼案例检索服务平台，案号：（2015）青金商终字第 72 号

审核"。同年 11 月 26 日，黄猛再次通过邮件向保险公司提交理赔材料。2016 年 1 月 10 日，被保险人黄某因病抢救无效去世。2016 年 4 月 19 日，保险公司电话短信催促尽快提交索赔材料，但黄猛并未提交相关材料，此后至黄猛提起诉讼，双方再无任何联系。由于未收到正式完整的索赔材料，保险公司在黄猛起诉前并未出具任何《拒赔通知书》，且并不知晓投保人未如实履行告知义务，因此也未提出解除保险合同。

【法院判决】本案的争议焦点为：保险公司是否能够以投保人违反如实告知义务而拒赔。

我国保险法规定，投保人故意或者因重大过失未履行如实告知义务，足以影响保险人决定是否同意承保或者提高保险费率的，保险人有权解除合同。前款规定的合同解除权，自保险人知道有解除事由之日起，超过三十日不行使而消灭。

本案中，投保人黄某生前在已确诊肺癌的情况下向保险公司为自己投保重大疾病保险，在投保过程中针对保险公司的健康询问做出了与事实不符的回答，显然系故意不履行如实告知义务，且足以影响保险公司是否同意承保，保险公司有权解除涉案保险合同。正是基于投保人违反保险最大诚信原则，保险法赋予保险人单方解除合同的权利以保障自身权益，但即使如保险公司所称其于 2016 年 6 月 16 日才知晓解除事由，之后三十日保险公司并未向合同相对方提出解除涉案合同，保险公司的解除权因此消灭。①

（二）若保险公司对合同的解除事由并不知情，最长可在 2 年内解除合同；2 年后发生保险事故的，保险公司应予以理赔②

案件三：某保险公司与石良武人身保险合同纠纷

【基本案情】2011 年 4 月 27 日，石良武向保险公司投保终身寿险，附加

---

① 【案例来源】无讼案例检索服务平台，案号：（2016）沪 01 民终 13447 号
② 【相关案例】（2017）皖 13 民终 120 号，（2015）思民初字第 17977 号，（2016）渝 02 民终 300 号，（2016）川 10 民终 405 号

若干重疾意外保险，保险合同当日成立及生效。2013 年 3 月 25 日，石良武因病住院，诊断为肝海绵状血管瘤。

2013 年 6 月 8 日，保险公司做出通融赔付、退还部分保费并解约的理赔决定。保险公司解除合同的理由为：石良武在投保前存在影响保险公司承保决定的健康状况，但在投保时未告知。另查，石良武在医院的住院病案（2009 年 11 月 19 日入院）中载明，石良武因焦虑症住院治疗，自述曾有轻生念头。石良武在医院的住院病案（2013 年 3 月 25 日入院）中载明，石良武有抑郁症、焦虑症病史 9 年。石良武在投保涉案保险合同的投保书中未载明上述病史。

法院判决支持石良武诉请，保险公司上诉称，一审法院已查明石良武投保时确实存在不实告知情形，且保险事故也发生在合同成立两年内，但却拖延至合同成立两年后才申请理赔，人为地规避保险法规定的可抗辩期，剥夺了保险公司的合同解除权。

【法院判决】石良武、保险公司之间的保险合同系双方真实意思表示，合法有效，双方应当依法全面履行。关于保险公司是否有权解除涉案保险合同，根据《中华人民共和国保险法》第 16 条的规定，即使石良武在投保时未如实告知可能影响保险公司承保的病史，保险公司在保险合同成立二年后，也不得再以此为由解除合同，故保险公司的解除合同行为无效，保险公司的相关抗辩不成立，保险公司应继续履行涉案保险合同。[1]

【案件评析】即使投保人有不履行如实告知义务而可能影响保险人承保的行为，若保险人未能充分举证，则在保险合同成立二年不得解除合同。

案件四：上诉人王万土与被上诉人某保险公司保险合同纠纷案

【基本案情】2012 年 3 月 2 日，王万土之子王明乐被确诊为上消化道出血、肝硬化、食管静脉曲张破裂出血、失血性贫血等症状。同月 18 日，王万土与保险公司签订保险合同，为王明乐投保分红型主险，附加重大疾病保险。其在

---

[1] 【案号】无讼案例检索服务平台，案号：（2014）深中法民终字第 203 号

签订保险合同时，对上述疾病未如实告知。2012—2013年王明乐病情反复发作，于2014年5月3日医治无效死亡。王万土申请索赔，保险公司拒绝，做出解除保险合同，并不退还保费的决定。

原审法院认为，因王万土未履行如实告知义务，对保险公司决定是否同意承保具有严重影响，该保险合同不足以表示保险公司的真实意思，故该保险合同为无效合同。故王万土以保险事故已发生为由，要求保险公司支付保险金的请求不应予以支持。

王万土提起上诉称是保险公司不诚实信用，投保前王万土已经如实告知了儿子的病情，保险代理人说可以投保，王万土才最终决定为儿子投保。填写保单和提示书、确认书时，王万土诉称没见到过保险条款。

【法院判决】投保人故意或者因重大过失未履行如实告知义务，足以影响保险人决定是否同意承保或者提高保险费率的，其法律后果是保险人可以在法定期间内行使合同解除权，而不是导致合同无效。保险人可以在知道有解除事由之日起三十日内行使解除权，自合同成立之日起超过二年的，保险人不得解除合同。本案中投保人王万土向保险公司主张权利时合同成立已超过两年，因此对合同享有的解除权已消灭。①

【案件评析】投保人未履行如实告知义务，法律后果是保险人可以行使合同解除权，而不是导致合同无效，但超过2年的不能解除合同。

案件五：某保险公司与黄显富、冷某某人寿保险合同纠纷案

【基本案情】2012年12月13日，被保险人黄琴的丈夫冷观东向某保险公司投保了人寿定期险，基本保险金额为25万元，并交纳保费500元。个人寿险投保书的其他声明信息中，被保险人在尿毒症栏内勾选"否"。被保险人黄琴于2014年7月31日溺水死亡。2012年5月4日至17日，被保险人黄琴因"慢性肾功能不全（尿毒症期）肾性高血压、肾性贫血"在医院住院治疗。

---

① 【案例来源】无讼案例检索服务平台，案号：（2015）洛民金终字第4号

投保人请求保险人按合同约定履行赔付义务。保险公司辩称：被保险人及投保人在投保时故意不如实告知被保险人已患严重尿毒症的事实，其已构成欺诈，保险合同无效。无任何证据证明被保险人系意外死亡，且被保险人死亡后拖到当年 12 月份才向公安机关报告，黄显富、冷京金涉嫌故意隐瞒被保险人死亡的真实情况。法院判决支持原告诉请后，保险公司上诉，投保人冷观东与被保险人黄琴具有欺诈投保的故意，以订立保险合同之名行骗取保险金之实，属于保险欺诈，保险合同应归于无效。

【法院认为】本案的保险事故是溺水死亡，且上诉人未能证明属于被保险人自杀行为，被保险人生前患有尿毒症与溺水死亡之间并不具有必然的因果关系。保险合同是射幸合同，其关键之处就在于对未来是否发生保险事故不具有确定性，本案中，从黄琴患有尿毒症并不能推导出其最终会溺水死亡，溺水死亡是否发生仍然是不确定的，符合保险合同的要旨。故上诉人主张涉案保险合同应为无效不符合法律规定，法院不予支持。对于投保人不履行如实告知义务情况下保险人的权利救济，保险人行使解除权的最长期限为合同成立之日起 2 年内。上诉人认为被上诉人系恶意拖延至合同成立 2 年后才申请理赔，但没有举出证据予以证实，也没有举出证据推翻被上诉人的合理性陈述，故上诉人不得解除合同，应当按约向被上诉人给付 25 万元保险金。①

【案件评析】自合同成立之日起超过二年的，保险人不得解除合同。若保险人认为投保人恶意拖延至合同成立 2 年后才申请理赔，保险人负有举证责任。

案件六：臧传杰与某保险公司保险合同纠纷

【基本案情】2010 年 4 月 15 日，臧传杰与保险公司订立保险合同一份，合同约定：臧传杰购买保险公司主险"终身寿险（分红型）"及附加重疾保险。重大疾病包括终末期肾病（或称慢性肾功能衰竭尿毒症期），指双肾功能慢性不可逆性衰竭，达到尿毒症期，经诊断后已经进行了至少 90 日的规律性透析

---

① 【案例来源】无讼案例检索服务平台，案号：（2016）川 10 民终 405 号

或实施了肾脏移植手术。

2010 年 12 月 20 日起臧传杰因肾功能不全多次入院，2012 年 2 月 20 日，臧传杰因"不规律血液透析半年余，突发心慌胸闷二小时余"入院，后开始血液透析治疗。2012 年 10 月 24 日，臧传杰入院，查其肾功能不全二年余，入院一年前查出肾功能衰竭，后开始进行血液透析治疗。至 2013 年 7 月，臧传杰已累计进行规律性透析 90 日以上。

2013 年 4 月，臧传杰向保险公司申请保险理赔，保险公司作出难给付保险金、难退保险费及解除保险合同的决定，其理由是臧传杰投保前存在影响保险公司承保决定的健康状况，而在投保时未书面告知。

原审法院认为，臧传杰在投保之际已患肾功能不全，但尚未达到慢性肾功能衰竭（尿毒症期）。保险公司有权在合同成立之日起二年内行使合同解除权，但作出解除合同的理赔决定业已超过二年期间。双方在订立合同时，臧传杰虽已患肾功能不全，但并未发生保险合同约定的保险事故，即慢性肾功能衰竭（尿毒症期）。

保险公司上诉称，臧传杰不履行如实告知义务，足以影响上诉人作出是否承保的决定，且臧传杰在投保前所患疾病与其本次保险事故属同一疾病，或者有内在的因果关系。依据《江苏省高级人民法院关于审理保险合同纠纷案件若干问题的讨论纪要》第二十条，保险合同订立时保险事故已发生，投保人就此向保险人做了不实告知，保险合同成立 2 年后，被保险人或者受益人以可抗辩期已过为由，要求保险人对该项隐瞒的事故赔偿或者给付保险金的，人民法院不予支持。

【法院判决】本案争议焦点在于，臧传杰未履行如实告知义务，保险公司在保险合同成立 2 年后是否有权解除合同？法院认为，慢性肾功能不全（尿毒症期）与慢性肾功能衰竭（尿毒症期）应为肾功能疾病的两个不同病情阶段，臧传杰在投保前后患有肾功能不全，而非合同约定的保险事故疾病即慢性肾功能衰竭（尿毒症期）。且双方明确约定达到慢性肾功能衰竭（尿毒症期）时才符合保险事故条件，故保险公司公司主张臧传杰投保时已患有保险事故的观点，法院不予采信。

保险公司不能证明臧传杰在合同成立 2 年内已出现保险事故，亦不能证明臧传杰恶意拖延 2 年抗辩期以获得理赔，故法院对其主张拒赔的观点不予采信。[①]

【案件评析】保险公司若不能证明投保前所患疾病与其保险事故属同一疾病的，即无法证明投保人 2 年内已经发生保险事故，依然需要履行赔偿义务。

案例七：马志飞、某保险公司人身保险合同纠纷

【基本案情】2012 年 4 月 25 日，原告的母亲尚某在被告处投有终身寿险（分红型），被保险人为尚某，身故受益人为马志飞。保险合同约定，如果被保险人身故，被告将按被保险人身故时本合同的保险标的给付保险金，同时合同终止；如果被保险人在年满 60 周岁后的首个保险单周年日当天零时前身故，额外按被保险人身故时本合同的保险金额给付特别身故保险金。合同还约定，在合同中止后两年内申请恢复合同效力的，在补交保险费及累积利息之日起，合同效力恢复。

2014 年 4 月份，尚某交保险费中断后，2014 年 6 月 30 日，保险公司对尚某办理复效审核手续，尚某补交保险费及累积利息，2014 年 12 月 20 日，尚某因肺癌去世，马志飞申请被告理赔，2015 年 7 月 24 日，被告以投保时未告知事项影响承包决定，依据《保险法》第 16 条解除保险合同并拒付。另查明，尚某在 2012 年之前曾患胃癌，但在投保和申请复效时，被告公司业务员王巧玲和负责复效审核员工王毅然在办理手续时只是就一般疾病进行问询，并未问尚某是否患过癌症，二人均不能确定是否向尚某宣读过个人告知书。

该案争议的焦点是：1. 被告保险公司解除保险合同是否有效；2. 被告保险公司是否应当支付原告保险金。

【法院判决】关于被告保险公司解除保险合同是否有效的问题，《最高人民

法院关于适用〈中华人民共和国保险法〉若干问题的解释（二）》第6条规定：投保人的告知义务限于保险人询问的范围和内容。当事人对询问范围及内容有争议的，保险人负举证责任。在尚某投保和复效时，被告保险公司工作人员办理业务时并未询问尚某是否患过癌症，也不能确定是否就个人告知书的内容向尚某进行宣读，故被告保险公司承担举证不利的法律后果。

根据《中华人民共和国保险法》第16条第3款第2、3项的规定：自合同成立之日起超过二年的，保险人不得解除合同；发生保险事故的，保险人应当承担赔偿或者给付保险金的责任，尚某于2014年12月20日去世距保险合同成立之日2012年4月26日，已经超过两年时间，依据《保险法》规定，保险公司无权解除合同并应当承担给付保险金的责任。被告保险公司辩称保险合同解除的时间应当依合同复效之日起计算。

法院认为，尚某在2014年6月30日办理复效手续，补交保险费及累积利息，保险合同约定补交保险费及累积利息之日起，复效是指原合同效力恢复，双方并未签订新的合同，故应当依据原合同计算解除合同的时间，被告认为保险合同解除的时间应当依合同复效之日起计算的主张，法院不予采纳。被告解除保险合同因违反法律规定，法院确认该行为无效。判决确认被告保险公司解除保险合同无效；给付原告马志飞保险金。①

【案件评析】本案的争议之处在于合同复效时，未履行如实告知义务，能否适用《保险法》第16条。法院对于合同复效的定义为合同效力恢复，故申请理赔的时间已经超过两年，所以保险公司不得解除合同。

（三）发生纠纷后，保险公司应当就投保人未履行告知义务进行举证，举证不能的，应予以理赔②

案例八：上诉人某保险公司与被上诉人李小月人身保险合同纠纷

【基本案情】2008年至2013年11月，李小月丈夫卫同财因风湿性关节炎、

①【案例来源】无讼案例检索服务平台，案号：（2015）内民二金初字第82号
②【相关案例】（2016）鄂12民终911号，（2016）粤2071民初26673号，（2017）甘04民终38号，

肺部感染、肺气肿、冠心病等疾病先后住院治疗。2012 年 6 月，卫同财以自己为被保险人、李小月为受益人，在某保险公司投保终身重大疾病保险。投保生效日期为 2012 年 6 月 16 日，投保为终身投保，缴费期限为 20 年。卫同财于 2012 年、2013 年连续缴费。2014 年 2 月 27 日卫同财因病死亡。后李小月向保险公司申请理赔，保险公司认为卫同财投保前已经患有严重肺病，未如实进行告知，所患疾病足以影响其公司的承保决定。于 2014 年 3 月 13 日向李小月下达了解除保险合同通知书，不承担给付保险金。

【法院判决】本案的争议焦点在于保险公司是否在卫同财投保时对其健康状况进行询问，卫同财是否有意隐瞒其在投保前住院治疗风湿性关节炎、肺部感染、肺气肿、冠心病等疾病的病史。

《中华人民共和国保险法》第 16 条规定，订立保险合同，保险人就保险标的或者被保险人的有关情况提出询问的，投保人应当如实告知。投保人故意或者因重大过失未履行前款规定的如实告知义务，足以影响保险人决定是否同意承保或者提高保险费率的，保险人有权解除合同。《最高人民法院关于适用〈中华人民共和国保险法〉若干问题的解释（二）》第 6 条规定，投保人的告知义务限于保险人询问的范围和内容。当事人对询问范围及内容有争议的，保险人负举证责任。

本案中，保险公司向法院提供了投保情况调查问卷，对李小月的调查笔录、录音资料以及销售人员报告书、电子投保单、电子投保确认单，其中涉及对卫同财的健康状况询问的证据为投保情况调查问卷和销售人员报告书以及电子投保单和电子投保确认单，投保情况调查问卷和销售人员报告书均系保险公司的销售人员裴小军填写，且是保险公司内部人员的书写材料，并不足以证明保险公司对卫同财的健康状况进行了询问，另外电子投保单和电子投保确认单，系电子资料，保险公司也未向法院提供本案的书面保险合同以供核实，所以，保险公司以卫同财投保前已患有严重的肺病，投保时未如实告知为由通知李小月解除保险合同，证据不足，于 2014 年 3 月 13 日向李小月下达的解除保险合同通知书无效，由此判决保险公司支付李小月保险金 20 万元并无不当。①

案例九：某保险公司与汪七良人身保险合同纠纷

【基本案情】2014 年 8 月 27 日，原告汪七良经被告某人寿保险公司业务员介绍，向被告投保了终身寿险（分红型）和附加重大疾病保险。同时被告某保险公司业务员王隽在未询问原告汪七良身体健康的情况下，个人人身保险投保单上内容由业务员自己填写，投保单及投保提示书由原告汪七良在投保人签名处签字，且原告汪七良在签订投保单之前告诉了被告业务员他患过糖尿病、高血压、乙肝疾病，被告并向原告汪七良提交了该保险的保险合同条款，其中保险条款约定了保险责任和保险范围。

2016 年 2 月 6 日，原告汪七良因病到医院就诊，经诊断为"急性乙型病毒性肝炎、高血压、糖尿病"。2016 年 2 月 11 日，原告汪七良因病再次到医院就诊，经诊断为"重症肝炎、糖尿病、高血压"。事后，原告汪七良向被告提出关于"重大疾病"的索赔申请。2016 年 3 月 18 日，被告以被保险人投保前已患糖尿病、高脂血症、脂肪肝、病毒性乙型肝炎、高血压病为由向原告汪七良邮寄"保险合同解除函"，并退还原告汪七良保费及保费增值额。

【法院判决】被告向原告汪七良签发了保险单及保险条款，双方之间已形成了人身保险合同法律关系。保险合同系双方当事人的真实意思表示，未违反法律强制性的规定，合法有效。

本案争议焦点为原告是否违反如实告知的义务，保险公司是否有权解除保险合同拒赔。被告虽称原告汪七良因投保前患过糖尿病、高血脂、脂肪肝、病毒性乙型肝炎、高血压病，原告没有履行对其健康情况如实告知的义务，带病投保，尽管原告在投保单已经签字，但被告业务员未对投保人的身体健康情况进行询问就填写了投保险单，事后也未要求投保人进行身体检查，根据《中华人民共和国保险法》第 16 条的规定"订立保险合同，保险人就保险标的或者

---

① 【案例来源】无讼案例检索服务平台，案号：（2015）济中民三终字第 13 号

被保险人的有关情况提出询问的，投保人应当如实告知。"

履行如实告知义务的前提是保险公司询问，在保险公司未询问的情况下，原告汪七良无义务主动告知其患有哪些病住院治疗的事实，何况原告汪七良在投保前主动告知了保险公司业务员之前患过糖尿病、高血压、乙肝疾病，被告仍对原告进行了承保，收取了保险费，依照《最高人民法院关于适用若干问题的解释（二）》第 7 条规定，被告保险公司主张解除保险合同，原审法院不予支持。《中华人民共和国保险法》第 16 条第 2 款规定："投保人故意或者因重大过失未履行前款规定的如实告知义务，足以影响保险人决定是否同意承保或者提高保险费率的，保险人有权解除合同。"按上述规定，原告在投保时必须故意或者重大过失未如实告知保险公司的事实，应当是足以影响保险公司决定是否同意承保或者提高保险费率的重要事实，保险公司才能解除合同。

对于原告未如实告知的事实是否属于足以影响保险公司决定是否同意承保或者提高保险费率的重要事实，保险公司应负举证责任，现由于保险公司未能举证证明原告不如实告知的事实足以影响其是否同意承保或提高保险费率，所以应承担举证不能的责任。因此原告汪七良并未违反投保人如实告知义务，被告解除合同拒赔没有事实依据与法律依据，解除保险合同无效。在保险期间，原告汪七良患的疾病属于保险条款中约定的"重大疾病"范围，被告应当按照保险条款承担保险责任。

【案件评析】在投保过程中，保险人应对保险标的或者被保险人的有关情况提出询问，投保人应当如实告知。在严格要求投保人在订立保险合同时进行如实告知的同时，保险人应当向投保人说明保险合同的条款内容、免责条款等予以特别说明。进行询问工作的多为保险代理人，而在显示操作中，保险代理人因为其业务水平和业绩因素，往往不会完整履行询问义务，而保险代理人作为获得保险人授权的业务人员，以保险人的名义对外开展保险活动，其法律后果归属于保险人，因此需要保险公司承担败诉后果。这类案件在判决中多次出现，属于常见的保险公司举证不能的案件。①

（四）保险人在合同订立时已经知道投保人未如实告知的情况的，保险人不得解除合同，发生保险事故的，保险人应当承担赔偿或者给付保险金的责任②

案例十：某保险公司与闫德翠、廖文才、廖文平保险合同纠纷一案

【基本案情】2015 年 9 月 13 日，廖学成作为投保人及被保险人在保险公司投保了两全保险和意外保障计划激活式投保卡，2016 年 6 月 3 日廖学成因意外摔伤去世。同日，其妻子闫德翠给保险公司报案，保险公司派员到事故现场，并未向闫德翠说明廖学成死亡原因不明可以进行尸检。此后，保险公司主张廖学成带病投保未如实告知，其有权解除保险合同而不予理赔，双方就此诉诸法院。

法院查明，保险公司业务员投保时就基本告知及健康告知向廖学成询问，廖学成表示 2010 年右上肢曾因截肢住院治疗，投保单及被保险人签名由廖学成本人签字，但在投保单中健康告知事项载明"身体是否有肢体畸形或缺损情况"一栏处告知答案为"否"。

【法院判决】保险公司同意为廖学成承保，双方之间保险合同成立，且不违反国家法律、行政法规强制性规定，为有效合同。有效的合同对双方当事人均具有法律约束力，双方均应当按照合同约定及法律规定承担义务、享有权利。廖学成作为被保险人，在保险期间因意外导致死亡，属于意外身故险的保险责任范围，保险公司应当承担保险责任。

本案中，廖学成死亡后，闫德翠给保险公司报案。闫德翠报案后，廖学成的死亡原因举证责任已经转移到保险公司，保险公司未举证证明廖学成的死亡原因不属于意外死亡，其应当承担举证不能的不利法律后果。保险公司辩称廖学成投保时，隐瞒了自己已患病的事实，未如实告知，保险公司有权解除合

---

① 【案例来源】无讼案例检索服务平台，案号：（2016）鄂 12 民终 911 号
② 【相关案例】（2017）鲁 11 民终 382 号，（2017）鄂 06 民终 79 号

同，法院认为廖学成投保前右上肢已截肢缺损，但在投保单"健康告知事项"中对第 4 项身体残障情况是否有缺损的告知答案为"否"，显然告知不实。但从保险公司提交的调查报告内容看，业务员对廖学成投保时右上肢已截肢缺损是知晓的。因此依据保险合同的约定保险公司在订立合同时已经知道廖学成未如实告知的情况的，不得解除合同，发生保险事故的，由保险公司承担给付保险金的责任。故保险公司对此提出的上诉理由亦不能成立，法院不予支持。①

【案件评析】《保险法》第 16 条规定，保险人在合同订立时已经知道投保人未如实告知情况的，保险人不得解除合同；发生保险事故的，保险人应当承担赔偿或者给付保险金的责任。本案中，投保人截肢造成肢体残疾，作为一般人均可以直接予以确认，因此法院也据此认为保险公司知晓。

（五）投保人因重大过失未履行如实告知义务的，未履行告知义务的有关事项与保险事故没有直接因果关系，保险人以投保人未尽如实告知义务为由拒绝承担保险责任的，不予支持。② 投保人未如实告知的结果并未达到足以影响保险人决定是否承保或提高保险费率的程度，保险人不得解除合同 ③

案例十一：某保险公司、刘付兰人身保险合同纠纷

【基本案情】2015 年 6 月 19 日，姜晓艳与上诉人某保险公司签订了《保险代理合同书》，成为上诉人公司的工作人员，2016 年 4 月 18 日离职。

2015 年 7 月 30 日，姜晓艳作为投保人在上诉人处为被上诉人投保人寿保险，约定被上诉人发生重大疾病后，上诉人向被上诉人支付医疗保险金等。2015 年 10 月 29 日至同年 11 月 11 日，被上诉人因病住院 13 天。2016 年 6 月 13 日至同年 6 月 20 日，被上诉人住院 7 天。2015 年 12 月 28 日，被上诉人就 2015 年 10 月 29 日的住院花费向上诉人提起理赔申请，2016 年 1 月 26 日，上

---

① 【案例来源】无讼案例检索服务平台，案号：（2017）鄂 06 民终 79 号
② 【相关案例】（2016）晋 01 民终 2229 号
③ 【相关案例】（2017）鲁 06 民终 148 号，（2016）鲁 1721 民初 2904 号，（2016）陕 06 民终 898 号

诉人以被保险人投保前存在影响承保决定的健康状况，而投保人在投保时未如实告知，严重影响了其承保决定为由，做出了解除合同、拒赔批复单，并将该解除合同、拒赔批复单用快件形式发给了被上诉人，被上诉人不同意上诉人的解除合同、拒赔批复。审理中，上诉人提交了时间为 2015 年 2 月 26 日的影像诊断报告，诊断意见为颈椎退行性变，椎间盘突出。

【法院判决】被上诉人、上诉人之间签订的人身保险合同是双方当事人的真实意思表示，合法有效，依法予认确认。上诉人提交的时间为 2015 年 2 月 26 日的影像诊断报告，其诊断意见与被上诉人于 2015 年 10 月 29 日的住院诊断并不一致，上诉人亦无证据证实其主张的被上诉人在投保前进行的 CT 检查结果"颈椎退行性病变"与理赔的疾病具有直接的因果关系，即投保人未如实告知上诉人医学检查的结果并未达到足以影响保险人决定是否承保或提高保险费率的程度。因此，上诉人依法不享有解除权，其向被上诉人发出的解除合同通知不发生效力，双方的人身保险合同应继续履行，上诉人应按合同约定予以理赔不违反法律的规定，应予维持。上诉人在投保人投保时也未询问，故上诉人主张投保人投保时未如实告知，依法不予认定。[①]

【案件评析】《保险法》第 16 条规定："投保人故意或者因重大过失未履行前款规定的如实告知义务，足以影响保险人决定是否同意承保或者提高保险费率的，保险人有权解除合同。"由此可知，投保人的未如实告知行为需达到足以影响保险人决定是否承保或提高保险费率的程度。本案中，被上诉人未如实告知的情况未达到解除合同的地步。

案例十二：某保险公司与陈传胜人身保险合同纠纷

【基本案情】原告程传胜与索改平生前系夫妻。2014 年 8 月 9 日，索改平在被告指定地点进行体检，体检结果显示索改平葡萄糖指标异常。2014 年 8 月 18 日，索改平因病住院，但未发现癌变细胞。2014 年 9 月 26 日，索改平（投

---

①【案例来源】无讼案例检索服务平台，案号：（2017）鲁 06 民终 148 号

保人、被保险人）与被告（保险人）签订人身保险合同一份，保险合同签订后，索改平按约支付保险费至 2015 年 7 月。2015 年 6 月 10 日被确诊为宫颈癌。2015 年 8 月 22 日索改平医治无效死亡。索改平在被确诊为宫颈癌后，曾向被告提出理赔，被告出具理赔决定书，决定解除《人身保险合同》，退还索改平 7615.35 元。

【法院判决】索改平与被告签订的保险合同系双方当事人之间的真实意思表示，内容未违反法律、行政规定的强制性规定，合法有效，该合同对双方具有拘束力。索改平作为投保人已依约交付了保险金，被告作为保险人应依约进行保险理赔。

索改平于 2014 年 8 月 9 日在被告的要求下进行了体检，体检结果显示索改平葡萄糖指标异常。2014 年 9 月，索改平在投保时，被告未尽审核义务，收取保险费与索改平签订了保险合同，发生保险事故后，被告又以投保人在投保时对其书面询问事项不如实告知，且不如实告知的内容已经严重影响其是否同意承保因而拒绝理赔，违反诚信原则。同时根据《中华人民共和国保险法》第 16 条第 5 款规定的投保人因重大过失未履行如实告知义务的，未履行告知义务的有关事项与保险事故没有直接因果关系，保险人以投保人未尽如实告知义务为由拒绝承担保险责任的，不予支持。判决被告向原告支付保险金。[①]

（六）保险人未行使合同解除权，直接以存在《保险法》第 16 条第 4 款、第 5 款规定的情形为由拒绝赔偿的，人民法院不予支持。[②]

案例十三：张浩与某保险公司人寿保险合同纠纷

【基本案情】2009 年 12 月 26 日，原告在保险公司投保两全保险（分红险）险种及附加重大疾病保险险种。合同成立生效后，原告每年按时足额向被告公司缴纳保险费用，履行投保人的相关义务。

2014 年 12 月，原告因病入住山西医科大学第一医院住院治疗，因病情反

---

① 【案例来源】无讼案例检索服务平台，案号：（2016）晋 01 民终 2229 号
② 【相关案例】（2016）皖 15 民终 1690 号

复，2016 年 1 月 8 日，原告接受手术治疗，依赖该植入电极才能正常活动。2016 年 1 月，原告向被告提出理赔申请，被告以"未达到合同约定的重疾保险金赔付标准"为由，拒绝理赔。

【法院判决】本案争议的焦点为原告张浩所投保险的理赔条件，以及原告的未如实告知能否成为被告拒赔的理由。（因判决书隐去原告所患疾病，且是否符合理赔条件不属于本章讨论范围，故不做赘述。）

针对未如实告知能否成为拒赔的理由，根据原告在病历记载的初次患病时间为 2009 年 7 月，但在"个人投保业务书"，原告否认曾患病的事实，被告认为原告存在未履行如实告知义务。法院认为，无论原告是故意还是重大过失未如实告知被告曾患该病的情形，根据《最高人民法院关于适用〈中华人民共和国保险法〉若干问题的解释（二）》第 8 条："保险人未行使合同解除权，直接以存在保险法第十六条第四款、第五款规定的情形为由拒绝赔偿的，人民法院不予支持。但当事人就拒绝赔偿事宜及保险合同存续另行达成一致的情况除外"之规定，被告均不能以此为由拒绝承保。综上所述，原告要求被告承担保险金额的主张，符合法律规定，法院予以支持。①

【案件评析】《保险法》第 16 条第 4 款、第 5 款规定投保人故意不履行如实告知义务的，保险人对于合同解除前发生的保险事故，不承担赔偿或者给付保险金的责任，并不退还保险费。投保人因重大过失未履行如实告知义务，对保险事故的发生有严重影响的，保险人对于合同解除前发生的保险事故，不承担赔偿或者给付保险金的责任，但应当退还保险费。

但在此类情形下拒赔的，需要首先行使合同解除权。本案暂不讨论是否符合理赔标准，保险公司未行使合同解除权即拒绝承保的，不符合法律规定。

（七）保险人在保险合同成立后知道或者应当知道投保人未履行如实告知义务，仍然收取保险费，又依照保险法第十六条第二款的规定主张解除合同

---

① 【案例来源】无讼案例检索服务平台，案号：（2016）晋 1121 民初 1206 号

的，人民法院不予支持^①

案例十四：钱学艳与某保险公司保险合同纠纷

【基本案情】2014 年 4 月 3 日、6 月 23 日、6 月 26 日，投保人、被保险人、生存保险金受益人钱学艳与保险公司分别签订三份保险合同，投保人寿保险。上述保险合同的保险责任为被保险人发生重大疾病保险事故，保险公司按照合同约定给付保险金。合同签订后，钱学艳如约交纳保险费。

2014 年 8 月 26 日，保险公司依据与钱学艳在 2014 年 4 月 3 日签订的重疾保险合同，赔付钱学艳患慢性肾小球肾炎疾病保险理赔款若干元。2015 年 4 月 7 日、2015 年 6 月 23 日、2015 年 6 月 30 日，保险公司通过银行划扣的方式收取了以上三份保险合同的 2015—2016 年度保费。

2015 年 5 月 26 日，钱学艳诊断为左侧乳腺癌，连续住院化疗 31 天。钱学艳遂向保险公司申请理赔，保险公司拒绝赔偿保险金，理由为被保险人钱学艳在投保前存在疾病史，并解除上述三份保险合同。

【法院判决】本案属人身保险合同纠纷。依据《中华人民共和国保险法》第 13 条的规定，"投保人提出保险要求，经保险人同意承保，并就合同的条款达成协议，保险合同成立。依法成立的保险合同，自成立时生效。"因此，钱学艳与保险公司签订的人身保险合同合法有效，双方应按照合同约定认真履行义务。钱学艳已如约交纳保险费，履行合同约定义务。

钱学艳于 2015 年 5 月 26 日被诊断为左侧乳腺癌，该疾病属于保险合同中约定的理赔事由，保险公司应依据保险合同的约定全面履行理赔义务。虽然保险公司上诉主张钱学艳曾患慢性肾小球肾炎疾病史，在签订保险合同时，钱学艳未履行如实告知义务，但保险公司已于 2014 年 8 月 26 日依据与钱学艳在 2014 年 4 月 3 日签订的重疾保险合同，对钱学艳患慢性肾小球肾炎进行了赔付，故应视为在 2014 年 8 月 26 日后，保险公司已知晓钱学艳患有慢性肾小球

---

① 【相关案例】（2016）豫 1103 民初 1104 号，（2016）黑 02 民终 2022 号

肾炎疾病史这一情况，而在 2015 年，保险公司仍收取钱学艳涉案三份人身保险合同 2015—2016 年度的保费，根据最高人民法院关于适用《中华人民共和国保险法》若干问题的解释（二）第 7 条之规定，"保险人在保险合同成立后知道或者应当知道投保人未履行如实告知义务，仍收取保险费，又依照保险法第十六条第二款的规定主张解除合同的，法院不予支持"。因此，对于平安人寿公司的上诉理由，法院不予支持。[①]

（八）保险人知道被保险人的体检结果，仍以投保人未就相关情况履行如实告知义务为由解除合同的，人民法院不予支持 [②]

案例十五：某人寿保险公司与关绍娥人身保险合同纠纷

【基本案情】2013 年 11 月 26 日，关绍娥的丈夫高某某投保了终身寿险（分红型）并附加重大疾病保险一份，受益人为关绍娥。合同签订后，保险公司的客服人员对投保人高某某进行了电话回访。2015 年 5 月，投保人高某某诊断为左肺恶性肿瘤，2015 年 10 月 14 日投保人高某某因肺癌、骨转移癌死亡。2016 年 1 月 20 日保险公司作出不予理赔决定并退还两年的保费。在保险合同签订前，投保人高某某到保险公司指定的医院进行了体检。

【法院判决】投保人高某某与保险公司签订的人寿保险合同，虽然是高某某之妻即原告代签，但在保险公司回访时高某某明确表示知道保险合同的事情，也了解条款的内容，说明高某某对其妻代签的合同进行了事后追认；且保险公司对合同的生效并无异议，因此投保人高某某与保险公司签订的人寿保险合同是有法律效力的合同。

对生效合同的解除必须符合法定或约定的条件；保险公司主张投保人高某某在投保时没有如实陈述患有高血压病史和吸烟史，但保险公司承认在投保时投保人到保险公司指定的医院进行了体检，高血压病和 40 年的吸烟史体检是能检查出来的，应当认定保险公司对投保人高某某有高血压病和吸烟史是明知

---

① 【案例来源】无讼案例检索服务平台，案号：（2016）黑 02 民终 2022 号

② 【相关案例】（2016）吉 0523 民初 427 号，（2016）冀 0281 民初 2659 号

的，根据最高人民法院关于适用《〈中华人民共和国保险法〉若干问题的解释（三）》第五条二款"保险人知道被保险人的体检结果，仍以投保人未就相关情况履行如实告知义务为由解除合同的，人民法院不予支持"的规定，保险公司以投保人高某某未如实履行告知患有高血压病和吸烟史的义务而解除合同违反了上述规定，不予支持。保险公司解除合同违法，应按双方签订的合同履行保险人责任。在合同签订一年半之后，投保人查出左肺恶性肿瘤，并于 2015 年 10 月 14 日因癌症死亡，符合合同约定的给付条件。因此保险公司应按约定给付保险合同中投保人指定的受益人即原告终身寿险保险金。[①]

二、保险公司胜诉的经典案例

（一）投保人故意不履行或因重大过失未履行如实告知义务的，足以影响保险人决定是否同意承保或者提高保险费率的，保险人有权解除合同。保险人对于合同解除前发生的保险事故，不承担赔偿或者给付保险金的责任[②]

案件十六：徐雪生与某人寿保险公司保险合同纠纷

【案例概述】2011 年 2 月 21 日徐雪生与保险公司签订保险合同，合同生效日期为 2011 年 2 月 24 日。投保人及被保险人均为徐雪生。2012 年 2 月 15 日，徐雪生向保险公司提交了理赔申请，同年 4 月 10 日，保险公司向徐雪生出具理赔决定通知书，以订立保险合同时投保人未履行如实告知义务为由，不予给付保险金，并解除保险合同。

另查明，徐雪生于 2009 年 3 月 17 日至 3 月 31 日在医院住院治疗，出院诊断为慢性粒细胞白血病。徐雪生主张业务员在签订保险合同时已知道其患病的事实。保险公司辩称，徐雪生在投保时未履行如实告知义务，保险公司有权解除涉案保险合同；徐雪生存在高额同业投保、提供虚假医疗诊治信息等保险

---

①【案例来源】无讼案例检索服务平台，案号：（2016）吉 05 民终 917 号

②【相关案例】（2016）甘 01 民终 2898 号，（2016）苏 1324 民初 8928 号，（2016）鲁 10 民终 2688 号

欺诈行为，保险公司不应就此承担给付保险金的责任。原审法院判决保险公司在明知其患有白血病的情况下仍然承保，应当承担赔偿或者给付保险金的责任。

保险公司上诉。二审法院查明，2012 年 8 月 22 日，中国人寿、信泰人寿、太平人寿、长城人寿、华泰人寿等保险公司通过泰州市保险行业协会泰州市反保险欺诈工作站向公安局经济犯罪侦查支队报案，称徐雪生隐瞒病史、提供虚假病历资料到上述保险公司投保，致使上述保险公司被骗保险金共计 27 万元。泰兴市公安局经济犯罪侦查大队调查后认为，徐雪生涉嫌保险诈骗事实存在，2013 年 4 月 26 日决定对徐雪生涉嫌保险诈骗案立案侦查。

【法院判决】因徐雪生涉嫌保险诈骗刑事犯罪，市公安局已决定立案侦查，本案不属于人民法院民事案件受理范围，应当由公安机关处理。据此，裁定撤销原判判决，驳回徐雪生的起诉，本案移送公安机关处理。[①]

【案件评析】投保人隐瞒病史、提供虚假病历资料投保，涉嫌保险诈骗，保险公司不赔偿保险金。

案例十七：冯某与保险公司保险合同纠纷

【基本案情】2013 年 6 月，冯某作为投保人以田某为被保险人在保险公司投保主险"智胜人生"和附加智胜重疾和无忧豁免险，身故保险受益人为冯某。保险合同中载明冯某与田某为母女关系，在"您目前是否饮酒或曾经饮酒"处冯某填写为否，冯某在投保人签名处签字确认，并抄录"本人已阅读保险条款、产品说明书和投保提示书，了解本产品的特点和保单利益的不确定性"。被保险人签名处为冯某代签的"田某"。

2013 年 10 月 18 日，田某以重大疾病为由申请理赔，保险公司调查发现同年 8 月，田某在医院的病例中记载其饮酒 20 余年，每天 1 斤白酒，近 2 个月减少为 1 两每天。诊断田某为酒精性肝硬化，并于 9 月田某二次入院治疗。

---

① 【案例来源】无讼案例检索服务平台，案号：（2013）宁商终字第 721 号

2013 年 11 月 26 日，某保险公司因投保人未如实履行告知义务而做出理赔决定通知书，解除保险合同，退还部分保险费，不予给付保险金。2013 年 12 月 23 日，田某因疾病死亡。冯某遂向法院起诉，要求保险公司给付保险金。

【法院判决】本案争议的焦点是投被保人并非属于同一人，告知义务如何履行以及冯某未如实履行告知义务属于故意、重大过失还是一般过失。

本案中，投保人冯某与被保险人田某并非母女关系，对于田某每天的实际饮酒量，作为外甥女的冯某是否知情并故意隐瞒，是判断冯某主观过错状态的关键。冯某提供了与保险公司业务员的通话录音，法院对录音内容予以确认。冯某告知业务员田某有饮酒行为，对此并未隐瞒，就实际饮酒量，依据现有证据，并不能充分证明冯某对此是明知，更不能证明有意不告知，但是对于该事实，属于投保人冯某应当知道的范围。

依据现行相关司法解释，告知义务的主体不包括被保险人，但是作为人寿保险而言，被保险人对签订保险合同应当是知情并同意的，被保险人知道或者应当知道的内容应视为投保人知道或者应当知道的内容。因此一审判决将冯某的主观过错认定为重大过失并无不当。保险公司主张应认定冯某故意不履行如实告知义务的上诉意见，没有事实依据，法院不予支持。

关于保险合同中被保险人田某的签名是否系冯某代签的问题，冯某认可代签行为，冯某与田某系亲属关系，2013 年 10 月，田某曾以重大疾病为由申请理赔，应视为该保险合同得到了田某的追认，即田某对该保险合同是知情并同意的，保险合同按有效认定是妥当的。

因此，本案认定投保人因重大过失未履行如实告知义务，保险公司退还部分保费，不予支付保险金。①

【案件评析】根据《保险法》第 16 条的规定，投保人因重大过失未履行如实告知义务，对保险事故的发生有严重影响的，保险人对于合同解除前发生的

① 案件来源 http://chsh.sinoins.com/2016-03/15/content_188025.htm，2017 年 9 月 4 日访问

保险事故，不承担赔偿或者给付保险金的责任，但应当退还保险费。

本案中的焦点是投保人与被保险人不一致，如何履行告知义务的情况，即便投保人与被保险人不一致，投保人对被保险人知道或者应当知道的重要事项亦有如实告知的义务。投保人应当如实告知被保险人的情况，对于投保时不了解的情况，应当尽量核实后如实告知，避免投保后，因未履行如实告知义务而无法获得赔偿。

（二）保险公司在订立合同时已经知道投保人未如实告知的，不得解除合同，但投保人应就保险公司知情举证，举证不能的，保险公司不理赔①

案例十八：某保险股份有限公司诉冯雪云人身保险合同纠纷

【基本案情】2015 年 5 月 12 日，冯雪云向某人保公司投保了重疾保险，重大疾病包括"与恶性肿瘤相关的疾病"，冯雪云支付了全部的保险费。2016 年 4 月 8 日，冯雪云入院治疗，2016 年 4 月 12 日治愈出院。出院后，冯雪云向人保公司申请理赔。2016 年 5 月 12 日，保险公司向冯雪云出具了理赔决定通知书，称按住院综合条款向冯雪云理赔三千元，并因冯雪云投保前存在影响合同成立的异常健康状况而未如实告知，故解除双方之间的保险合同。故涉讼。

在保险公司的电子投保书中，对于健康情况询问事项中包括：过去三年内是否曾有医学检查结果异常？是否目前患有或过去曾经患有下列病症（包括甲状腺疾病）？该两项均填写了"否"。2014 年 12 月 4 日，冯雪云体检报告中检查出"甲状腺结节，建议外科随访，必要时进一步检查"。2016 年 5 月 19 日，平安人保公司回复客户的电话中，冯雪云称投保时曾告知过体检情况。

【法院判决】冯雪云、保险公司之间的保险合同合法有效，保险公司在收到被保险人的赔偿请求后，对属于保险责任的，应当按约定履行赔偿义务。

【案件评析】该案争议在于冯雪云是否在投保时如实告知了其健康状况。

---

① 【相关案例】（2017）沪 01 民终 383 号

保险公司提供的电子投保单上确实未反映出原告的体检情况，但同时该电子投保单系保险公司自行制作，未能体现业务员在销售保险单时对于健康状况的具体询问方式，或者业务员个人是否将体检报告中的甲状腺结节归为"目前患有或过去曾经患有甲状腺疾病"一类亦不可知。因此，单凭该投保单，并不能证明冯雪云未如实告知其健康状况的事实，对保险公司拒绝理赔的理由难以采纳。综上，一审法院判决保险公司给付冯雪云理赔款。

二审法院认为，诚实信用乃公民、法人从事民事活动所应遵循的基本原则。被上诉人冯雪云自认在与上诉人人保公司的业务员订立保险合同时明知自身存在甲状腺结节而未如实向上诉人告知相关体检结果，并对健康情况询问事项中"是否目前患有或过去曾经患有下列疾病（包括甲状腺疾病）"等两项均填写"否"，显属故意隐瞒相关病症，未履行如实告知义务。虽然被上诉人主张其系在上诉人业务员的指示下对相关病症作否定回答，但业务员作为上诉人的职务代理人与被上诉人串通而隐瞒相关症状，其行为已超越职权范围，损害了上诉人的合法权益。

诚然，投保人的合法利益受法律保护，但合法利益不等同于违反如实告知义务而获取的不当保险理赔，且投保确认书明确被上诉人如不实告知则上诉人不承担保险责任的约定。故支持保险公司的主张。①

（三）投保人未如实告知投保前已发保险事故，保险合同成立两年后请求理赔，应否支持

案例十九：陈某诉某保险公司人身保险合同纠纷案②

【基本案情】陈某之父陈某康，因右肺腺癌于 2010 年 8 月 10 日入院治疗，至 2010 年 8 月 24 日病情平稳后出院。2010 年 8 月 25 日，陈某为陈某康在被

---

① 【案例来源】无讼案例检索服务平台，案号：（2017）沪 01 民终 383 号
② 该案案情及分析来源于"2015 年 12 月 4 日最高人民法院发布的合同纠纷典型案例"，来源中华人民共和国最高人民法院 http://www.court.gov.cn/zixun-xiangqing-16210.html，访问时间 2017 年 6 月 30 日

告处投保了 8 万元的身故险和附加重大疾病险。陈某和陈某康均在"询问事项"栏就病史、住院检查和治疗经历等项目勾选为"否"。两人均签字确认其在投保书中的健康、财务及其他告知内容的真实性，并确认被告及其代理人已提供保险条款，对免除保险人责任条款、合同解除条款进行了明确说明。双方确认合同自 2010 年 9 月 2 日起生效。合同 7.1 条及 7.2 条就保险人的明确说明义务、投保人的如实告知义务以及保险人的合同解除权进行了约定。

2010 年 9 月 6 日至 2012 年 6 月 6 日，陈某康因右肺腺癌先后 9 次入院治疗。2012 年 9 月 11 日，陈某康以 2012 年 3 月 28 日的住院病历为据向被告申请赔付重大疾病保险金。保险公司经调查发现，陈某康于 2010 年 3 月 10 日入院治疗，被确认为"肝炎、肝硬化、原发性肝癌不除外"，因此被告于 2012 年 9 月 17 日以陈某康投保前存在影响该公司承保决定的健康情况，而在投保时未书面告知为由，向原告送达解除保险合同并拒赔的通知。陈某康、陈某于 2012 年 10 月 24 日诉请判令被告继续履行保险合同并给付重大疾病保险金 3 万元，后在二审中申请撤诉，二审法院于 2012 年 12 月 18 日裁定撤诉。2014 年 3 月 11 日至 3 月 14 日，陈某康再次因右肺腺癌入院治疗，其出院诊断为：右肺腺癌伴全身多次转移（IV 期，含骨转移）。2014 年 3 月 24 日，陈某康因病死亡。原告陈某遂诉至法院，请求被告给付陈某康的身故保险金 8 万元。

【法院判决】一审法院认为：投保人陈某在陈某康因右肺腺癌住院治疗好转后，于出院次日即向被告投保，在投保时故意隐瞒被保险人陈某康患有右肺腺癌的情况，违反了如实告知义务，依据《保险法》第 16 条第 2 款的规定，保险人依法享有合同解除权。因上述解除事由在保险合同订立时已发生，且陈某康在 2010 年 9 月 6 日至 2012 年 6 月 6 日期间，即合同成立后二年内因右肺腺癌先后 9 次入院治疗，却在合同成立二年后才以 2012 年 3 月 28 日的住院病历为据向被告申请赔付重大疾病保险金，又在陈某康因右肺腺癌死亡之后要求被告赔付身故保险金 8 万元，其主观恶意明显，该情形不属于《保险法》第 16 条第 3 款的适用范围，原告不得援引该条款提出抗辩。被告自原告方向其申请理赔的 2012 年 9 月 11 日起始知道该解除事由，即于 2012 年 9 月 17 日向原告送达书面通知拒付并解除合同。原告未在三个月异议期内提出异议。根据《合同法》第 96 条第 1 款的规定，双方合同已于 2012 年 9 月 17 日解除。原告以 2014 年 3 月 24 日陈某康因病死亡为由诉请被告支付保险金 8 万元没有法律依据，判决驳回原告陈某的诉请。

二审法院认为：上诉人主张，据《保险法》第 16 条第 3 款规定，保险公司不能解除合同。法院认为，从《保险法》第 16 条第 3 款看，"自合同成立之日起超过二年保险人不得解除合同"，保险人不得解除合同的前提是自合同成立之日起二年后新发生保险事故。而本案中，保险合同成立时保险事故已发生，不属于前述条款适用的情形，保险人仍享有解除权。被保险人、受益人以《保险法》第 16 条第 3 款进行的抗辩，系对该条文的断章取义，对此不予支持。另外，被告已于 2012 年 9 月 17 日发出解除通知，而原告在三个月内未提出异议，双方合同已于 2012 年 9 月 17 日解除，上诉人于 2014 年 3 月起诉，其诉请不应支持。因此，判决驳回上诉，维持原判。

【案件评析】1. 本案中投保人未如实告知投保前已发保险事故，保险合同成立两年后请求理赔，应否支持的问题，尚属于法律空白，若机械援用《保险法》第十六条的规定，将变相鼓励恶意骗保行为。为此，本案在权衡保障投保人的合法权益和维护良好保险秩序后作出了裁判，为此类案处理提供了经验。

2. 保险合同是射幸合同，对将来是否发生保险事故具有不确定性。但在保险合同成立之前已发生投保事故，随后再投保，其具有主观恶意，系恶意骗保的不诚信行为，并违反保险合同法理，此时不应机械性地固守不可抗辩期间的限定，应赋予保险公司解除权，且两年不可抗辩期间适用的前提是保险合同成立两年后新发生的保险事故，因此保险合同成立前已发生保险事故的，保险公司不应赔偿。本案的裁判，对于遏制恶意投保并拖延理赔的不诚信行为，规范保险秩序，防止保险金的滥用，具有积极作用。

第三节　法商智慧

一、投保人未如实告知类案件的法商智慧

（一）案例解析

上述判例不能代表全部裁判观点，仅供探讨。结合上述判例，本文就如实告知义务及不可抗辩条款，总结如下：

1. 保险法实行最大诚信原则，投保人不如实告知保险标的或者被保险人有关情况的，理赔时易发生纠纷；故意不如实告知的，不仅无法理赔也不予退还保费。

2. 投保人未如实履行告知义务，保险公司自知道有解除事由之日起30天内行使解除权，30天的除斥期间过后解除权即消灭；保险公司解除合同应书面告知，在知情后，保险公司应在30天内解除合同，否则将丧失合同解除权。

3. 若保险公司对合同的解除事由并不知情，最长可在2年内解除合同；2年后发生保险事故的，保险公司应该理赔。

4. 若投保人提供虚假资料投保，涉嫌保险诈骗的，保险公司不理赔，投保人还应承担刑事责任，但保险公司应就骗保举证。

5. 保险公司在订立合同时已经知道投保人未如实告知的，不得解除合同，但投保人应就保险公司知情举证。

（二）法条解读

《中华人民共和国保险法》第16条有如下规定：

订立保险合同，保险人就保险标的或者被保险人的有关情况提出询问的，投保人应当如实告知。

投保人故意或者因重大过失未履行前款规定的如实告知义务，足以影响保险人决定是否同意承保或者提高保险费率的，保险人有权解除合同。

前款规定的合同解除权，自保险人知道有解除事由之日起，超过 30 日不行使而消灭。自合同成立之日起超过 2 年的，保险人不得解除合同；发生保险事故的，保险人应当承担赔偿或者给付保险金的责任。

投保人故意不履行如实告知义务的，保险人对于合同解除前发生的保险事故，不承担赔偿或者给付保险金的责任，并不退还保险费。

投保人因重大过失未履行如实告知义务，对保险事故的发生有严重影响的，保险人对于合同解除前发生的保险事故，不承担赔偿或者给付保险金的责任，但应当退还保险费。

保险人在合同订立时已经知道投保人未如实告知的情况的，保险人不得解除合同；发生保险事故的，保险人应当承担赔偿或者给付保险金的责任。

保险事故是指保险合同约定的保险责任范围内的事故。

【释义与适用】本条是关于如实告知义务的规定。首次纳入了"不可抗辩"条款的内容，抗辩期为两年。具体内容为：投保人不如实履行告知义务，其后果足以影响保险人决定是否同意承保或者提高保险费率的，自保险人知道有解除事由之日起，超过 30 日不行使而消灭或者自保险合同成立之日起超过 2 年的，保险公司不得据此解除合同，而且保险人也不能拒绝承担保险事故的赔偿或给付责任。其次，明确投保人的过错为"故意或重大过失"。即出于一般过失或者轻微过失的未如实告知，保险人不得解除合同。《保险法》中的如实告知义务是诚实信用原则在保险法中的具体体现。

二、投保人未如实告知类案件的经典问答

（一）投保人如何有效履行如实告知义务？

1. 投保人和被保险人是否都需要履行如实告知义务？

根据《保险法》第 16 条的规定，"订立保险合同，保险人就保险标的或者

被保险人的有关情况提出询问的，投保人应当如实告知"，在投保人和被保险人均为同一人时该条并无争议，但若投保人和被保险人并非同一人时，被保险人是否需要告知？

律师认为，合同相对性原则是重要的法律原则，保险合同为投保人和保险公司之间的合同约定，作为第三人的被保险人无义务承担合同责任。此外，我国法律还规定投保人和被保险人要存在保险利益。从现实角度考量，人寿保险中，投保人对被保险人的身体状况一般情况下均为知悉，保险公司也可以将投保人是否知悉被保险人身体状况作为是否承保及保费收取的因素，这不会导致保险人无法达到评估控制风险的目的。若投保人对所知悉的危险情况没有告知，其违反合同义务，承担不利后果。

2. 告知保险代理人是否就算告知保险人？

作为保险人的保险公司是合同中的另一方当事人，投保人向保险人履行告知义务。目前，保险代理是保险公司发展的主要经营模式，保险代理人通常是签订合同的在场人，其是否具有告知义务的受领权，在实务中操作不一。

我国《保险法》中尚未规定保险代理人的受领权。在实务操作中，保险人主要通过提供格式条款，加之以保险代理人的询问来履行其询问的义务。保险代理人往往基于获取更多保险佣金和业务提成的急功近利心理，可能对投保人作出虚假的承诺，甚至帮助投保人对保险人隐瞒重要事实，此时不能笼统地认为对保险人的告知。[①] 例如（2017）沪01民终383号案件。

因此，在法院判决和实务中，保险代理人的告知义务受领权是受到限制的，若对投保人做出虚假承诺，法院一般不予认定向保险人履行了如实告知义务。建议投保人在投保时依照诚实信用原则履行如实告知义务，保险公司在保险代理的招聘和培训方面，提高保险代理的素质。

---

① 【相关案例】（2017）沪01民终383号

3. 投保人履行告知义务是否需要和盘托出？

如实告知应该告知什么？《保险法》第 16 条和《保险法司法解释》第 5 条中规定，首先，足以影响保险人决定是否同意承保或者提高保险费率的事项需要如实告知；其次，投保人知道或应当知道的事实。

司法实践会出现一种情况，即投保人知道的事实与事实本身不符合。比如病人家属基于对病人身心的考虑往往会联合医务人员隐瞒其真实病情，病人会根据已有了解出具相关的住院证明。这种情况下在保险事故发生后，保险人会以投保人未履行如实告知义务为由解除合同。法律对此类案件尚无详细规定，但实务中通常会将举证责任交给保险人。这也是在进行大数据分析时，为何会多次出现保险人无法充分举证而败诉的情况。笔者认为如实告知义务是基于诚实信用原则建立的，只要投保按照自己所了解的事实进行告知即可。面临与之相类似的情况，保险人就需要提高风险意识，尽可能全面地知悉投保人的身体健康状况。保险人也可以利用体检等措施来保证投保人或被保险人的身体状况符合保险合同的约定，从而降低由此产生的保险纠纷。

（二）保险人如何有效运用如实告知义务？

1. 投保人违反如实告知义务会产生哪些法律后果？

《保险法》第 16 条规定，投保人故意或者因重大过失未履行如实告知义务，足以影响保险人决定是否同意承保或者提高保险费率的，保险人有权解除合同。保险人也可以放弃解除权，通过增加保费或者改变保险条件继续承保。

投保人因为故意而违反告知义务，保险人对保险事故不承担责任；投保人若因重大过失未履行如实告知义务，只有未告知的事项对保险事故的发生有严重影响时才不承担赔偿责任。但同时保险法也规定，保险人若知道投保人未履行如实告知义务仍承保的，保险人不能行使解除权。当然，在投保人未告知的事宜较轻的情况下，根据合同自由的理念，双方可以约定修改或变更合同部分内容，使双方权利义务达到对价平衡原则。

在保险公司决定不予以理赔时，必须首先解除保险合同。根据司法解释，若保险人未行使合同解除权，直接以存在《保险法》第16条第4款、第5款规定的情形为由拒绝赔偿的，人民法院不予支持。又因为存在下文所述的除斥期间，因此，即使能够证明投保人未行使告知义务，也有可能因为没有首先行使解除权而导致法院判决理赔。

2. 行使合同解除权需要注意除斥期间吗？

《保险法》在修订后，纳入了不可抗辩条款。所谓不可抗条款，主要是投保人不如实履行告知义务，即使其后果足以影响保险人决定是否同意承保或者提高保险费率的，自保险人知道有解除事由之日起，超过30日不行使而消灭或者自保险合同成立之日起超过2年的，保险公司不得据此解除合同。

从大数据报告中可以看到，保险公司因为超过30天或者2年的除斥期间而理赔的案件占比很高。保险人在运用"如实告知义务"时，应当尽量明确这一期限，减少损失。当然，不可抗辩条款行使的前提仍然是投保人的过错为"故意或重大过失"。如果投保人未如实告知的原因是出于一般过失或者轻微过失，保险人不得解除合同。

3. 保险人如何履行说明义务？

在国际上，关于如实告知义务的履行方式主要有两种立法模式，分别为询问告知主义和无限告知主义。[①] 我国目前实行的是询问告知主义，也就是投保人的告知的范围仅限于保险人询问的问题，对于没有询问的问题不需要告知。这有利于保护投保人，防止保险人随便以未履行告知义务为由拒绝理赔。保险人在询问过程中，最好采取书面形式履行告知义务，这样可以缩小告知义务范围，也能够避免因为口头询问而导致在法庭诉讼结局举证困难的问题。

关于如何利用询问方式尽可能完善地履行告知义务，保险人应当对投保人进行有效的引导，对于保险合同的重要事项进行详细说明。在实务中，保险合同往往是书面的格式合同，保险人需要对重要条款进行说明，否则不能认定该

---

① 龙智婷.论投保人如实告知义务.哈尔滨学院学报，2017（2）：60-61.

条款有效。此外，除了书面告知以外，建议保险人进行口头的解释，并邀请第三人在场的证据固定，这样能够确保告知事宜的顺利有效进行。

第四节　结　语

社会经济在增长，社会风险也逐渐增多。人们为了规避转移风险，减少和分担损失，往往会选择各种类型的保险产品保障其人身和财产安全。因为保险市场庞大和复杂，保险业也出现了一系列漏洞和瑕疵。坊间时常有投保容易理赔难的说法，针对的就是保险市场的现状。

《保险法》第16条作为2009年保险法修订时做出的变化，体现了立法中对投保人告知义务的重视，虽然该条部分内容过于概括笼统，存在不少漏洞和不足，但是这一修订仍然是合理的。根据新的保险法做出的判决可以看出投保人未履行如实告知义务在实务中存在大量案例，而且保险公司败诉的比例很大。从保险从业人员来讲，保险公司通常机构庞杂，从业人员的业务水平参差不齐，部分保险业务员为了自身提成和效益，不依照保险法和保险公司规定销售保险产品，投保时手续简单，理赔时却有各种拒付理由。从保险消费者的角度来看，投保人出于获取保险利益的考虑和侥幸的投保心理，也会出现隐瞒自身实际情况骗保的情况，这些问题在如实告知义务的履行上尤为明显。从保险行业的未来发展来看，作为消费者的投保人和作为保险人的保险公司只有在《保险法》规定的框架下进行询问告知以及投保，才能在保障自身权益的同时促进保险业的发展。因此，笔者着重讨论投保人和保险人如何让如实告知义务发挥最大的作用。

在实务中，合同的一方当事人并没有义务把自己掌握的重要信息告知给对方当事人，但人身保险合同不同。如实告知义务是保险法中独有的制度，是否

如实告知会影响保险公司的风险评估，影响投保人是否适合承保，承保何种保险，保险费率计算等。若投保人未如实告知，《保险法》也规定了保险人享有解除合同的权利。

投保人的如实告知义务和保险人的说明义务都是基于"诚实信用原则"产生的法律义务，但二者是不同的两种制度，具有一定的差异。所以在实务中要明确二者的不同，才能更好地运用。保险人的说明义务主要内容是保险合同中相关条款和专业术语，产生的法律后果是未做出说明的条款无效；投保人的如实告知义务主要内容是有关影响保险人决定是否承保或者适用何种费率的重要事实，法律后果是保险人获得合同解除权。

五

投保人
死亡的保单处理

BIG DATA

前　言

　　根据保险会数据显示，近年来（现有数据 2013 年至 2017 年 3 月），总的保费收入呈逐年增长状态，人寿保险的增长更是在 2017 年初达到了 37.5% 的增长率 [1]，赔款和给付支出也呈现增长态势，这一方面体现了我国近年来国民的保险购买力增长，另一方面体现风险意识的增强。

　　在购买力和购买意识协同增长的同时，实际上购买保险的支出增长就相伴而生。很多家庭都购买了保险，无论是出于风险规避抑或是投资理财的目的。投保人、被保险人和受益人作为保险中最重要的保险当事人，若保险当事人发生死亡，保险应当如何处理就显得尤为重要。被保险人死亡后，若指定了受益人，则保险金受领权益当然归受益人享有，若未指定则按法定继承处理。但当投保人或受益人死亡，保险单的处理问题就浮出水面。

　　本分析报告通过中国裁判文书、无讼案例等网站收集裁判文书，对投保人死亡，保险分割的当前状况、地域分布、裁判观点等进行分析并对上述问题进行解答。同时结合可视化图表，给予读者直观简洁的感受，从而为处理类似纠纷提供可参考的数据。

　　在一般条件下，投保人死亡，就存在继承问题，实务中可以解除保险合同或变更投保人。被保险人死亡，指定受益人的，保险金不作为遗产分割，由受益人享有。受益人约定为"法定"或者"法定继承人"的，以继承法规定的法

---

[1] 中国保险监督管理委员会 . 2017 年 1—3 月保险统计数据报告 .http://www.circ.gov.cn/web/site0/tab5257/info4067202.htm,2017−05−03/2017−06−20.

定继承人为受益人。没有指定受益人且无遗嘱的，保险金作为被保险人的遗产；没有指定受益人但遗嘱中对保险金进行分配的，依据遗嘱对保险金进行处理。

作为保险合同的一方当事人，如果在保险事故发生前投保人死亡，保险单在此种情况下应该如何处理，部分继承人可以自行决定继续缴费还是需要所有继承人集体表态？若附加了保费豁免，保费不用继续支付，反之，若未附加保费豁免，而法定继承人和受益人都无力支付保费或其不愿自己支付保费，其可如何救济呢？本章对多个案例进行了整合，旨在对读者答疑解惑。

第一节　投保人死亡类裁判案例大数据

一、全国投保人死亡类案例的数据分析

（一）投保人死亡类案件的数据来源

案例来源：中国裁判文书网、无讼案例

期限：2006 年至 2017 年 5 月 28 日（以最后一次访问裁判文书网为止）

法院：全国各级法院

限定案件类型：保险纠纷

检索关键词：保险、投保人、受益人、死亡

数量：采样 18 780 件

其中裁判观点整理：2 247 件

【数据剖析】本报告所统计的时间跨度从 2007 年至 2017 年，十年间的数据和有效案件，空间上包括中国大陆的 31 个省份（除港澳台地区），从案件数量和有效案件来看，比例达到 11.96%。检索关键词为民事案件、保险、投保人、受益人、死亡，本章和第六章的关键词一致，全围绕在两章的主体内容，以确认数据的精确和有效。

（二）投保人死亡类案件的年度变化

【数据阐明】根据案例数量年份折线图所示，案件主要分布在 2014—2017 年，其中，2016 年数量达到顶峰，案件数量达到 689 件，2015 年紧随其后，案件总数为 679 件，2014 年有 561 件。2016 年之前，案件呈逐年上升趋势，2012 年至 2014 年上升速度最快，2015 年至 2016 年上升幅度较小，二者都处

于峰值状态，2017 年的数据还未完结，所以没有完整的数据，现有 32 件，如按照这个趋势走向，很有可能一直呈上升趋势。

案件数量

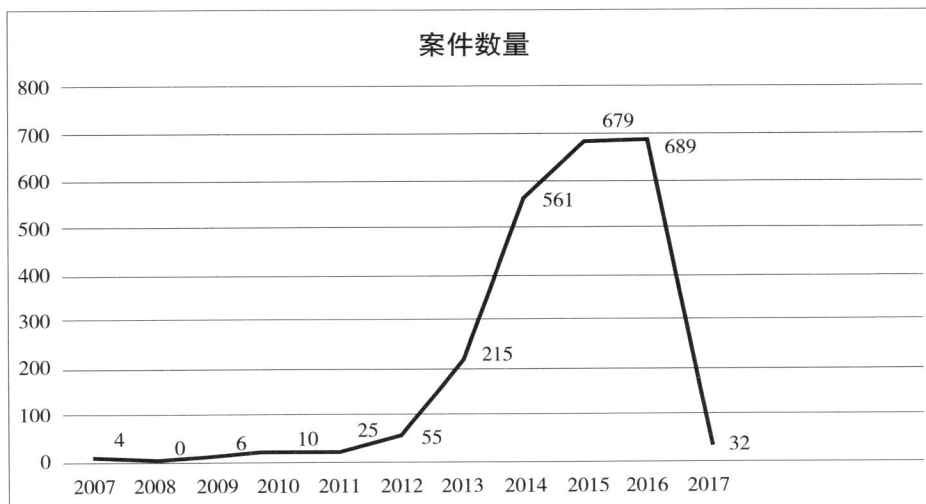

【数据剖析】以上数据走向一方面直观地体现了整个上升的趋势，从客观方面体现了随着经济的发展，国人购买力的增强，越来越多地会将钱财投入在保险中，另一方面体现国人在多余财富的前提下越来越多地倾向于理财型投资，而保险就是其中一种，当然这也是非常必要的防范风险的一种投资。

（三）投保人死亡类案件的全国地域分布

【数据阐明】根据现有的有效案例，其中案涉投保人死亡后保单处理的省份中，河南省居首，山东省次之，四川省紧随其后，其数量都高于 200 件。另外，超过一百件的还有江苏省、湖北省、河北省、广东省和浙江省。数据大小和人均 GDP 关系不大，北京和上海的有效案件只有 25 件，甘肃省和新疆维吾尔自治区的案件则相对比较多。

【数据剖析】如下图所示，案件数量的多少和整个经济发展态势关系并不大，反而属于西部的四川省的案件位居第三，并无明显规律可循，但从微观来看，虽然北京和上海的有效案件相对较少处于较末尾，但如西藏、海南等省份

寥寥可数的案件中，可窥得保险纠纷的多少大多和经济发展呈正相关的关系。

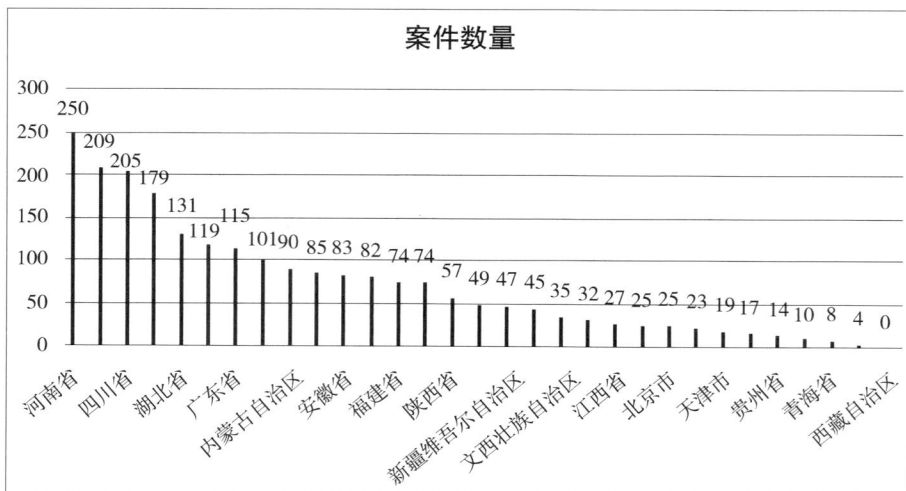

案件数量

（四）投保人死亡类案件的审理程序概况

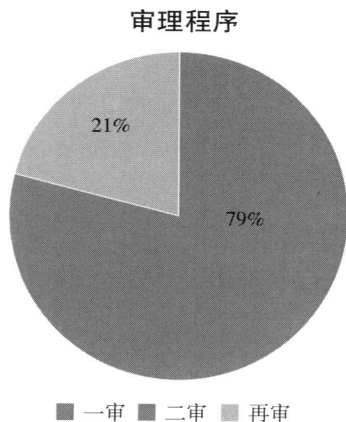

审理程序

■ 一审　■ 二审　■ 再审

【数据阐明】在所有的案件里面，一审案件所占比例最大，所占比例接近80%，二审案件中，大部分是维持原判，改判的案件数量很少，这一方面体现一审判决相对合理和科学，再审案件数量也很少，所占比例不到1%。

【数据解读】总的来说，进入二审程序的案件较少，更遑论是再审了。对此我们认为，一方面，一审审理公正客观，针对事实与证据，当事人都服从判

决是一个重要原因，更重要的是，我们应当从这些案件里面看到，法院的裁判
依据与裁判理由，在进行财富规划或者整理时才能有所依据。

（五）投保人死亡类案件的案由比例

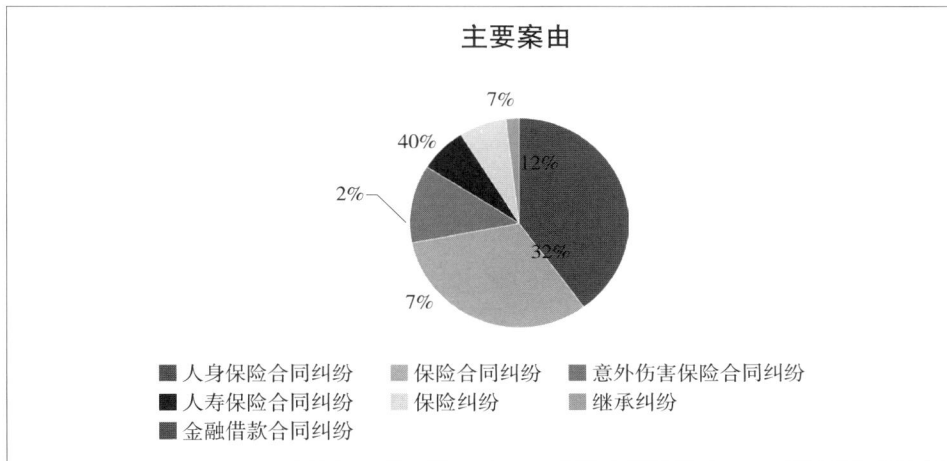

主要案由

【数据阐明】在所有案件的主要纠纷中，占比最大的是人身保险合同纠纷，
其次是保险合同纠纷，再次是意外伤害保险合同纠纷，占比为12%，人寿保
险合同纠纷和保险纠纷持平，再其后，占比为7%，其中，占比最小的是继承
纠纷，但是这并不影响其是最重要案件纠纷之一。

【数据剖析】从案由分布和所占比例来看，保险合同纠纷种类繁多，所占
比例也大小不一，但是，不论是什么纠纷，人身保险合同相对来说是比较热门
的选择，人们倾向于以此来规避风险。

（六）投保人死亡类案件的主要险种

【数据阐明】在所有保险种类中，占比最大的是意外伤害保险，达到37%，
第二是两全保险，占比22%，第三是终身寿险，占比19%，再次是人寿保险，
占比8%，重大疾病保险占比5%排第五位，排第六位的为借款人意外伤害保
险，定期寿险紧随其后，占比2%，其中包括儿童定期寿险、借款人定期寿险、
团体定期寿险等险种。

主要险种

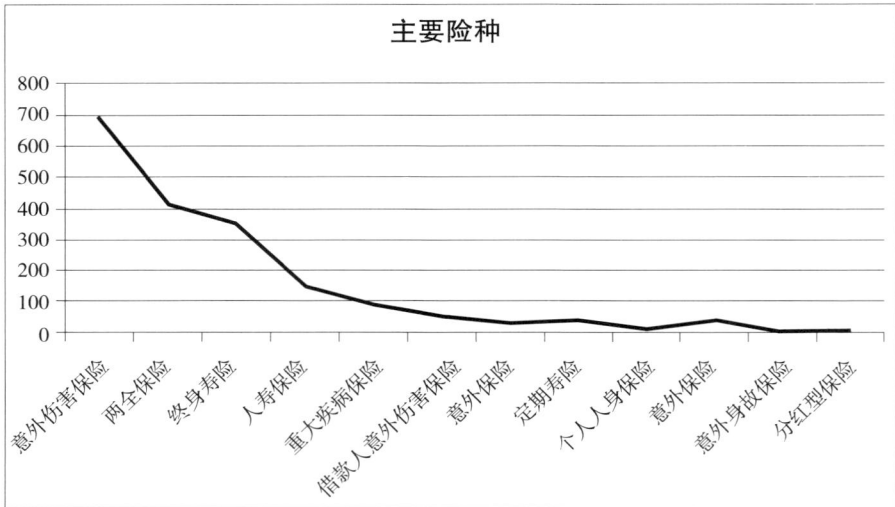

【数据剖析】以上图标可直观显示分红类保险的数量相对较小，还包括两全保险中的含有分红性质的保险，其余大部分案件是以被保险人的人身为保险标的，在被保险人发生意外事故或者重大疾病时予以给付保险金，这体现国人大多倾向于将保险作为补偿性的理财方式，大多是发生保险事故后将保险金给予受益人。

（七）投保人死亡类案件的争议点分析

在这所有的案件当中，大多是投保人的受益人或者近亲属因为保险公司不给予保险赔偿金而产生。究其原因亦多种多样，包括保险人认为投保人的死亡不属于保险范围内而拒绝赔偿、保险人因免责条款而认为自己可以免责拒绝给付、保险人因认为投保人未履行如实告知义务而后发生保险事故主张自己应当免责等等原因。除此以外，保险人提起诉讼大多是在二审案件中，认为一审判决有失公允而主张自己拒绝赔付乃合法合理。除了以上这些，继承纠纷和不当得利纠纷案件中，前者原告认为自己应当分得保险金而实际上却未得到保险金赔偿，后者一般是原告认为自己作为受益人而未得到赔偿希望被告予以返还不当得利。

二、投保人死亡类案件裁判观点概览

（一）法院裁判观点综述

投保人购买保险后，投保人死亡的情形下保险单的处理下的纠纷情况多种多样，法院的裁判观点也不尽相同，这是和争议焦点相对应而言的。同时，也有基本的概率和区别，这一方面是法官在价值上的取舍，另一方面，立足于投保人处于相对劣势的状态，保险人须得承担相对多的社会责任，故法院一般会在裁判时有价值偏向，这也是与相关法律相对应的价值取向，即《保险法》第30条"采用保险人提供的格式条款订立的保险合同，保险人与投保人、被保险人或者受益人对合同条款有争议的，应当按照通常理解予以解释。对合同条款有两种以上解释的，人民法院或者仲裁机构应当作出有利于被保险人和受益人的解释。

（二）法院裁判观点

1. 投保人和被保险人不为同一人，投保人死亡的情形

（1）投保人死亡后，履行一定程序后变更投保人或者解除保险合同

法院裁判观点1：被保险人在投保人意外身故后，经保险人同意，变更其本人为投保人，变更受益人的行为并不影响合同效力，该保险合同仍系有效合同，双方当事人均应依约履行各自的义务。[1]

法院裁判观点2：投保人死亡后，可对投保人进行变更，投保人的继承人拒绝对投保人进行变更，法院对保险合同依法予以解除，但因保险合同中的约定不予退还全额保险费，保险公司仅退还该份合同的现金价值给投保人的继承人[2]

法院裁判观点3：投保人死亡，其继承人要求变更保险单的投保人，视为其要求保险公司变更合同当事人。合同当事人的变更属于更新合同，应由双方

---

[1]【相关案例】（2016）内2201民初2024号

[2]【相关案例】（2015）鄂阳新民一初字第00070号

当事人协商一致才能变更，保险人不同意的，不能变更，涉及的保险费用作为投保人的遗产在所有继承人中间进行分割。[1]

（2）保险合同附加保费豁免

法院裁判观点4：投保人与保险人签订的保险合同中附加保费豁免，且该合同是当事人的真实意思表示，合法有效，当事人应当按照约定全面履行自己的义务。投保人身故后，符合豁免保险费的条件，保险人应当按照约定豁免自投保人身故之日起的续期保险费。已订立的保险合同继续履行。[2]

法院裁判观点5：投保人死后，被保险人于保险公司变更投保人，该程序合法有效。由于保险人未能提供证据证实其在签订保险合同时已向投保人作出了明确提示和说明，保险合同中关于"投保人在保险期间内变更的，本公司不予豁免保险费"的约定不发生效力。故被保险人既履行程序变更投保人，又因投保人与保险人签订保险合同中含有豁免保费的条款而豁免。[3]

（3）保险合同中未附加保费豁免

法院裁判观点6：保险合同中有约定合同以及宽限期条款，投保人死后，保险人在通知其继承人及时变更投保人有过错，且未明确其是否解除合同，在其他继承人均放弃对该保险合同的法定继承权的情况下，保险公司应当退还给投保人的继承人全部保险费，而非合同中约定的保险的现金价值。[4]

法院裁判观点7：鉴于保险合同的特殊性，投保人死亡后，被保险人或其近亲属未提出变更保险合同的投保人，保险合同亦未约定投保人死亡后保险合同的效力问题及应当如何进行解决，该保险合同自然终止；根据公平原则，维护民事主体之间的利益均衡，保险公司应全额退还投保人所交的保险费给原

---

①【相关案例】（2012）济中民二终字第 17 号

②【相关判例】（2014）鄂曾都民初字第 01639 号

③【相关判例】（2016）内 2201 民初 2024 号

④【相关案例】（2014）漳民终字第 685 号

告，该保险费作为投保人的遗产再于继承人之间分割。①

2. 投保人和被保险人为同一人的情形

（1）双方对格式条款产生争议的情形

法院裁判观点 8：保险合同中有格式条款，在保险人和受益人对格式条款的内容理解产生争议时，作对受益人有益的解释。②

法院裁判观点 9：保险人的免责条款未在投保人投保时作出足以引起投保人注意的提示，故该条款不对投保人产生法律效力。③

法院裁判观点 10：保险人已尽提示义务，故保险人不应承担保险责任。④

法院裁判观点 11：保险合同有效，保险合同中的特别约定条款与人身保险合同的基本原则相悖，故该条款无效，保险人应当支付原告保险金。⑤

（2）投保人投保有条件限定，投保人有无履行如实告知义务与保费和保险人是否承保有很大相关性的情形

法院裁判观点 12：保险人无证据证明投保人存在故意或者重大过失未履行如实告知义务，被告应当赔付保险金。⑥

法院裁判观点 13：投保人与被告之间的合同合法有效，被保险人作为专业的保险代理人，未履行如实告知义务，保险人不予支付赔偿金。⑦

法院裁判观点 14：保险人要求投保人如实告知其真实情况，投保人并未告知其真实情况，且询问条款中明确了包括这一情况，故不予赔偿原告。⑧

法院裁判观点 15：保险人明知投保人在投保时不符合投保条件还为其投

---

① 【相关案例】（2014）乌民初字第 298 号

② 【相关判例】（2015）川 15 民终 314 号

③ 【相关判例】（2016）浙 1122 民初 539 号

④ 【相关判例】（2014）通中商终字第 00476 号

⑤ 【相关判例】（2015）广民初字第 354 号

⑥ 【相关判例】（2016）辽 14 民终 1826 号、（2016）辽 05 民终 78 号

⑦ 【相关判例】（2016）辽 01 民终 9889 号

⑧ 【相关判例】（2016）川 15 民终 2106 号

保，且不尽询问之责，过错在被告；保险人在 30 日内也没有行使合同"解除权"，故保险人无权要求解除合同。①

法院裁判观点 16：投保人存在违反如实告知义务的事实，但是销售人员未作出相应的提示，未尽到足够的提示义务，故被保险人的继承人，有权请求保险人支付保险金。②

法院裁判观点 17：投保人投保时违反了保险合同的告知义务，故被告有权解除保险合同；投保人在投保人未如实告知，但投保人未如实告知的主观心态已无从核实，故保险人作出解除双方签订的保险合同，退还保险费的理赔决定符合法律规定。③

（3）保险合同纠纷案件中，受益人主张被保险人死亡属于保险责任范围内事故，而保险人不予承认的情况

法院裁判观点 17：被保险人因疾病死亡，不属被告的保险责任范围，原告请求被告赔偿保险金，没有理由和法律依据，法院不予支持。④

法院裁判观点 18：被保险人自杀身亡，保险公司不应承担给付保险金的责任。⑤

法院裁判观点 19：对被保险人身故原因是意外伤害所致，还是疾病所致理解不一致的情况下，依法律条款规定，应作出有利于投保人或者受益人的解释，理解为意外身故对投保人更为有利；受益人已尽到了普通人的注意义务，并不存在明知保险事故发生，由于自身原因未报案的重大过失，而且保险人亦未举出原告存在重大过失未及时通知保险人已发生保险事故的相关证据，故被告辩解理由亦不能成立。⑥

---

① 【相关判例】（2016）鄂 1022 民初 1199 号
② 【相关判例】（2016）黔 0303 民初 3981 号
③ 【相关判例】（2016）鄂 0502 民初 00004 号
④ 【相关判例】（2016）鲁 0283 民初 4248 号
⑤ 【相关判例】（2015）蒲江民初字第 275 号
⑥ 【相关判例】（2014）南民初字第 00974 号

法院裁判观点 20：被保险人经医院诊断为猝死，由此明显看出被保险人的死亡是由于自身原因，并非保险合同约定的人身意外伤害。故受益人无权请求被告赔偿，原告的诉讼请求，法院不予支持。①

法院裁判观点 21：原告提供的证据不足以证明案涉死亡事故为案涉保险合同约定的保险事故，被告的抗辩理由成立，法院予以支持。②

法院裁判观点 22：按照投保人与保险人双方签订的保险合同，投保人欠缴保险费致使合同中止，按照合同约定，合同中止期间发生保险事故的保险人不承担保险责任。③

例外：投保人因欠缴保险费而导致保险合同中止，但其在复效期内投保人补交保险费，按照合同约定，合同于次日即恢复效力，被保险人保险事故发生于复效期间，是为保险责任范围期间内。④

（4）保险合同纠纷中，被保险人死亡原因无法查明的处理情形

法院裁判观点 23：保险公司接到报案以后，现有证据证实没有派人到现场勘查，更没有就死亡原因调查采取必要的措施，导致投保人的死亡原因无法查明保险公司在确定投保人死亡原因、性质的过程中存在过错，在最终不能排除投保人是由于意外死亡的情况下，被告拒绝赔偿的理由不能成立。⑤

法院裁判观点 24：现有证据不足以证实被保险人死亡原因属于保险条款约定的保险范围；受益人未按照合同约定及时履行报案义务，故被告不应赔偿。⑥

（5）投保人在保险合同中未指定保险受益人，但在遗嘱中明确受益人归属

法院裁判观点 25：投保人所立遗嘱中指定受益人，且该遗嘱经公证机关

---

① 【相关判例】（2015）平商初字第 290 号

② 【相关判例】（2015）牟商初字第 348 号

③ 【相关判例】（2015）广民终字第 623 号

④ 【相关判例】（2016）豫 1528 民初 2502 号

⑤ 【相关判例】（2015）南民三金终字第 00089 号

⑥ 【相关案例】（2013）高新民初字第 2373 号、（2013）昌商初字第 181 号

予以公证，故该遗嘱应为其真实意思的表示，合法有效，法院对该遗嘱效力予以认定，保险金应当给付其遗嘱中确认的受益人。①

例外：投保人已指定受益人为法定，但是另有《遗嘱书》，按照《遗嘱书》的意思，被继承人已经将该笔保险的受益人确定为受遗赠人，且受遗赠人已通过其行为接受遗赠，保险赔偿款应当支付给受遗赠人。②

---

① 【相关判例】（2015）京铁民（商）初字第 398 号
② 【相关案例】（2007）昆民三终字 627 号

第二节　经典案例

一、投保人和被保险人不为同一人

情形一：【投保人死亡后，在投保人与保险人双方都同意的情况下变更投保人，如若有一方不同意则解除合同，是否退还全部保费或者保险现金价值视合同条款确定 ①】

案例一：吴某某与某保险股份有限公司某支公司人身保险合同纠纷案

【基本案情】吴某某的丈夫郜某某在某保险公司投保了两全保险（分红型），附加定期重大疾病保险，约定被保险人为吴某某、受益人为郜某某（受益份额100%）。其中两全保险（分红型）基本保险金额为 100 000.00 元，保险期间为：2011 年 1 月 22 日至 2041 年 1 月 21 日。保险合同第 2.3.3 款约定，"除另有约定外，投保人因意外伤害身故或身体全残，且投保人身故或身体全残时年龄介于 18 周岁至 60 周岁之间，可免交自投保人身故或被确定身体全残之日起的续期保险费，本合同继续有效。投保人在保险期间内变更的，本公司不予豁免保险费。" 2014 年 9 月 6 日，郜某某在缴纳了 4 年保险费后意外死亡，2015 年 1 月 19 日，吴某某到保险公司处办理了投保人变更手续，将投保人变更为吴某某，受益人变更为郜某甲、郜某乙，并缴纳了两年的保险费共计 5 720.00 元。后吴某某要求某保险公司按照保险合同约定，免去后期合同主险保费，但保险

---

① 【相关判例】（2016）内 2201 民初 2024 号、（2014）漳民终字第 685 号、（2012）济中民二终字第 17 号、（2015）鄂阳新民一初字第 00070 号

公司拒绝履行合同，故原告诉至法院，要求豁免保费 68 640.00 元。

【法院判决】原告吴某某作为被保险人在投保人邰某某意外身故后，经保险人同意，变更其本人为投保人，变更邰某甲、邰某乙为受益人的行为并不影响合同效力，该保险合同仍系有效合同，双方当事人均应依约履行各自的义务。邰某某在缴纳了 4 年保险费后发生意外死亡，符合保险合同中关于豁免续期保费的约定，原告自邰某某身故之日即享有续期保险费豁免权。被告公司虽辩驳保险条款约定了"投保人在保险期间内变更的，本公司不予豁免保险费"。但该条款属于免除保险公司责任的格式条款，按照《中华人民共和国保险法》第 17 条的规定，"订立保险合同，采用保险人提供的格式条款的，保险人向投保人提供的投保单应当附格式条款，保险人应当向投保人说明合同的内容。对保险合同中免除保险人责任的条款，保险人在订立合同时应当在投保单、保险单或者其他保险凭证上作出足以引起投保人注意的提示，并对该条款的内容以书面或者口头形式向投保人作出明确说明；未作提示或者明确说明的，该条款不产生效力"。由于被告公司未能提供证据证实其在签订保险合同时已向投保人作出了明确提示和说明，保险合同中关于"投保人在保险期间内变更的，本公司不予豁免保险费"的约定不发生效力，故法院对被告公司不予豁免续期保费的辩驳理由不予支持。①

【案件评析】原投保人邰某某死亡后，其继承人原告吴某某与保险人合意变更投保人合法、有效，保险合同中变更投保人的不予豁免保险费的格式条款因未对投保人作提示和说明而无效，故保险人应当对变更后的投保人豁免后续保险费。

案例二：张某某与被上诉人某保险股份有限公司某中心支公司、某保险股份有限公司某支公司人身保险合同纠纷案

【基本案情】原告丈夫王某某作为投保人，以原告张某某为被保险人，在

---

① 【案件来源】中国裁判文书网，案号：（2016）内 2201 民初 2024 号

保险公司投保重大疾病保险单后去世。原告认为 2009 年 5 月投保人王某某死亡后，其即向某保险公司告知这一事实，保险公司同意其作为投保人继续履行合同，2009 年 12 月、2010 年 12 月其均按照保险合同的约定按期缴纳了当期应交保费，由此可见，其作为投保人是双方均已认可的事实，现其要求某保险公司按照双方认可的事实作出合同变更，符合法律规定，也不违背当事人的意思表示。保险人认为本案保险合同的保险费用和退保事宜涉及王某某的全部法定继承人利益，如变更投保人需要得到全部法定继承人同意，王某某死亡后，其妻及三个子女作为法定继承人均不同意变更投保人，保险公司不得违背合同当事人的意思自治原则对合同进行变更。

【法院判决】本案中，张某某以投保人王某某已死亡为由要求保险公司将其变更为重大疾病保险单的投保人，应视为张某某要求保险公司变更合同当事人。合同当事人的变更属于更新合同，应由双方当事人协商一致才能变更。故合同因保险人不同意而没有变更。[①]

【案件评析】原投保人王某某死后，其继承人之一张某某要求变更投保人，但因其是一个新的法律关系，需要保险人和投保人双方同意，保险人因其他继承人未同意为由拒绝属合法理由，也是其意思自治的体现。因此，投保人在遗嘱中指定投保人变更事宜，或保单中能设置第二投保人很重要，否则保单财富传承的功能将会受到很大限制。

案例三：周某与某保险股份有限公司某支公司保险合同纠纷案

【基本案情】原告周某丈夫石某在被告保险公司与被告签订了两份保险合同，一份为意外伤害保险（投保人是石某，被保险人是石某，身故保险金受益人是周某）。另一份是两全保险（投保人是石某，被保险人是周某）。合同签订后，原告丈夫石某已经向被告缴纳了两年的保险费，该两份保险合同均于 2013 年 5 月 15 日生效。2014 年 9 月 30 日，石某死亡。因石某作为投保人死亡，

---

① 【案件来源】无讼案例检索服务平台，案号：（2012）济中民二终字第 17 号

导致其投保的两全保险（分红型）保险合同无法继续履行，后经法院释明，原告拒绝对投保人进行变更，要求解除合同并全额退还 10 800 元保险费。保险人认为人身保险合同的被保险人无合同解除权，而是由投保人享有，人身保险合同中基于合同约定的纯粹财产利益在投保人死亡后可以由投保人的继承人继承，但其中关于被保险人利益的权利，由于与投保人具有人身关系随着投保人死亡而消灭。该人身关系不具有可转让性，投保人的继承人不享有该权利。故本案的合同解除权在投保人死亡时消灭。

【法院判决】对于两全保险，经法院释明，虽投保人石某死亡，但可对投保人进行变更，而原告拒绝对投保人进行变更，故法院对该两全保险（分红型）保险合同依法予以解除。但对全额退还保险费的请求，因该份保险合同在第 8 条"合同解除"中约定："如被保险人未发生保险事故，且在犹豫期后要求解除合同，保险公司将在收到解除合同申请书之日起 30 日内向申请人退还本合同终止的现金价值"，因此原告要求被告退还全额保险费的诉讼请求不符合合同约定，但保险公司应退还该份合同的现金价值。①

【案件评析】原告拒绝对投保人进行变更，则该保险合同应当予以解除，且应按照保险合同约定，解除合同后保险人退还保险合同的现金价值。

情形二：【保险合同中附加保费豁免，当满足合同约定豁免条件时，保险公司应当豁免后续保费，不满足豁免条款的，则不予豁免②】

案例四：魏某某诉某保险股份有限公司某支公司保险合同纠纷

【基本案情】2014 年 12 月 3 日，原告父亲魏某甲与被告签订终身寿险（万能型）人寿保险合同。合同约定在约定的豁免险保险期 13 年内，当投保人不

①【案件来源】中国裁判文书网，案号：（2015）鄂阳新民一初字第 00070 号
②【相关判例】（2016）甘 0421 民初 566 号、（2015）广民初字第 354 号、（2016）鲁 0812 民初 3355 号、（2015）清民金初字第 152 号、（2014）邹商初字第 263 号、（2013）卫民初字第 992 号、（2016）鄂 0106 民初 2018 号

幸身故，残疾或发生合同约定的重疾，余下的保险费由平安保险公司代交。合同签订后，投保人共缴纳保险费 10 400 元（两年），2016 年 2 月 22 日，原告父亲魏某甲不幸身故。原告母亲陈某某按合同约定向被告申请理赔豁免，被告于 2016 年 3 月 4 日做出解除豁免保险费重大疾病保险保险合同，解除豁免保险费，解除退还保险费。

【法院判决】投保人即原告的父亲魏某甲在交费两年后，于 2016 年 2 月 22 日因病去逝。被告保险公司就应依照合同约定免于收取自投保人去世之日起保险期间内剩余的各期保险费。法院认为，保险合同属于格式条款，对于其中含有免除其责任的性质的免责条款，提供该格式合同的被告依法应当就该免责条款向投保人作出明确说明。被告对自己是否尽到明确说明义务负有举证责任，而本案中被告提交的电子投保确认书中投保人签字确认的内容为"本人已阅读保险条款、产品说明书和投保提示书，了解本产品的特点和保单利益的不确定性。"在投保提示书中，并没有带病不能投保及不如实告知自己的身体状况有可能导致被告单方解除合同的内容。故涉案《保险法》第 16 条的单方解除条款对原告不具有法律效力。本案中，被告以《保险法》第 16 条规定的情形认为自己有单方解除合同的权利。但其没有提供证据证实对该条款尽了的提示说明义务，因此该条款不生效。况且被告对保险合同的是否订立具有决定性作用，如果投保人魏某甲不具备投保的条件，被告就不应当与之签订保险合同，而被告与魏某甲签订了保险合同，说明魏某甲符合投保的条件，被告就有义务按约定履行合同义务。即便魏某甲不符合投保条件而投保，也是由于被告审查不严造成的，其对自己的行为应承担不利的法律后果。[①]

【案件评析】投保人魏某甲与保险人签订的合同中有保险费豁免条款，但被告以其未尽如实告知义务而主张其有权解除保险合同，而该免责条款因其未作明确提示而无效，故原投保人与保险人之间的保险合同合法有效，被告应当

---

① 【案件来源】中国裁判文书网，案号：（2016）甘 0421 民初 566 号

依据保险合同规定豁免后续保险费用。

案例五：原告李某某与被告某保险股份有限公司某支公司因保险合同纠纷案

【基本案情】2012 年 9 月 17 日，原告李某某之父李某甲和被告保险公司签订了两全保险（分红型）合同，合同生效日期为 2012 年 9 月 21 日，按照合同约定，原告父亲李某甲从合同生效之日起每年向被告交纳保险费 1 454 元，交费日期从 2012 年 9 月 21 日起至 2030 年 9 月 20 日止，另约定交款日期次日起 60 日为宽限期间，同时双方约定投保人李某甲将保险费打入中国邮政储蓄银行活期存折内，由被告公司在该账户内划去到期应付保险费，双方约定被保险人为李某某。合同生效后，李某甲向被告交纳了 2012 年 9 月 21 日至 2013 年 9 月 20 日的保险费。按照保险合同第四条规定，投保人在被保险人满 18 周岁前身故，保险公司按保险金额的 50% 给付被保险人成长保险金，直至原告 18 周岁。同时投保人身故后免交以后保险费，本合同继续有效。2013 年 10 月 15 日，李某甲将 1 660 元人民币存入被告指定的活期存折内。2014 年 8 月 9 日，投保人骑自行车外出时坠崖，经人民医院抢救无效死亡。后其家人向被告报告了投保人发生事故死亡的情况，被告派人到事发地进行调查，确认属实。但被告认为投保人未交纳 2013 年 9 月 21 日到 2014 年 9 月 20 日的保险费，2014 年 10 月 9 日，原告李某某的祖父李如彬从活期存折内取出存款 1 653 元，当日被告又收取原告两期的保费共计 2 908 元。后原告李某某的监护人认为被告未按保险合同履行义务。

【法院判决】原告李某某的父亲李某甲生前与被告公司签订保险合同是为事实，合同签订后双方均有按合同履行的义务，对保险费的交纳方式，双方在保险合同中做了约定，二期保险费李某甲在交款之日的次日起 60 日内将保险费打入到双方约定的活期存折内，应视为其已交纳被告，被告未在该存折内扣划保险费属被告的责任，故被告以投保人未按时交纳保险费为由认为保险合同已中止，其抗辩理由不能成立，应确认投保人已履行交纳被告保险费的义务。因保险合同期间发生投保人死亡的事件，被告即应按照投保人死亡的约定履行保险责任，被告不应再收取第三期保险费，被告应在投保人死亡之日起在每年的该日支付原告李某某成长保险金 5 000 元至原告李某某满 18 周岁，被告亦应按时支付原告生存保险金和满期保险金。故原告的全部诉讼请求法院均予以支持。①

【案件评析】根据双方所签合同规定，投保人将保险费存入存折由保险人进行划扣，在第二年保险期间内投保人意外身亡，而保险人已经将保费存入存折，不属于保险中止期间，故保险人应当按照合同规定豁免被保险人后续保险费。

情形三：【保险合同中未附加保费豁免，无法缴纳后续保费则合同终止②】

案例六：某保险股份有限公司某支公司与王某某人身保险合同纠纷案

【基本案情】王某某养父王某甲作为投保人在保险公司投保两全保险（分红型）"重大疾病保险"。其中，"两全保险（分红型）"和"重大疾病保险"交费期限均为 15 年。王某某养父王某甲已按合同约定交纳了前三年保费。该保险合同主险"两全保险（分红型）"，保险合同中规定，在犹豫期后，投保人可以书面通知解除合同，该合同的效力即归于终止，且规定了保险单的现金价值指保险单所具有的价值，通常体现为解除合同时，根据精算原理计算的，由本公司退还的那部分金额。"重大疾病保险"条款"也规定在犹豫期后，可以书面通知保险人要求解除本合同，自保险公司公司收到合同解除申请书之日起，该附加合同效力即行终止。"

【法院判决】本案投保人王某甲与保险公司在平等自愿基础上签订的保险合同不违反法律规定，应认定该保险合同合法有效。司法实践中，合同在履行过程中，如果一方当事人死亡，一般情况下应当由其继承人享受该合同约定的权利、履行其义务，但是，由于一方当事人死亡造成合同不能继续履行的除

---

① 【案件来源】中国裁判文书网，案号：（2015）临民初字第 687 号
② 【相关判例】（2013）南民三终字第 00943 号

外。本案中，投保人去世后，保险合同的效力则可能出现如下结果：一是被保险人王某某或投保人王某甲的近亲属如果有能力继续履行交费义务的，经保险公司认可，可以变更保险合同的投保人，保险合同依然有效；二是被保险人王某某或投保人王某甲的近亲属如果没有能力继续履行交费义务的，根据我国合同法的规定和保险合同约定，保险合同可以终止或解除。而本案投保人生前未婚，又系残疾农民；被保险人王某某现年仅 7 岁，属于无民事行为能力人，显然无力支付保险费；王某某的祖父王某乙，已年过 62 岁，又系农民，无其他经济收入，特别是王某甲死亡后，又要负担王某某的抚养重任，且参照劳动和社会保障部 1999 年 3 月 9 日发布的《关于制止和纠正违反国家规定办理企业职工提前退休有关问题的通知》中规定的"60 岁、55 岁、50 岁"三个退休年龄，即使按退休年龄的上限 60 岁的标准，王某乙也属于已达到退休年龄和逐步自然丧失劳动能力的人。因此，本案投保人死亡后，要求 7 岁的王某某或 62 岁的王某乙继续履行保险合同以后 12 年的交费义务，显然不切实际，故合同应当终止。[1]

【案件评析】如果投保人与保险人约定缴纳保险费的方式为将费用定期存于储蓄卡等方式的情形下，投保人定期将款项打入储蓄卡的时间即为完成缴纳费用，是否划扣是为保险人的责任。投保人死后的情形应当按照保险合同规定办理，当保险合同已经无法继续时，应当终止。

二、投保人和被保险人为同一人

1. 双方对保险合同条款内容有争议的情形

情形一：【保险人未对免责条款尽说明义务的，免责条款无效，投保人指

---

[1]【案例来源】无讼案例检索服务平台，案号：（2013）南民三终字第 00943 号

定受益人的，保险人应当向受益人承担保险责任。①】

案例七：杨某某、李某某诉某保险股份有限公司某支公司人身保险合同纠纷案

【基本案情】2013 年 11 月 5 日，李某甲在农村商业银行办理贷款时一并购买了借款人定期寿险保险，保额 8 万元，第一受益人系农村商业银行，第二受益人系法定继承人。2015 年 4 月 12 日李某甲驾驶拖拉机发生事故造成其当场死亡。李某甲发生该事故时发生在保险期限内。瓮安县交警大队出具的道路交通事故认定书中认定驾驶人李国书驾驶与驾驶证的准驾车型不相符合（CIE 型驾驶证驾驶拖拉机）。而李某甲在农村商业银行处购买保险的责任免除条款为保单背面第 5 条第 5 项"若被保险人酒后驾驶、无合法有效驾驶证驾驶或驾驶无有效驾驶证的机动车则免除责任"。事故发生后原告要求被告人寿保险公司进行理赔，但被告提出李某甲的驾驶行为属于免责事由中的行为，不予理赔。双方为此发生纠纷，原告便诉至法院，要求支持其前述诉请。审理中，第一受益人农村商业银行自愿放弃受益权利。

【法院判决】被告人寿保险以保单背面第五条第五项的免责内容提出对该事故免赔的抗辩意见，根据《中华人民共和国保险法》第 17 条第 2 款"对保险合同中免除保险人责任的条款，保险人在订立合同时应当在投保单、保险单或者其他保险凭证上作出足以引起投保人注意的提示，并对该条款的内容以书面或者口头形式向投保人作出明确说明；未作提示或者明确说明的，该条款不产生效力"之规定，本案的保险合同系双方当事人的真实意思表示，该合同已成立生效。但双方在签订该保险合同时，被告未对原告尽到对免责事由条款的告知义务，被告人寿保险公司虽辩称已经尽到告知义务，但并未向法院提交足够证据证明已向原告履行了提示说明的义务，且庭审中第三人农村商业银行提

---

① 【相关案例】（2016）闽 0503 民初 7750 号、（2016）瓮民初字第 2794 号、（2016）冀 1028 民初 747 号、（2016）冀 0607 民初 1334 号、（2016）冀 06 民终 5301 号、（2015）西民金初字第 108 号、（2016）豫 1002 民初 2392 号、（2015）祁民二初字第 00073 号、

出不清楚免责条款内容，在与李某甲签订保单时亦未告知免责事由，故法院认为，该保单中的免责条款对原告不产生效力。

根据《最高人民法院关于民事诉讼证据的若干规定》第2条"当事人对自己提出的诉讼请求所依据的事实或者反驳对方诉讼请求所依据的事实有责任提供证据加以证明。没有证据或者证据不足以证明当事人的事实主张的，由负有举证责任的当事人承担不利后果"之规定，被告人寿保险公司应承担举证不能的不利后果，对被告的该辩解意见，法院不予支持，故被告人寿保险应履行合同的义务，支付原告理赔金80 000元。[①]

【案件评析】保险合同中有免责条款的，保险人未向投保人对免责条款作说明的，免责条款无效，投保人指定受益人的，保险人应当向受益人赔偿，第一受益人放弃受益的，应当向第二受益人赔偿。

情形二:【有免责条款时，保险人未向投保人做说明，免责条款无效，保险人应当赔偿投保人的继承人[②]】

案例八：李某甲、李某乙、李某丙与某保险股份有限公司某支公司人寿保险合同纠纷案

【基本案情】被告保险公司委托中国邮政储蓄银行其代理销售"两全保险（分红型）"产品。2013年6月20日死者李某某与其妻即原告李某甲一起到邮政储蓄银行办理一笔120 000元的存款业务时，该所营业员李某丁为其办理了120 000元的"两全保险"，并签订了一份投保单，保险期限为1年，李某某在投保单上签名予以了确认。并由保险代办员李红梅将代理保险业务凭证、保险单和投保单交给了投保人李某某，因被告未将两全保险（分红型）利益条款及产品说明书交给代理销售保险产品的邮政储蓄银行，代办员李某丁也一直未将

[①]【案件来源】中国裁判文书网，案号：（2016）瓮民初字第2794号
[②]【相关案例】（2016）湘0112民初2989号、（2014）禹民一初字第1919号、（2015）许民终字第365号

有免责条款内容的该保险利益条款和产品说明书送达给李海文。该利益条款第五条和产品说明书中的责任免除中约定："五、被保险人酒后驾驶、无合法有效驾驶证驾驶或驾驶无有效行驶证的机动车"的保险公司不承担给付保险金的责任。同时，产品说明书中对保险公司承担的保险责任也作了约定："被保险人于本合同生效之日起因遭受意外伤害事故，本公司除按上述条款的约定给付身故保险金外，再按本合同基本保险金额的两倍给付意外身故保险金，本合同终止。"同年 7 月 3 日，李某某酒后无证驾驶摩托车与他人驾驶的货车相撞，导致死亡。之后，三原告要求被告进行赔偿遭拒后诉至法院。

【法院判决】《中华人民共和国保险法》第 17 条规定："订立保险合同，采用保险人提供的格式条款的，保险人向投保人提供的投保单应当附格式条款，保险人应当向投保人说明合同的内容。对保险合同中免除保险人责任的条款，保险人在订立合同时应当在投保单、保险单或者其他保险凭证上作出足以引起投保人注意的提示，并对该条款的内容以书面或者口头形式向投保人作出明确说明；未作提示或者明确说明的，该条款不产生效力。"

最高人民法院关于适用《中华人民共和国保险法》若干问题的解释（二）（以下简称《解释》）第 11 条规定："保险合同订立时，保险人在投保单或者保险单等其他保险凭证上，对保险合同中免除保险人责任的条款，以足以引起投保人注意的文字、字体、符号或者其他明显标志作出提示的，人民法院应当认定其履行了《保险法》第 17 条第 2 款规定的提示义务。保险人对保险合同中有关免除保险人责任条款的概念、内容及其法律后果以书面或者口头形式向投保人作出常人能够理解的解释说明的，人民法院应当认定保险人履行了保险法第十七条第二款规定的明确说明义务。"

对于保险人提示义务的履行，《解释》明确保险人可以采用文字、字体、符合或者其他明显标志等形式进行提示，且提示必须足以引起投保人的注意，使投保人知道免除保险人责任条款的存在；对于保险人明确说明义务的履行，《解释》明确保险人对保险合同中有关免除保险人责任条款的概念、内容及其

法律后果的说明，必须达到常人能够理解的程度，即需使通常的投保人理解免除保险人责任条款的含义。对于以法律、行政法规中的禁止性规定情形作为免责事由的免责条款，应正确理解禁止性规定与法定免责条款的区别。法定免责条款是法律、行政法规明确规定的不承担责任的情形，在法定免责条款中，行为人违反法律规定的法律后果是保险人不承担保险责任。禁止性规定是禁止当事人一定行为的法律规定，行为人违反禁止性规定，应根据该规定的立法目的受到相应的行政处罚或者刑事处罚。若保险合同未将该规定作为免责事由，并不会直接产生保险人免除保险责任的法律后果。因此，保险人如将禁止性规定作为免责条款的免责事由的，仍应向投保人进行提示和说明。当然，禁止性规定属于法律强制性规范，投保人对禁止性规定的概念和内容推定是知道的，只是不知道被保险人违反禁止性规定将导致保险人免责的后果，故保险人仍需对投保人进行明确说明。

本案中，保险公司未将载有免责条款的两全保险利益条款及《产品说明书》交给保险代理人，导致保险代理人未能将载有免责条款的保险利益条款及《产品说明书》送达给投保人李某某，也无证据证明保险代理人对投保人尽了提示和明确说明义务。根据《保险法》第127条"保险代理人根据保险人的授权代为办理保险业务的行为，由保险人承担责任"的规定，李某某发生交通事故死亡后，保险公司应按照"两全保险（分红型）"保险责任（三）中关于意外身故保险金的保险利益，即："被保险人于本合同生效之日起因遭受意外伤害身故，本公司除按上述第二款的约定给付身故保险金外，再按本合同基本保险金额的两倍给付意外身故保险金，本合同终止"的约定承担保险责任，即保险公司应给付三原告李海文身故保险金120 000元外，再按合同约定支付两倍身故保险金。

对于被告代理人在庭审中提出的被告保险代理人在办理业务过程中已向投保人李某某发放了宣传资料，介绍了免责条款，不应由被告赔偿身故保险金，另外三原告也未向被告提出赔偿申请，要求驳回三原告诉讼请求的意见，与事实不符，亦缺乏相关证据予以证实，三原告已明确向被告相关负责人提出了赔偿请求，但被告拒赔，且被告在庭审中也明确表示拒赔，因此，对此辩解意见，法院不予采纳。①

【案件评析】投保人与保险人签订保险合同，而保险代办员并非专门从事保险销售业务的专业代理人，其未经保险代理培训，亦不具有保险代理资格，投保单的签订不严谨，未按投保操作规程严格进行，投保人的签名是在代办员授意下仓促形成，代办人并未将免责条款对投保人进行说明，故免责条款不生效。

情形三：【保险人对投保人已作提示，免责条款已经生效，保险人不应承担保险赔偿责任。②】

案例九：左某某、鲁某某等与某保险股份有限公司某支公司人身保险合同纠纷案

【基本案情】左某甲作为投保人及被保险人，身故保险金受益人为法定100%。合同签订后，左某甲向保险公司缴纳了相应的保险费。终身寿险条款第 2.4 条关于责任免除约定，因下列情形之一导致被保险人身故的，我们不承担给付保险金的责任：……（5）被保险人酒后驾驶、无合法有效驾驶证驾驶，或驾驶无有效行驶证的机动车；……。上述条款均使用了单章节、黑体加粗的字样予以列明。左某甲在《电子投保申请确认书》投保人签名处签名确认，其中《电子投保申请确认书》中第 1 条约定，本人确认中国平安人寿保险股份有限公司（以下简称"贵公司"）及贵公司代理人已提供本人所投保产品的条款，并对条款进行了说明，尤其是对免除保险人责任条款、合同解除条款进行了提

---

① 【案件来源】中国裁判文书网，案号：（2014）嘉民二初字第 28 号

② 【相关案例】（2014）通中商终字第 00476 号、（2014）内民终字第 127 号、（2015）佛南法民二初字第 713 号、（2015）东中法民二终字第 960 号、（2014）韶浈法民二初字第 178 号、（2015）清城法民四初字第 701 号

示和明确说明。本人对所投保产品条款及产品说明书已认真阅读、理解并同意遵守；并左洪明在该确认书中手写"本人已阅读保险条款、产品说明书和投保提示书，了解本产品的特点和保单利益的不确定性"。《电子投保申请确认书》中第 1 条使用了黑体字。

2014 年 12 月 3 日左某甲发生交通事故。2014 年 12 月 12 日公安局交通警察支队作出道路交通事故认定书，认定当事人陈某某驾驶机动车发生事故后逃离现场，是导致此事故的主要原因；左某甲醉酒、无证驾驶无号牌摩托车上道路行驶，是导致此事故的次要原因。后左某某等人委托杨某某向保险公司申请理赔，保险公司以被保险人本次事故属于保单条款约定的责任免除事项之"酒后驾驶、无合法有效驾驶证驾驶，或驾驶无有效行驶证的机动车"为由拒绝赔付，并终止案涉保单效力，退还保单现金价值。左某某等人在庭审时表示保险公司没有对保险责任免除明确说明；保险公司的保险条款属于格式条款，对酒后驾驶的理解到底是单一的酒后驾驶事故或者是多方的事故，没有明确说明，应该作出有利于被保险人的解释，在本次事故中左某某如果只是自己酒后驾驶或者是无合法有效驾驶证明单一造成驾驶事故，就属于保险公司的责任免除范围，而在肇事方陈某某驾驶机动车撞死左某甲的情况下，即使左某甲属于酒后驾驶和无证驾驶，也应该予以赔偿。保险公司主张其已经履行了明确的说明义务，保险条款不应作出不利于保险公司的解释，且其已经退还了现金价值 173.17 元给左某甲等人。

【法院判决】左某甲与保险公司签订的保险合同是双方真实的意思表示，没有违反法律法规的禁止性规定，合法有效。根据投保申请确认书，投保人左某甲在投保书中明确手写注明"本人已阅读保险条款、产品说明书和投保提示书，了解本产品的特点和保单利益的不确定性"，且《电子投保申请确认书》中第 1 条约定使用了黑体字体明确标示提醒免责条款，而保险合同附有相应的免责条款，并使用了单独章节，由此可见保险公司已经根据《保险法》第 17 条第 2 款的规定对保险合同中关于酒后驾驶的免责条款履行了明确说明义务，故该免责条款依法对左洪明具有法律约束力。

案涉保险合同中的关于酒后驾驶免责条款约定清晰明确，不具备适用《中华人民共和国保险法》第 30 条的条件，故左元银等人主张应对该条款作出不利于平安人寿东莞支公司解释缺乏法律依据，原审法院依法不予采信。根据《交通事故认定书》可知，左某甲在发生事故时为酒后驾驶，并承担次要责任。左某甲作为机动车驾驶员，在明知酒后驾驶机动车会影响交通安全，增加事故发生危险，且明确属于违法行为的情况下，仍然在酒后驾驶摩托车，根据保险合同的约定，保险公司对此依法不应承担给付保险金的责任。故左某某等人诉请保险公司支付保险金，没有事实和法律，法院依法不予支持。①

【案件评析】投保人与保险人签订的保险合同中有免责条款，且保险人已对之作应做提示和说明，故免责条款有效，在投保人违反该条款身故时，保险人仅应退还受益人保险单的现金价值，而不应支付其保险金。

情形四：【保险合同中有格式条款，在保险人和受益人对格式条款产生争议时，作对受益人或投保人有益的解释②】

案例十：徐某与某保险股份有限公司某支公司保险合同纠纷案

【基本案情】2014 年 8 月 6 日，蒋某某在被告业务员的推销下以自己为被保险人、原告徐某为受益人向被告购买了 2 份"两全保险"，在投保单上被告将投保人职业划定为：自用货车司机、随车工人、搬家工人。在投保单上的基本告知事项中蒋某某告知了自己为非职业司机。该保险合同与本案相关的约定条款为：若被保险人遭受意外伤害，并自该意外伤害发生之日起 180 日内以该次意外伤害为直接原因导致身故或全残，被保险人身故或确定全残时未满 75 周岁，保险人按基本保险金额给付"意外身故保险金"或"意外全残保险金"，

---

① 【案件来源】中国裁判文书网，案号：（2015）东中法民二终字第 960 号

② 【相关判例】（2016）鄂 0117 民初 846 号、（2016）鄂 01 民终 6829 号、（2016）苏 04 民终 216 号、（2016）川 15 民终 314 号

若被保险人以乘客身份乘坐水陆公共交通工具，或者被保险人驾驶或乘坐他人驾驶的非营运机动车，在交通工具上遭受意外伤害，并自该意外伤害发生之日起180日内以该次意外伤害为直接原因导致身故或全残，保险人按基本保险金额的10倍给付"交通工具意外身故保险金"或"交通工具意外全残保险金"。

该保险合同释义第10.9对"非营运机动车"作了解释：指非经营客运且非经营货运业务的机动车，但合同释义中对"经营货运业务"的概念和范围则未作具体解释。合同释义中对"无合法有效驾驶证驾驶"作了解释：指下列情形之一：（1）没有取得驾驶资格；（2）驾驶与驾驶证准驾车型不相符合的车辆；（3）持审验不合格的驾驶证驾驶；（4）持学习驾驶证学习驾车时，无教练员随车指导，或不按指定时间、路线学习驾车。

2014年12月8日，投保人蒋某某驾驶小型货车空车行驶，车辆驶出路面侧翻于河中，致蒋某某受伤后经医院抢救无效死亡。该起交通事故经交通警察部门责任认定，蒋某某承担事故全部责任。蒋某某死亡原因经四川金沙司法鉴定所作出的尸体检验鉴定意见书，认定蒋某某系胸腹腔损伤，死亡原因无合同约定的免责情形。被保险人死亡后，原告申请要求被告按驾驶人员意外死亡进行赔付，被告以蒋某某自有的小型货车已办理了上路运输经营许可证及道路运输证，蒋某某无从业证不具备驾驶该车资格的理由拒绝按"交通工具意外身故保险金"进行赔付，仅同意按"意外身故保险金"进行赔付，2015年3月，被告将2份的基本保险金额共20万元打入了原告徐某账户。原告认为小型货车不是营运机动车，被告应按合同约定的"交通工具意外身故保险金"进行赔付，故于2015年6月向法院起诉，请求人民法院依法判决被告赔偿受益人应当获得的理赔款200万元（含被告已赔付的20万元），案件诉讼费用由被告承担。

【法院判决】蒋某某驾驶证准驾车型与小型货车相符，没有违反合同条款释义中"无合法有效驾驶证驾驶"约定的情形，故蒋某某系合法驾驶。保险合同释义对"非营运机动车"的解释为指非经营客运且非经营货运业务的机动车，双方对何为"经营货运业务"存在不同的解释。根据《中华人民共和国保险法》第三十条之规定，采用保险人提供的格式条款签订的保险合同，受益人与保险人对合同条款有争议的，应当按照通常理解予以解释，对合同条款有两种以上解释的，人民法院应当作出有利于受益人的解释。从双方提供的证据来看，没有证据证明该车对外进行运输经营和结算，故家用货车不应当列入合同中"营运机动车"的范围。上诉人应当按照"两全保险"所约定的"交通工具意外身故保险金"对受益人进行赔付。①

【案件评析】在双方对合同争议点为被保险人驾驶车辆是否为"营运机动车"，双方对何为"经营营运业务"有不同解释，现有证据不能证明被保险人将该车投入运营时，作对受益人有利的解释，保险人按照"交通工具意外身故保险金"对保险的受益人进行赔付。

2. 投保人投保有条件限定，投保人有无履行如实告知义务与保费和保险人是否承保有很大相关性的情形

该部分在第四章进行了专章解读，为篇幅和体系完整，将这一问题在此列明，相关案例请参考第四章。

3. 保险合同纠纷案件中，受益人主张被保险人死亡属于保险责任范围内事故，而保险人不予承认的情况

情形一：【原告已完成相应举证责任，证明被保险人的死亡属于保险事故的，保险人不予赔偿且辩称被保险人的死亡不属于保险责任范围但无证据予以证明的，不予采信，或者对保险合同中有争议的条款作有利于受益人的解释，保险人应当按照保险合同约定承担保险赔偿责任。②】

---

① 【案件来源】中国裁判文书网，案号：（2016）川15民终314号

② 【相关判例】（2015）临民初字第1028号、（2016）冀0109民初996号、（2015）鄂武昌民商初字第00445号、（2016）豫0327民初1557号、豫0802民初526号、（2016）豫0324民初1139号、（2015）确民金字第00024号、(2015)鄂当阳民初字第02329号、（2015）隆民一初字第1331号、（2015）湘民二初字第120号

案例十一：牛某某与某保险股份有限公司某中心支公司人身保险合同纠纷案

【基本案情】2009 年 9 月 15 日，薛某某与被告签订《两全保险（分红型）保险单》，约定：被保险人为薛某某，受益人为牛某某；保险期间：2009 年 9 月 16 日至 2029 年 9 月 15 日；保险期间与主险合同一致。被保险人于合同生效或复效（以较迟者为准）一年后，由本公司认可医院的专科医生确诊患有本合同生效或复效（以较迟者为准）一年后，由本公司认可医院的专科医生确诊患有××，本公司按本合同保险金额给付重大 ×× 保险金，本合同效力即行终止。

第 5.2：×× 中包括"急性心肌梗死"，指因冠状动脉阻塞导致的相应区域供血不足造成部分心肌坏死，须满足下列至少三项条件：（1）典型临床表现，例如急性胸痛等；（2）新近的心电图改变提示急性心肌梗死；（3）心肌酶或肌钙蛋白有诊断意义的升高，或呈符合急性心肌梗死的动态性变化；（4）发病 90 天后，经检查证实左心室功能降低，如左心室射血分数低于 50%。

2016 年 6 月 4 日，薛某某突患 ××，被送至鹿泉区人民医院进行抢救，后被宣告死亡，诊断：急性心肌梗死、室颤。此后，原告作为上述保险单受益人，要求被告依据上述保险单约定赔付 70 000 元，被告拒绝赔付。庭审中，被告称薛某某的情形不符合"附加 08 定期重大 ×× 保险条款"中 5.2.2 心肌梗死的赔付条件。

【法院判决】薛某某与被告签订《两全保险（分红型）保险单》，系双方真实意思表示，且不违反法律、行政法规强制性规定，真实合法有效，法院予以确认。原告提供的医院诊断证明及心电图已经能够表明薛彦利死于急性心肌梗死，薛彦利依约向被告支付保费，事故发生在保险期限内，被告理应依约进行赔付，并将理赔款交付给保险单受益人即原告。[①]

【案件分析】保险受益人提供的证据已经能够证明被保险人的死亡属于保险事故，被告予以抗辩但是没有证据证明的，应当向受益人承担保险责任。

---

① 【案件来源】中国裁判文书网，案号：（2016）冀 0110 民初 2935

案例十二：师某与某保险股份有限公司某支公司人身保险合同纠纷案

【基本案情】2015 年 1 月 11 日，原告的妻子李某某（已死亡）通过被告保险营销员投保了一份《意外伤害保险》，并签订保险单，保险期限为 1 年，自 2015 年 1 月 12 日至 2016 年 1 月 11 日止，原告妻子李某某给营销员李冬春缴纳了保险费。按照《意外伤害保险条款（2009 版）》保障项目：意外身故、残疾、烧伤给付，每人保险金 3 万元。《意外伤害保险条款》规定，保险责任为在保险期间内被保险人遭受意外伤害，并因该意外伤害导致其身故、疾病或烧伤的，保险人依照约定给付保险金，且给付各项保险金之和不超过保险金额。身故保险责任是在保险期间内被保险人遭受意外伤害，并在意外伤害发生之日起 180 日内因该意外伤害身故的，保险人按保险金额给付身故保险金，对该被保险人的保险责任终止。

2015 年原告师某及其儿子师某某均在外打工，被保险人独自一人在家务农。2015 年 5 月 20 日晚，原告妻子在自家厨房意外摔倒死亡，5 月 23 日原告之子师某某向被告报案。后应原告要求被告于 2015 年 6 月 4 日给原告出具保险单抄件，原告持此单要求理赔，被告拒绝理赔。

【法院判决】原告妻子李某某在被告公司投保了一份《意外伤害保险》，并交纳了保险费，双方之间形成了人身保险合同关系。本案中，原告妻子李某某在自家摔倒身故，属意外死亡。被告辩解被保险人李某某非因意外伤害死亡，不予给付保险金，但没有提供证据证实李某某的死亡原因，故被告不予支付保险金的辩解理由不能成立，依法不予采纳。根据《意外伤害保险条款（2009版）》的规定"身故保险责任是在保险期间内被保险人遭受意外伤害，并在意外伤害发生之日起 180 日内因该意外伤害身故的，保险人按保险金额给付身故保险金，对该被保险人的保险责任终止"。根据《中华人民共和国保险法》第 30 条的规定，被告与原告对合同中所记述的意外身故有争议，人民法院或者仲裁机构应当作出有利于被保险人和受益人的解释。原告要求被告给付保险金

184844ma z_i

Producing.

的诉讼请求，符合保险合同赔偿范围，法院依法予以支持。①

【案件评析】原告已完成初步举证责任，被告主张被保险人死亡非保险责任事故但无相反证据加以佐证其观点的，应当作对受益人有益的解释，保险人应当向被保险人的继承人即原告承担保险责任。

情形二：【被保险人死亡不属被告的保险责任范围，原告请求被告赔偿保险金，没有理由和法律依据，法院不予支持。②】

案例十三：中国农业银行股份有限公司平原县支行诉某保险股份有限公司某分公司人身保险合同纠纷案

【基本案情】吴某某与被告签订《借款人意外伤害保险合同》，保险金额50 000元，投保人、被保险人均为吴某某，第一顺序受益人为原告，吴某某在投保单上签了名。投保单的告知事项栏中记载了下列内容：1.被保险人是否曾经患过或正患有下列疾病之一：恶性肿瘤、心肌梗死、恶性淋巴瘤、白血病、脑出血、脑梗塞、肾功能衰竭。2.被保险人是否接受过下列任一项手术或治疗：器官移植、肾透析、冠状动脉搭桥手术、冠状动脉支架植入术。3.被保险人是否从事下列职业之一：海上渔业、井下作业、火药炸药制作及应用、防爆警察、特种兵。4.是否在最近5年内发生过保险理赔。投保单上投保人声明中记载了以下内容：贵公司所提供的投保单已附保险条款，并且已对保险条款尤其是对免除保险人责任的条款履行了明确说明义务，本人已经详细阅读并理解了包括保险责任，责任免除条款在内的本保险的所有内容，现同意向中国人寿保险股份有限公司投保上诉保险，并保证各项内容填写属实。借款人意外伤害保险利益条款第十一条规定：意外伤害指受外来的、突发的、非本意的、非疾病的客观事件直接致使身体受到的伤害。

①【案件来源】中国裁判文书网，案号：（2015）临民初字第1028号
②【相关判例】（2016）鲁0283民初4248号、（2016）鲁02民终7848号、（2015）牟商初字第348号、（2015）平商初字第290号

2014 年 8 月 14 日，吴某某在砖瓦厂工作时晕倒，医院诊断结果为非心源性猝死，现场死亡。保险人认为被保险人为猝死，不属于外来的、非疾病的因素，更不属于客观事件，因而不属于意外事件，也不属于原告在理赔时所讲的意外事故摔倒猝死。因而不符合理赔的条件和约定，保险公司予以拒赔。

【法院判决】吴某某与被告公司签订的保险合同是双方当事人的真实意思表示，内容不违反法律、行政法规的强制性规定，应认定合法有效。投保单中的"告知事项"让投保人填写"是"或"否"，目的是如果投保人有"告知事项"中的四种情况之一，保险人可能会拒绝投保人投保或提高保险费率；所以原告诉称从"告知事项"的内容可以看出保险合同中的意外伤害包括投保人内部本身的意外伤害是不正确的。

原告不理解被告不赔偿的原因是按照日常生活习惯对意外的理解，而对保险公司中意外的内涵不清楚，保险中的意外与我们日常生活中所指的意外是有区别的；日常生活中，只要是意料之外的事情，都可以称为意外，但是在保险赔付过程中，保险人会严格界定引起伤害事故的原因是否属于意外险中的"意外"。本案中，原、被告签订的保险合同约定：意外伤害是指受外来的、突发的、非本意的、非疾病的客观事件直接致使身体受到的伤害；吴连军经医院诊断为猝死，由此明显看出吴某某的死亡是由于自身原因，并非保险合同约定的人身意外伤害。故原告作为受益人无权请求被告赔偿，原告的诉讼请求，法院不予支持。①

【案件分析】被保险人经医院诊断为猝死，被保险人的死亡是由于自身原因，并非保险合同约定的人身意外伤害。此种条件下原告作为受益人无权请求被告赔偿。

① 【案件来源】中国裁判文书网，案号：（2015）平商初字第 290 号

案例十四：原告陈某甲、郑某某、陈某乙诉被告某保险股份有限公司某分公司保险合同纠纷案

【基本案情】原告陈某甲、陈某乙为被保险人陈某某之女，郑某某为被保险人陈某某之妻，2012年5月14日，陈某某为自己在被告投保了《意外伤害保险》，保险期间为一年，意外伤害保险金额8万元，保费200元。合同中特别约定："被保险人在未成年时身故，累计死亡保额不超过5万元，……。"该特别约定适用于未成年人，不适用于成年人陈某某。合同备注一栏中显示："本人已详细阅读并认可本卡重要提示和特别约定的内容，明了贵公司有关保险条款的保险责任……。"投保人和被保险人签名处均有陈得海的签名。而保险责任明确说明：本合同保险期间内，本公司依下列约定承担保险责任：一、被保险人遭受意外伤害……

2012年7月1日陈某某在漯河市第二人民医院诊断证明显示：既往史白血病史。居民死亡医学证明书显示：陈某某死亡日期2012年7月8日，直接导致死亡的疾病白血病，发病到死亡的大概时间间隔2个月。这和原告在庭审中称陈某某发病10天左右死亡不符。

【法院判决】本案保险合同合法成立，应确认有效，根据保险合同的约定，三原告向被告主张赔偿应当以被保险人系因意外伤害导致死亡为前提条件，而意外伤害意思是指非本意的、外来原因造成的、突然发生的。即在极短时间内发生，来不及预防的外来伤害，疾病是人体内部生理故障或新陈代谢的结果，因此疾病所致伤害不属于意外事故。庭审中，原告称陈某某发病到死亡10日左右系突发性死亡，而实际上，从原告提供的居民死亡医学证明书显示：陈某某发病到死亡的大概时间间隔2个月，即使按照原告所说10日左右，也不是在极短时间内，不是"突发性"，并且陈某某是因为白血病导致的死亡，白血病是一种疾病，陈某某不是遭受什么意外伤害，三原告没有证据证明被保险人陈得海的死亡系因"意外伤害"所致，故三原告的诉请缺乏事实依据，法院不予支持。

【案件评析】被保险人乃因病死亡，并不属于意外伤害所致，故保险人不应承担保险责任。

情形三：【被保险人自杀身亡，保险公司不应承担给付保险金的责任。[①]】

案例十五：某保险股份有限公司某分公司与韩某某、王某甲、王某乙财产损失保险合同纠纷案

【基本案情】2011年2月28日，王某某与被告签订保险合同，投保人为王某某，被保险人为王某某，投保险种为两全保险（分红型），保险期间自2011年2月23日零时起至终身止或合同列明的终止性保险事故发生时止，交费方式为按年5次交清，每期保险费55 506元。合同签订后，王某某依约定交纳了两年保费，合计111 012元，合同中未约定身故受益人。2012年12月24日，王某某自杀身亡。王某某生前与原告韩某某系夫妻关系、与原告王某甲系母子关系、与原告王某乙系父子关系。原告韩某某、王某甲、王某乙诉称，原告与被告协商，要求被告退还投保保险费，被告拒不退还。故，诉请被告退还保险费55 506元，诉讼费用由被告承担。

【法院判决】王某某与被上诉人于2011年2月28日签订的保险合同合法有效，对双方均具有法律约束力。该保险合同约定："因下列情形之一导致被保险人身故的，我们不承担给付保险金的责任：……（3）被保险人自本合同成立或合同效力恢复之日起2年内自杀的，但被保险人自杀时为无民事行为能力的除外；……发生上述其他情形导致被保险人身故的，本合同终止，我们向您退还保险单的现金价值。"被保险人王某某于2012年12月24日自杀身亡，上诉人不承担给付保险金的责任，应退还保险单的现金价值。被保险人死亡，该保险单的现金价值应为王某某的遗产。三被上诉人作为王某某的法定继承人继承该遗产，要求上诉人退还该保险单的现金价值，应予以支持。原审法院依

---

①【相关判例】（2015）蒲江民初字第275号、（2014）二中民一终字第0474号、（2013）扬商初字第305号

被上诉人计算的保险单的现金价值确定的应当退还的数额，被上诉人未提出异议，法院予以确认。上诉人主张王某某生前曾在被告处以该保险合同作质押自上诉人处贷款 42 000 元，应在本案中一并处理，在退还现金价值时扣除王某某未还贷款部分。因保险合同或者借款合同的主体是上诉人和王云保，三被上诉人并非合同主体，虽然三被上诉人基于继承王某某的遗产，而产生了归还王云保生前债务的法定义务，但借贷法律关系与本案非同一法律关系，上诉人在本案中亦未提起反诉，故上诉人的上诉主张不能成立。上诉人就王某某债务问题可另行解决。

【案件评析】被保险人系自杀身亡的，保险人仅需退还受益人或者继承人保险单的现金价值。

例外：【保险人主张被保险人系自杀身亡，但无证据证明的，仍应向其受益人或继承人赔偿。①】

案例十六：吕某某、陈某某与某保险股份有限公司某分公司保险合同纠纷

【基本案情】2012 年 4 月 19 日投保人吕某与保险公司签订了人身保险合同。合同约定，吕某向保险公司投保"终身寿险（万能型）"，被保险人为吕某，保险期间为终身，基本保险金额为 100 000 元；合同还约定，在保险期间，若被保险人吕某因意外伤害身故或因疾病身故，被告保险公司将按被保险人身故之日的保险金额给付身故保险金；被保险人自本主险合同生效或者本主险合同效力恢复之日起两年内自杀（被保险人自杀时为无民事行为能力人的除外），保险公司不承担给付保险金的责任。合同签订后，吕某向保险公司交纳了保险费。

2012 年 6 月 11 日晚，被保险人吕某被发现死于湖北省监利县计生局宿舍院楼下，监利县公安局接警即派员赴现场侦查。事后经监利县公安局物证鉴定

---

① 【相关判例】（2015）麒少民初字第 26 号、（2013）榕民终字第 632 号、（2015）鄂托民初字第 3344 号

室法医学尸体检验，鉴定为"吕某系高坠死亡"。2012年6月5日被保险人吕某被监利县人民医院确诊为抑郁症。吕某高坠事件发生后，其家属要求保险公司履行合同义务，支付保险金，但保险公司以"被保险人吕某跳楼自杀身故"属于保险合同约定的免除责任范围为由拒绝赔偿。另查，吕某某、陈某某系夫妻关系，且与被保险人吕某系父女、母女关系。吕某与李某某于2006年12月6日结婚，双方无子女。一审审理中，李某某明确表示放弃本案赔偿金的继承权并申请撤回起诉。

【法院判决】本案讼争的人身保险合同，系以被保险人意外伤害身故或疾病身故作为给付保险金条件的合同。对于此类合同，《中华人民共和国保险法》第44条第一款规定，"以被保险人死亡为给付保险金条件的合同，自合同成立或者合同效力恢复之日起二年内，被保险人自杀的，保险人不承担给付保险金的责任，但被保险人自杀时为无民事行为能力人的除外"。其立法目的在于防止被保险人以自杀为手段不恰当获得保险金的道德危险，倡导尊重生命的伦理价值观。对此，双方在保险合同的第2.6条第（3）项的责任免除条款中亦作出约定。

本案讼争保险合同的被保险人吕某在保险期间坠楼身故，被上诉人以被保险人系自杀身亡为由，拒付保险赔偿金。故被保险人吕某是否"自杀"身故，系被上诉人能否免除保险赔偿责任的判断依据。被上诉人保险公司认为被保险人系自杀身故，应承担举证责任。被上诉人据以证明吕某为自杀身故的证据主要有吕某身前患抑郁症的有关就诊材料、监利县公安局的法医鉴定书，以及对相关人员的询问笔录等证据，但上述证据只能证明吕某身前患有抑郁症以及系高坠身故，并不能必然得出吕某系自杀身故之结论。并且，根据《保险法》以及涉案保险条款的相关规定，行为人"自杀"时应具有民事行为能力，即行为人应当处于精神自由的状态，对结束自己生命的行为及后果具有认识能力和控制能力。但本案被保险人吕某身前被确诊为患有抑郁症，而抑郁症患者对自身行为的认识与自控能力均较弱，与正常人的精神状态存在明显不同。因此，现

有证据并不能证明被保险人吕某系自行结束生命，亦无法证明其当时精神处于正常之状态，故被上诉人认为被保险人系"自杀"身故，缺乏证据支持，法院不予采纳。被保险人吕某坠楼身故，具有突发性和非预见性，在无证据证明其系"自杀"的情况下，应认定其属意外身故，保险公司应当依照保险合同的约定向保险受益人承担保险赔偿责任。故被上诉人应当向上诉人吕某某、陈某某支付保险赔偿金。[①]

【案件评析】保险人无证据证明被保险人系自杀身亡的，仍应向受益人承担保险赔偿责任。

情形四：【按照投保人与保险人双方签订的保险合同，投保人欠缴保险费致使合同中止，按照合同约定，合同中止期间发生保险事故的保险人不承担保险责任，故原告要求被告赔偿保险赔偿金，不予支持。[②]】

案例十七：段某某诉某保险股份有限公司某支公司人身保险合同纠纷案

【基本案情】2012 年 3 月 22 日，投保人段某甲在被告处投保了"终身寿险（分红型）"附加"重大疾病保险"，被保险人段某某，身故受益人段某某。投保后，投保人向专门开立的用于预存保费的邮政储蓄的存单上存入了首期保费，保险公司于 2012 年 3 月 23 日予以扣划。2013 年 5 月 26 日，投保人在该邮政储蓄的存单上存入 4 800 元，但保险公司并未扣划。2014 年 5 月 11 日 18 时，被保险人段金生因突发性意识障碍被送往医院救治，被诊断为脑干出血、高血压三段极高危组，段金生于 2014 年 5 月 12 日经抢救无效后死亡。2014 年 5 月 12 日当天，段某甲的妻子郑某某在该邮政储蓄的存折上存入 4 850 元。

现原告要求被告支付保险金及分红红利，被告以保险合同效力中止为由拒赔，故双方发生纠纷。1. "金享人生终身寿险（分红型）"条款第 1.2 合同成立

---

① 【案件来源】中国裁判文书网，案号：（2013）榕民终字第 632 号

② 【相关判例】（2015）广民终字第 623 号、（2015）旺苍民初字第 906 号、（2014）解民二金初字第 72 号、（2015）焦民二金终字第 00003 号

与生效……合同生效日期在保险单上载明，保单年度、合同生效日对应日、保险费约定支付日均以该日期计算。第 2.4 保险责任……被保险人年满 18 周岁的，我们按身故或全残时有效保险金额给付身故保险金或全残保险金，本合同终止。第 5.2 宽限期如到期未支付保险费，自保险费约定支付日的次日零时起 60 日为宽限期。……如在宽限期结束之后仍未支付保险费且未选择保险费自动垫交，则本合同自宽限期满的次日零时起效力中止。第 9.1 在本合同效力中止期间，保险公司不承担保险责任，本合同也不参加红利分配。第 9.2 本合同效力中止后 2 年内，投保人可以申请恢复合同效力。经保险公司与投保人协商并达成协议，自投保人补交保险费及相应利息的次日零时起，合同效力恢复。2.2014 年 6 月 28 日，被告打印了红利通知书，将红利分配信息告知投保人，显示派发日前一日及派发日的有效保险金额为 100 600 元，终了红利中关爱金保额比例为 2.20%。

【法院判决】依法成立的合同受法律保护。本案中，投保人仅交纳了首期保费，涉案保险合同的生效日期为 2012 年 3 月 22 日，该日期在保单中明确载明，投保人对此明知，原告认为保险合同首页显示的打印日期 2012 年 3 月 27 日为生效日期的辩解意见不能成立。投保人于 2013 年 5 月 26 日才将相当于保险费的金额存入专门银行账户，但此日期已经超过了保险合同生效日于次年的对应日起 60 天的宽限期，故保险公司未将该款项作为保险费予以扣划，涉案的保险合同因未及时支付保险费而效力中止。

保险合同明确约定，合同效力中止期间，保险公司不承担保险责任，该合同不参加红利分配。但合同效力中止后 2 年，投保人可以申请恢复合同效力，经双方达成协议并补交保险费及相应利息后，才能恢复合同效力。可见，效力中止的保险合同，其效力既有可能被恢复，也有可能无法恢复。若投保人于合同效力中止 2 年后申请复效，与保险人就复效条件进行磋商并达成一致，投保人补交保险费及相应利息后，合同效力恢复；补交保险费是恢复合同效力的前提，但仍须同时满足申请、协商等前提条件。

本案中，投保人或其近亲属并未就合同复效问题与保险人进行过协商，故其超过宽限期后的交费行为并不被被告认可，保险合同不因投保人于宽限期满后存入保险费而自动恢复效力。保险合同效力中止期间，被保险人的危险程度（健康状况）有可能发生变化，故新、旧保险法均规定了恢复保险合同效力的条件以及无法恢复效力的保险合同的处理方法，该保险合同中关于效力中止及效力恢复的保险条款，并不属于免责条款，不必对投保人释明，故原告以保险人未将免责条款明确告知的辩解主张不能成立。[①]

【案件评析】被保险人在保险合同中止期间发生保险责任事故的，保险人不承担保险赔偿责任。

例外情况：投保人因欠缴保险费而导致保险合同中止，但其在复效期内投保人补交保险费，按照合同约定，合同于次日即恢复效力，被保险人保险事故发生于复效期间，是为保险责任范围期间内。[②]

案例十八：张某某、易某某等与某保险股份有限公司某支公司保险纠纷案

【基本案情】2010 年 5 月 19 日，原告张某某的丈夫易某甲作为投保人，与被告中国人寿保险股份有保险合同，合同约定：投保人与被保险人均为易某甲。交费方式为按年缴费。交费期间 10 年，交费起止时间是 2010 年 5 月 19 日至 2020 年 5 月 18 日，每年交费标准为 2 680 元，保险金额为 10 000 元。在合同保险期限内，被保险人身故，保险公司按基本保险金额的 300% 给付身故保险金，合同终止、在合同履行的第五年时，2014 年 11 月 14 日，被保险人死亡。被告保险公司辩称：事故发生在合同复效期内，按照条款规定，复效期内不予理赔。

【法院判决】原、被告签订了《终身重大疾病保险合同》，双方建立了合法有效的保险合同关系。发生保险事故后，原告有权要求被告按照保险合同约定

---

① 【案件来源】中国裁判文书网，案号：（2014）解民二金初字第 72 号

② 【相关判例】（2016）豫 1528 民初 2502 号

支付保险赔偿金。根据双方诉辩意见进行归纳，本案争议的焦点为合同约定赔偿事故是否发生在保险合同复效期内及保险公司是否免于赔偿。根据双方签订的合同中《个人保险基本条款》第2条、第3条约定，投保人未按规定日期交付保险费的，自次日起六十日为宽限期，超过宽限期仍未交付保险的，合同效力自宽限期届满的次日起中止。中止期间保险公司不承担保险责任。中止之日起二年内，投保人可填写复效申请书，申请恢复合同效力。经保险公司与投保人协商并达成协议，自投保人补交所欠保险费次日起合同恢复效力。

本案中，投保人易某甲2014年交费日期应当为2014年5月20日，实际交费时间为2014年8月14日。被告人辩称合同在复效期内。法院认为，投保人于2014年8月14日缴纳保费，双方合同于2014年8月15日起恢复了合同效力。投保人于2014年11月14日因疾病死亡，该事故发生在合同生效期间内，被告人应当按照合同给付身故保险金。①

【案件评析】因投保人欠缴保险费用而导致保险合同中止的，按照保险合同条款约定，有复效约定的，在投保人复缴保险费用后，被保险人在复效期间内死亡的，保险人应当对受益人承担保险赔偿责任。

情形五：【特殊期间经过后，即使被保险人死于保险事故，保险人也可以不负赔偿责任②】

案件十九：刘某某与某保险股份有限公司某分公司保险合同纠纷案

【基本案情】2004年2月13日，胡某某向被告投保了"终身保险"，被保险人为胡某某，保险金额为11 000元，年交保费1 056元，缴费时间20年，受益人为原告。保险合同生效日期为2004年2月13日。2005年4月8日，医院诊断出胡某某患有冠心病。同日，胡某某因交通事故导致头部与钝物作用致重型闭合性颅脑损伤死亡。被保险人胡某某死亡后，原告依据保险合同向被

---

① 【案件来源】中国裁判文书网，案号：（2016）豫1528民初2502号
② 【相关判例】（2016）甘0723民初4号、（2016）兵08民终736号

告申请死亡理赔。2005 年 6 月 23 日，被告以导致投保人身故的原因属于保险责任中的免责情形为由，对原告做出了拒赔通知书。2007 年 2 月 26 日，原告向被告申请解除保险合同。同日，被告向原告出具了领款通知书，保险合同关系解除。2016 年 5 月 4 日，原告诉至该院，要求被告给付原告重大疾病理赔金 22 000 元。庭审中，原告认为胡某某生前诊断出患有冠心病，属于保险合同中约定的重大疾病中的心脏病。在胡某某去世后原告作为受益人，有权向被告申请赔付重大疾病理赔金。被告认为，首先，胡某某与被告之间的保险合同已于 2007 年 2 月 26 日解除，原告无权向被告主张该保险合同项下的权利，故原告主体不适格；其次，胡某某所患冠心病并非保险合同中约定的重大疾病中的心脏病，且原告的起诉已超过了诉讼时效期间。

【法院判决】胡某某向被告投保了"终身保险"，被保险人为胡某某，同时指定原告为受益人。2005 年 4 月 8 日，医院诊断出胡某某患有冠心病。同日，胡某某因交通事故导致头部与钝物作用致重型闭合性颅脑损伤死亡。胡某某死亡后，原告作为受益人于 2007 年 2 月 26 日向被告申请解除保险合同。同日，被告向原告出具了领款通知书，保险合同关系解除。根据上述法律规定，胡某某与被告之间的保险合同关系虽然解除，但原告作为受益人仍然享有保险金赔偿请求权，因此，刘某某依法享有原告的诉讼主体资格。对于该格式合同中心脏病（心肌梗死）文意的理解应当解释为心脏病包括表现为心肌梗死症状的冠心病，但不限于该病。

本案中，被保险人胡某某生前经医院诊断患有冠心病，应当认定属于双方保险合同约定的重大疾病之一。《中华人民共和国保险法》第 26 条第 2 款规定，人寿保险的被保险人或者受益人向保险人请求给付保险金的诉讼时效期间为五年，自其知道或者应当知道保险事故发生之日起计算。本案所涉系康宁终身保险，受益人向保险人请求赔偿保险金的诉讼时效期间自受益人知道被保险人患有重大疾病之日起计算。2005 年 4 月 8 日，医院诊断出被保险人胡新文患有冠心病。同日，胡某某因交通事故导致头部与钝物作用致重型闭合性颅脑损伤死亡。庭审中，原告陈述其大约在 2005 年 4 月被保险人胡某某火化后才知道胡某某生前诊断出患有冠心病。至此应当视为原告知道发生了保险事故，故原告作为受益人要求被告支付重大疾病理赔金的诉讼时效期间应当自 2005 年 4 月起至 2010 年 4 月止。现原告于 2016 年 5 月 4 日向该院起诉要求被告支付重大疾病理赔金，已明显超过了五年的诉讼时效，且其无法举证证明存在中断、中止事由，也无法证明迟延申请理赔系被告要求所为。因此，被告关于原告的起诉超过了诉讼时效期间的辩解意见具有相应的事实和法律依据，该院予以采纳。①

【案件评析】受益人要求保险人支付保险金的诉讼时效期间从受益人知道或者应当知道被保险人发生保险事故时起算，受益人起诉超过诉讼时效的，保险人可以诉讼时效经过抗辩。

案例二十：原告何某某与某保险公司保险合同纠纷案

【基本案情】原告何某某丈夫徐某某在中国邮政储蓄银行贷款 50 000 元。2013 年 6 月 7 日，徐某某以本人为投保人、被保险人，以贷款金额 50 000 元，投保了借款人意外伤害保险一份，保险期间自 2013 年 6 月 8 日至 2014 年 6 月 7 日止，最长不超过三年。第一受益人为中国邮政储蓄银行。当日，被告公司签发了保险单，保险单为被告大地财险临泽支公司机打的格式保险单。其中，借款人意外伤害保险条款第五条约定，被保险人在保险期内遭受意外身故，保险人承担的意外身故保险责任为，被保险人自遭受意外之日起一百八十日内以该意外为直接、完全原因而身故的，保险人按意外发生之日该被保险人的保险金额给付意外身故保险金，同时合同约定的对该被保险人的保险责任终止。第 6 条约定责任免除条款，约定投保人的故意行为，自致伤害或自杀等九种情形，保险人不承担保险责任。第 4 条约定，除本合同另有约定外，意外身故保险金第一受益人为与构成本合同的贷款合同相关的合法金融机构，第二受益人

---

① 【案件来源】中国裁判文书网，案号：（2016）兵 08 民终 736 号

为被保险人的继承人。无论意外身故保险金或者意外残疾保险金，第一受益人受益额度为根据构成本合同的贷款合同在保险人给付保险金之日被保险人所欠款项或者保险金额中较低者，第二受益人受益额度为保险金超过被保险人所欠款项的部分。

2015 年 3 月 7 日，临泽县公安局在河滩内发现徐某某的尸体。徐某某亲属向被告申请理赔，2015 年 8 月 28 日，被告公司以发生事故损失不属于保险责任赔偿范围，拒赔理由为被保险人系非意外死亡，被保险人家属不能提供意外死亡的相关证明，徐某某投保的意外险第一受益人为邮政银行作出拒赔通知，于 2015 年 9 月 15 日送达徐某某亲属。

【法院判决】原告的丈夫徐某某在向中国邮政储蓄银行申请借款后，在被告保险公司投保借款人意外伤害保险，原告丈夫徐某某与被告公司之间成立借款人意外伤害保险合同关系。因被告公司在徐某某投保意外伤害保险时，未向投保人提供格式条款，对保险条款第 6 条约定的自杀等责任免除条款，未作提示和说明义务，且未能提供足够证据证明被保险人徐某某系自杀身亡，其保险条款约定的自杀等免除保险责任的约定不发生法律效力。原告虽主张被保险人徐某某属意外死亡，保险事故发生在保险期限内，但未能提供反驳被告公司所提交的保险单证实的保险期限为一年的证据，法庭认定事故已过保险责任期限，原告要求二被告承担保险责任的请求法院不予支持。[①]

【案件评析】被保险人发生保险事故，如不在保险责任期间的，保险人不承担保险赔偿责任。

4. 保险合同纠纷中，被保险人死亡原因无法查明的处理情形

情形一:【保险公司接到报案以后，现有证据证实没有派人到现场勘查，更没有就死亡原因调查采取必要的措施，导致投保人的死亡原因无法查明，保险公司在确定投保人死亡原因、性质的过程中存在过错，在最终不能排除投保

---

① 【案件来源】中国裁判文书网，案号：（2016）甘 0723 民初 4 号

人是由于意外死亡的情况下，被告赔偿应当承担保险赔偿责任①】

案例二十一：贺某某与某保险股份有限公司某分公司人身保险合同纠纷案

【基本案情】2007 年 6 月 16 日，尤某某作为投保人，在被告保险公司投保了《两全保险》，保险金受益人为贺某某，基本保险金额为 20 840 元，年交保费为 2000 元。交费期间为 10 年。合同第五条保险责任约定：在本合同保险期间内，本公司负以下保险责任：一、被保险人在本合同生效之日起第一年内因疾病身故，本公司按所交保险费（不计利息）给付身故保险金，本合同终止；被保险人在本合同生效之日起第一年后因疾病身故，本公司按基本保险金额给付身故保险金，本合同终止。二、被保险人因遭受意外伤害，并自意外伤害之日起一百八十日内身故，本公司按基本保险金额的八倍给付身故保险金，本合同终止。三、被保险人生存至保险期间届满的年生效对应日，本公司按基本保险金额给付满期保险金，本合同终止。第 13 条保险金申请约定：二、在本合同保险期间内被保险人身故的，由身故保险金受益人作为申请人，填写保险金给付申请书，并提交下列证明、资料：1. 保险单及最近一次保险费的交费凭证；2. 受益人的户籍证明与身份证件；3. 公安部门或二级以上（含二级）医院出具的被保险人死亡证明书；4. 被保险人的户籍注销证明；5. 本公司要求的申请人所能提供的与确认保险事故的性质、原因等相关的证明、资料。保险合同于同年 6 月 16 日成立，6 月 19 日生效。保险费交至 2015 年 6 月 19 日。

2015 年 1 月 30 日晚，被保险人在家休息起来上厕所不慎摔倒在堂屋门前台阶上，症状缓解后继续休息。等到第二天凌晨 5 点时，原告发现其丈夫即被保险人身体状况异常，已无知觉，经卫生所医生抢救无效死亡。当天，原告让人打电话通知保险公司让其到现场，保险公司并未派人到现场勘查，2015 年 2 月 1 日，原告方才将被保险人安葬。事后，原告向被告以意外伤害身故理赔

---

① 【相关判例】（2015）南民三金终字第 00089 号、（2016）甘 0921 民初 440 号、（2013）东中法民二终字第 903 号、（2012）涡民二初字第 00014 号、（2013）深福法民一初字第 3466 号、（2014）海经初字第 714 号

时，被告以原告无证据证明死亡原因为由，不予理赔。故原告诉至法院要求依法判令被告支付原告保险金 166 720 元并承担该案诉讼费用。

【法院判决】投保人与被告之间签订的保险合同，是双方在平等、自愿的基础上签订的，且不违反法律规定，因此该合同为有效合同。被保险人死亡后，其家属及时打电话将投保人死亡情况通知了保险公司，有通话记录单和公证书证实，说明原告履行了及时通知的义务。庭审中，原告提交了卫生所、村委会、派出所证明、照片，证人也出庭作证了。即原告已按合同约定和保险法的规定完成了其所能够提供的与确认保险事故的性质、原因等有关证明，履行了提供材料的义务。而保险公司作为从事保险工作的专业人员，接到原告的报案通知以后，本应积极协助、指导并收集和固定证据，但是保险公司接到报案以后，现有证据证实没有派人到现场勘查，更没有就死亡原因调查采取必要的措施，导致投保人的死亡原因无法查明。因此，保险公司在确定投保人死亡原因、性质的过程中存在过错，在最终不能排除投保人是由于意外死亡的情况下，被告拒绝赔偿的理由不能成立，原告的诉讼请求应予支持。①

案例二十二：某保险有限公司某支公司与李某、赵某某人身保险合同纠纷案

【基本案情】2006 年 12 月，赵某甲向保险公司投保"两全保险"，保险期限由 2006 年 12 月 31 日起至 2043 年 12 月 31 日止，身故保险金受益人为李某、赵某某。保险合同约定意外事故的保险范围为被保险人因遭遇外来的、突发的、非疾病所导致的意外事故，并以此意外事故为直接且单独原因导致其身体伤害、残疾或身故。2006 年至 2012 年期间，赵某甲逐年向保险公司缴纳了保险合同约定的保险费。

2012 年 6 月 30 日，赵某甲在许昌市某处停放的一辆轿车内死亡，经公安人员现场勘查，认为赵某甲系不明原因死亡，非他杀，不构成刑事案件。2012 年 7 月 4 日，赵某甲的遗体被火化。在赵某甲死亡后，原告向保险公司申请

---

① 【案件来源】中国裁判文书网，案号：（2015）南民三金终字第 00089 号

理赔。保险公司于 2012 年 9 月 29 日作出《批准赔偿通知书》，同意向李某、赵某某赔付聚宝盆两全保险的保险金 123 000 元及增值红利 1942.8 元，共计 124 942.8 元，不同意赔付意外身故保险金，理由是被保险人身故情况不符合保险合同约定的意外事故的保险范围。李某、赵某某主张其于 2012 年 7 月 3 日向保险公司报案，并要求保险公司到现场进行查勘。

保险公司确认号码为 ×× 的电话曾在 2012 年 7 月 3 日两次拨打保险公司的客服电话，但保险公司主张该电话在拨通保险公司客服电话后转接至人工服务前已自行挂断，故李某、赵某某并未向保险公司报案。保险公司为证明其主张提交了视频，该视频的内容是保险公司的工作人员模拟拨打保险公司客服电话的过程，以证明拨通保险公司客服电话后转至人工服务的通话时间至少为 2 分 7 秒。保险公司并提交了通话录音系统记录，以证明号码为 ×× 的电话两次拨通保险公司客服电话后均未转接至人工服务，通话时间分别为 33 秒和 71 秒。另外，保险公司主张李某、赵某某向公安机关表示不需要进行尸检，保险公司为此提交了一份由北京安瑞泰顾问有限公司作出的调查报告为证。

【法院判决】公安机关认定被保险人系不明原因死亡，而赵某某的遗体已于 2012 年 7 月 4 日被火化，故赵某某的死亡原因现已无法查明。原告主张其在赵某甲死亡后已及时向保险公司报案，要求保险公司到现场进行查勘，李某、赵某某提交的通话清单可以证明在 2012 年 7 月 3 日曾两次致电保险公司的客服电话，保险公司确认该电话是保险公司的客服电话却主张李某、赵某某并未向保险公司报案，但保险公司为证明其主张所提交的视频及通话录音系统记录均为保险公司单方制作，且保险公司并未提交通话录音以证明通话的内容，故对保险公司的主张不予采信，因与保险公司客服电话通话的录音应由保险公司保存，在保险公司不能提供通话录音的情况下，法院对李某、赵某某的主张予以采信。

保险公司主张原告向公安机关表示不需要进行尸检，而根据公安机关出具的答复函，公安机关告知原告赵某某死亡的案件不构成刑事案件，原告对不构

成刑事案件无异议，公安机关遂让原告自行处理，原告并未表示拒绝尸检。在保险公司未通知原告对赵某某进行尸检，且在公安机关要求原告自行处理的情况下，原告将赵某某的遗体火化并无不当。保险公司主张被保险人赵某某并非因意外事故死亡，但在原告报案后，未对事故进行勘查、核定和定性，也未以任何形式向相关鉴定机构申请对赵某某作死因鉴定，故保险公司的主张缺乏依据，其应对此承担举证不能的法律后果，导致赵某某死亡原因无法查明的责任应由保险公司承担，在保险公司不能举证证明被保险人是因疾病死亡的情况下，即应推定被保险人赵某某是因意外事故死亡，保险公司主张拒赔意外身故保险金的理由不能成立，不予采纳。①

【案件分析】被保险人死后，受益人向保险人报案，但保险人并未组织人进行勘察，导致被保险人的死因无法确认，其认为被保险人系非意外死亡无证据加以佐证，其应为此负责，故应赔偿原告身故保险金。

情形二：【现有证据不足以证实被保险人死亡原因属于保险条款约定的保险范围；受益人或者被保险人的继承人未按照合同约定及时履行报案义务，故被告不应赔偿。②】

【案件评析】保险人在接到报案通知后，应当立即组织勘察，采取相应措施，确认被保险人的死因，确认是否应当理赔，应当采取措施而未采取的，保险人向保险合同受益人承担保险赔偿责任。

---

① 【案件来源】中国裁判文书网，案号：（2013）东中法民二终字第 903 号
② 【相关案例】（2016）桂 0221 民初 2993 号、（2010）杭下民初字第 482 号、（2013）昌商初字第 181 号、（2013）高新民初字第 2373 号、（2013）宿中民二终字第 00252 号、（2016）苏 0118 民初 3400 号、（2015）涟商初字第 1104 号、（2015）浙丽民终字第 401 号、（2015）伊州民二终字第 442 号

案例二十三：上诉人时某某因与被上诉人某保险股份有限公司某支公司保险合同纠纷案

【基本案情】2008年3月18日，黄某某与时某某到保险公司，为黄某某投保了两全保险（分红型）一份，并一次性缴纳了保费30 000元，黄某某没有指定受益人。合同于2008年3月19日生效，保险期满日为2013年3月18日。黄某某生前曾患有冠心病、陈旧性心梗、心衰疾病，2009年8月29日曾到医院住院治疗该疾病。

2010年2月22日，黄某某得知其女儿黄某甲因与他人发生纠纷，匆忙起身往家赶，行走约100米时突然倒地死亡。对于黄某某的死亡原因，时某某未提交相关有效证据。黄某某死亡后，其家人没有及时通知保险公司，遗体于2010年3月4日火化后安葬。2013年4月11日，黄某某的女儿黄某甲到保险公司申请给付保险金。保险公司至今未向黄某某的继承人支付保险金及红利。黄某某的第一顺序法定继承人有时某某、黄某甲、黄某乙、黄某丙、黄某丁。一审案件审理中，黄某甲、黄某乙、黄某丙、黄某丁本人均表示放弃继承该保险金的权利。该两全保险（分红型）条款，第五条第一款第二项、第三项规定：被保险人于本合同生效之日起一年后因疾病身故，本公司按基本保险金额给付身故保险金，本合同终止；被保险人因意外伤害身故，本公司按基本保险金额的三倍给付身故保险金，本合同终止。第七条第二款规定：每一年度的红利分配后，将按本公司确定的红利累积的年利率，以年复利方式累积至本合同终止时给付。第二十一条（释义）规定：意外伤害是指遭受外来的、突发的、非本意的、非疾病的使身体受到伤害的客观事件。至2010年2月22日黄成银身故时止，涉案保险的应给付红利数额为376.04元。时某某述称黄某某身故后两三天就通知了保险公司，但未提供证据。

【法院判决】黄某某与保险公司签订的两全保险（分红型）是双方真实意思表示，应为有效。双方应按照该保险合同履行义务。黄某某已缴纳了保险费用，在其死亡后，其继承人有权依照该保险合同向保险公司索赔。虽然黄某某死亡后时某某没有及时通知保险公司，但按照保险合同条款的约定，时某某仅是承担保险公司相应增加的查勘、调查费用；且黄某某的死亡并不符合双方保险合同约定的保险公司责任免除的情形。双方均未能举证证明黄某某系因疾病死亡或因意外伤害死亡。现有证据证明，黄某某生前患有冠心病、陈旧性心梗等疾病；又因黄某某在偶然得知家人与他人发生纠纷的情况下，在回家途中突然倒地身亡，也不能排除黄某某摔倒受到外来撞击而死的可能性。虽然黄某某的继承人时某某等人在黄某某死亡时未能及时通知保险公司是造成本案纠纷和无法查清黄某某死亡原因的主要因素，时某某应承担相应的责任。但法院同时认为，一审法院依照保险条款第 5 条第 1 款第 2 项约定判决支付基本保险金确有不当，因为依照此项约定，给付基本保险金等于认同黄某某就是因疾病死亡，与未能查证的黄某某死亡原因相矛盾。考虑到时某某上述应当承担的责任，同时从保护投保人利益出发，并根据诚实信用原则，法院酌定保险公司按照基本保险金额的两倍承担赔偿责任，即 63 540 元。因二审中保险公司自愿承担红利 2 110.17 元系其自行处分权利，法院予以准许。

【案件评析】被保险人的死亡原因因其继承人未及时通知保险人而无法查明，但是并不能完全认同黄某系因病身亡，故法院根据裁量权酌定保险人按照基本保险金额的两倍承担赔偿责任。

案例二十四：卢某某、李某与某保险股份有限公司某分公司与意外伤害保险合同纠纷案

【基本案情】2015 年 3 月 16 日，李某某与保险公司订立保险合同，约定李某某向保险公司投保意外伤害保险，被保险人为李某某，未约定受益人。其中，意外伤害身故保险金额 10 万元。保险条款载明，被保险人遭受意外伤害身故的，保险人按约定支付保险金；意外伤害是指遭受外来的、突发的、非本意的的客观事件直接致使身体受到的伤害。2015 年 12 月 17 日，李某某在一工地进行泥土清理作业时突然倒地，经医院抢救无效于当日死亡。原告是李某某的法定继承人。

卢某某、李某为证明李某某系意外伤害死亡，提供证据：1.电子投保单的"告知事项"，××时，李某某均予以否定。卢某某、李某某于证明投保时，人寿保险常州公司确认李某某身体健康。2.门诊病历，载明李某某在工地进行泥土清理作业时突然倒地，并认定李某某猝死。3.证人李某、姚某的证言，均证明李某某在深为1米多、边长为1米多的方形坑内用铁锹清土时突然倒在坑边，但没有发现有外部因素致其伤害的情形。其中，姚某证明是挖土的反作用力致李某某倒下。保险公司质证称，1."告知事项"是李某某向保险公司所作的陈述，不代表保险公司确认李某某身体健康。2.门诊病历的真实性不能确定，且没有提及李某某是意外摔倒导致死亡。3.李某的证言仅能证明李某某摔倒，是什么原因致摔倒不清楚。证人只能对其知道的客观情况进行描述，而不应当加以分析、猜测。姚某证明是挖土的反作用力致李某某倒下，是其分析或者经验判断或者想象出来的，不是对客观事实的描述，不能证明卢某某、李某主张的事实。

【法院判决】《最高人民法院关于民事诉讼证据的若干规定》第二条规定，当事人对自己提出的诉讼请求所依据的事实或者反驳对方诉讼请求所依据的事实有责任提供证据加以证明；没有证据或者证据不足以证明当事人的事实主张的，由负有举证责任的当事人承担不利后果。

本案中，首先，电子投保单的"告知事项"是保险公司向李某某询问，××时李某某所作的回答，并不表示保险公司确认李某某身体××××死亡。其次，卢某某、李某提供的所有书证均没有载明李某某系意外伤害死亡，其中部分证据载明李某某是猝死。××突然死亡，一般是没有发现其他死亡原因的情况下所作的认定。因此，卢某某、李某所举书证不能认定李某某系意外伤害死亡。再次，挖土时受反作用力摔倒，通常只有本人才能感知。证人姚某证明李某某在挖土时受反作用力摔倒，含有主观推测因素。李某、姚某均陈述没有发现李某某摔倒受伤的情况。根据李某、姚某陈述的李某某是在深1米多、边长1米多的方坑内作业，意外摔倒一般也不至于造成重大伤害甚至死亡。因

此，根据证人证言也不能认定李某某系意外伤害死亡。最后，据卢某某、李某陈述，李某某的尸体火化后，其才将李某某死亡的事实报告给保险公司。此时，保险公司已无法通过鉴定等方式确定李某某死亡的原因。综上所述，卢某某、李某称李某某系意外伤害死亡，不予认定。根据保险名称及保险合同条款，本案所涉保险是意外伤害保险，即被保险人李某某因意外伤害受伤或者死亡，保险公司才承担给付保险金责任。因不能认定李某某系意外伤害死亡，所以李某某死亡不属于保险事故，即不属于保险公司承担保险责任的范围，无须再审查保险公司是否对保险条款履行提示和说明义务。卢某某、李某以保险公司对保险条款未履行提示和说明义务为由，要求保险公司承担保险责任，不予采纳。综上所述，卢某某、李某要求保险公司给付保险金，不予支持。①

【案件评析】原告无充足证据证明被保险人系意外伤害死亡，且其在未通知保险公司的情况下将被保险人尸体火化，导致其死因无法查明，此时原告的诉求不可支持。

例外：【对被保险人身故原因理解不一致的情况下，依法律条款规定，应作出有利于投保人或者受益人的解释，理解成对投保人更为有利的条件；原告作为受益人已尽到了普通人的注意义务，且已经完成了举证责任，并不存在过错，且被告亦未举出原告存在过错或被保险人的身亡不属于保险责任事故的，应当承担相应的保险赔偿责任。②】

案例二十五：杨某与某保险股份有限公司某支公司保险合同纠纷

【基本案情】2009 年 2 月 20 日，杨某通过中国农业银行购买了被告公司的两全保险（分红型）20 份，合计向被告公司趸交保险费 20 000 元，双方约定保险期限为 10 年，期满后基本保险金额为 22 500 元。保险责任约定，如被保险人在本合同保险期间内遭受意外伤害导致身故，由保险人按基本保险金额

---

① 【案件来源】中国裁判文书网，案号：（2015）浦民初字第 4816 号
② 【相关判例】（2014）南民初字第 00974 号、（2015）鄂荆门中民二终字第 00052 号

的 2 倍给付身故保险金，本合同终止；如被保险人于合同生效起 1 年内因疾病身故，保险人返还已支付的保险费，本合同终止；在本合同保险期间内，被保险人于合同生效日起 1 年后因疾病身故，保险人按基本保险金额给付身故保险金，本合同终止。

2009 年 6 月 17 日上午 7 时许，杨父在家中不慎跌倒，其妻李某某即和原告将杨父送往卫生院救治，后经医治无效死亡。同年 6 月 19 日，原告及亲友将杨父遗体在殡葬管理所进行了火化，逝世原因载明：2009 年 6 月 17 日经卫生院鉴定证明因意外逝世。同年 7 月 17 日，原告及其母亲李某某在清理杨父遗物时，发现杨父生前购买有被告公司的两全（分红型）保险，即向被告公司电话报案，申请赔偿。同月 30 日，原告向被告公司递交了保险凭证、最后一次缴费凭证、被保险人户口簿、申请人身份证明、受益人身份证明、死亡医学证明、户口注销证明、火葬证明以及李某某有效证件、受益人与杨父关系证明、派出所的意外事故证明。同年 8 月 21 日，被告公司派调查员向南郑县黄官镇居民及被保险人儿子杨某、黄官中心卫生院、南郑县医院、汉中市中心医院、汉中市三二〇一医院、汉中市人民医院进行了调查，认为被保险人杨父于 2009 年 6 月 17 日死亡真实，被保险人意外死亡证据不足，遂于同年 8 月 31 日以被保险人疾病死亡，向原告发出理赔通知书，该通知书载明给付项目为合同生效 1 年内因疾病身故返还已缴保险费 20 000 元，原告遂领取了该笔保险费。此后，原告认为被告按其父杨父疾病死亡向其返还保险费不当，先后于 2012 年 6 月 15 日、2014 年 6 月 3 日书面向被告递交了要求按杨父意外身故给付双倍保险金的赔偿申请，未果后即诉至法院。

【法院判决】投保人杨父购买了被告的两全保险，双方即签订了保险合同，该合同合法真实有效，投保人履行了交纳保险费的义务，被告亦应依照合同约定履行保险事故发生后的赔偿或给付义务。本案争议焦点：

一、杨父死亡是因意外伤害所致，还是因疾病所致问题。《中华人民共和国保险法》第 22 条规定，保险事故发生后，按照保险合同请求保险人赔偿或者给付保险金时，投保人、被保险人或者受益人应当向保险人提供其所能提供的与确认保险事故的性质、原因、损失程度等有关的证明和资料。此处规定的投保人、被保险人或者受益人应当向保险人提供的有关证明和资料，是指依照投保人、被保险人或者受益人自身条件以及以普通人的能力来衡量投保人、被保险人或者受益人所能够提供有关证明和资料的范围及权威性，而不能苛求投保人、被保险人或者受益人必须提供以其自身不能提供的详细资料和权威证明。

本案原告在其父死亡、知道购买保险后，已向被告提供了依其自身能力所能提供的保险凭证、最后一次缴费凭证、被保险人户口簿、申请人身份证明、受益人身份证明、死亡医学证明、户口注销证明、火化证明以及李某某有效证件、受益人与杨父关系证明、黄官派出所的意外事故证明等资料，已完成了力所能及的举证责任，所举证据能够证明杨父死前跌倒、太阳穴有擦伤、后枕部有肿包，且经黄官中心卫生院医生检查为外伤之事实，而且被告公司调查员在调查后，亦未发现被保险人有病史，庭审中，被告虽提供了杨某某的证言，证实杨父患有高血压，但不能证实杨父死亡是因自身高血压所致，故上述举证和调查已基本排除了杨父因疾病死亡的可能，而被告在得知保险事故发生后，未认真细致地调查核实杨父死亡的真实原因，在没有充分证据证实的情况下，仅凭原告所提供的上述资料即认定杨父意外死亡证据不足，按疾病死亡向其返还已交保险费，显系轻率。

同时《中华人民共和国保险法》第30条规定，在对保险合同条款有两种以上解释时，人民法院或者仲裁机构应当做出有利于被保险人和受益人的解释。双方在保险合同中约定，意外伤害是指遭受外来的、突发的、非本意的、非疾病的客观事件直接致使身体受到的伤害。现在对杨父身故原因是意外伤害所致、还是疾病所致理解不一致的情况下，依该法律条款规定，应作出有利于投保人或者受益人的解释，理解为意外身故对投保人更为有利。故法院认为被告以投保人杨父因疾病身故、向其返还已交保险费显系不当。

二、诉讼时效问题。《中华人民共和国保险法》规定，人寿保险的被保险人或者受益人向保险人请求给付保险金的诉讼时效期间为五年，自其知道或者应当知道保险事故发生之日起计算。此诉讼时效期间亦适用诉讼时效的中止和中断。该保险事故发生后，被告虽进行了赔偿，但原告此后在五年内先后两次向被告提出了继续赔偿的主张，诉讼时效发生中断，故被告辩解原告起诉已超过诉讼时效期间的理由不能成立。

三、原告是否存在重大过失未及时将保险事故通知保险人，致使保险事故的性质、原因、损失程度等难以确定的问题。《中华人民共和国保险法》第21条规定，投保人、被保险人或者受益人知道保险事故发生后，应当及时通知保险人。故意或者因重大过失未及时通知，致使保险事故的性质、原因、损失程度等难以确定的，保险人对无法确定的部分，不承担赔偿或者给付保险金的责任，但保险人通过其他途径已经及时知道或者应当及时知道保险事故发生的除外。此处规定的因重大过失未及时将保险事故的发生通知保险人，是指在投保人或者受益人明知保险事故已经发生的前提下，应及时通知保险人而未及时通知，即没有尽到普通人的注意义务的过失。

本案投保人杨父于2009年6月17日死亡，原告及其家属是在同年7月下旬在清理其遗物时才知道杨父生前购买有保险，并当即报案，并向保险人提交了相关证明和资料，原告作为受益人已尽到了普通人的注意义务，并不存在明知保险事故发生，由于自身原因未报案的重大过失，而且被告亦未举出原告存在重大过失未及时通知保险人杨父已发生保险事故的相关证据，故被告此辩解理由亦不能成立。综上，现原告作为保险合同唯一受益人，要求被告支付下欠保险金之请求合法有理有据，应予支持。①

【案件评析】投保人死亡后其继承人才发现其购买保险即报案，并且提供相应的证明和资料，已完成其举证责任和普通人的注意义务，不存在重大过失，故保险人应当对作为投保人的继承人的原告承担保险赔偿责任。

——————
① 【案件来源】中国裁判文书网，案号：（2014）南民初字第00974号

5. 投保人有遗嘱确定受益人的情形

情形一：【投保人在保险合同中未指定保险受益人，但在遗嘱中明确受益人归属，投保人所立遗嘱中指定受益人，且该遗嘱经公证机关予以公证，故该遗嘱应为其真实意思的表示，合法有效，法院对该遗嘱效力予以认定，保险金应当给付其遗嘱中确认的受益人。[①]】

案例二十六：赵某与某保险股份有限公司某分公司人身保险合同纠纷案

【基本案情】骆某某于 2012 年 3 月 28 日与被告保险公司签订投保单，投保险种为两全保险（分红型），投保人、被保险人均为骆某某，未指定受益人。保险条款第 2.3 保险责任第 2.3.2 疾病身故或身体全残保险金约定：若身体或身体全残时被保险人处于 18 周岁保单生效对应日之后，则其疾病身故或身体全残保险金为基本保险金额与累积红利保险金额二者之和。

原告提供两份遗嘱，一份是骆某某自书遗嘱，一份是根据骆某某自书遗嘱打印的遗嘱，在立遗嘱人处签有"骆某某"并捺有手印，证明人处签有王×1、王×2，两份遗嘱内容相同。两份遗嘱载明，立遗嘱人骆某某，遗嘱内容为：1. 本人年事已高，且患有高血压、糖尿病等，自 2010 年以来一直由我外甥女赵某照顾我的生活起居……现就该共有产权房中我个人所拥有的部分产权及我所有的个人财产与生活物品做一说明，并为防止我去世后因上述房产和我的其他有价财产发生纠纷，自愿立遗嘱如下：……2. 我的所有有价非固定财产及生活用品赠给我的外甥女赵文个人所有。我请王×1、王×2 做我的遗嘱证明人及执行人，并且遗嘱上有两位证明人的签名。2014 年 12 月 14 日，北京急救中心出具居民死亡医学证明（推断）书，证明骆某某于 2014 年 12 月 13 日死亡，死亡原因为心源性猝死，家属姓名一栏为赵某。

【法院判决】本案的争议焦点为骆某某身故保险金是否应当由原告赵文继

[①]【相关判例】（2015）京铁民（商）初字第 398 号、（2016）鼓民初字第 365 号、（2015）普民一（民）初字第 1580 号、（2015）青民五终字第 2168 号、（2014）乌中少民终字第 142 号

承。根据《保险法》第 42 条第 1 款第（一）项：被保险人死亡后，有下列情形之一的，保险金作为被保险人的遗产，由保险人依照《继承法》的规定履行给付保险金的义务：（一）没有指定受益人，或者受益人指定不明无法确定的。骆贵兰在保险合同中未指定受益人，故被告应当按照《继承法》的规定履行给付保险金义务。根据《继承法》第五条规定：继承开始后，按照法定继承办理；有遗嘱的，按照遗嘱继承或者遗赠办理；有遗赠扶养协议的，按照协议办理。

根据原告赵文提交的遗嘱，骆某某对其所有的有价非固定财产已留有遗嘱并对此做出了处理，有"骆某某"签名和捺印，该遗嘱并有王 ×1、王 ×2 两个见证人证明，两证明人分别签名，且证明人王 ×1 亦出庭作证此遗嘱是骆某某亲笔书写，该遗嘱系其真实意思表示，且其处分的财产系其本人所有的合法财产，符合《继承法》规定的要件，被告虽对该遗嘱真实效力有疑问，但没有提出任何证据进行证明。综上，该遗嘱应合法有效，法院对于该份遗嘱的效力予以认定。被告应当给付原告赵某保险金 53 050 元。①

【案件评析】投保人在保险合同上并未指定受益人的，但在遗嘱上指定受益人的，按照投保人的指定受益人，保险人对之进行赔付。

例外：【投保人指定受益人为法定的，若另立有效遗嘱的，遗产继承时按照遗嘱分配。②】

案例二十七：王某甲、王某乙遗赠纠纷案

【基本案情】王某乙与被继承人王某某系养母女关系。被继承人于 2006 年 10 月 26 日去世。2004 年 4 月 6 日被继承人到南亚法律服务所立下遗嘱，载明：一切身后之事与各项债权、债务及单位给予的各种福利待遇，全部财物都交给侄女王某甲承担，并全权处理，后事的料理和今后墓地的照管，以及生、老、病中的帮抚都由侄女王某甲承担。养女王某乙就不必参与后事的处理和遗产

---

① 【案件来源】中国裁判文书网，案号：（2015）京铁民（商）初字第 398 号
② 【相关判例】（2007）昆民三终字第 627 号、（2007）五法民二初字第 42 号

的继承。代书人、立遗嘱人及见证人均在遗嘱书上签了字。同日，南亚法律服务所对遗嘱书出具了见证书。2003 年 12 月 30 日被继承人单位为被继承人购买了保险，金额为 24 680.45 元，受益人为法定。另查明，被告申请证人出庭，证人的证言均证明被告对被继承人尽了赡养义务。为此，原告王某甲向一审法院提起诉讼，请求确认人身保险单的受益人为原告。

【法院判决】《中华人民共和国继承法》第 5 条规定：继承开始后，按照法定继承办理；有遗嘱的，按照遗嘱继承或者遗赠办理；有遗赠扶养协议的，按照协议办理。本案继承开始后，上诉人出具了《遗嘱书》，并要求按照《遗嘱书》的内容处理本案。经审查，上诉人王某甲非被继承人王某某的法定继承人，因此本案不适用法定继承及遗嘱继承的相关规定。根据《中华人民共和国继承法》第十六条第三款规定：公民可以立遗嘱将个人财产赠给国家、集体或者法定继承人以外的人。从《遗嘱书》的形式看，该《遗嘱书》符合代书遗嘱的规定，合法有效。从《遗嘱书》的内容看，被继承人王某某将其相关财产权益及其后事等交由王某甲处理，该意思表示符合遗赠的特征，王某甲作为受遗赠人，通过其行为接受了该遗赠。因此，本案应按照遗赠法律关系来处理本案。涉及被继承人王桂仙的保险单中，受益人的确定问题：保险单中的受益人为法定，按照《遗嘱书》的内容所反映的意思，被继承人王某某已将该笔保险的受益人确定为王某甲，因此王某甲应确定为受益人，相关保险利益应确认由王某甲享有，王某甲上诉要求继承享有该笔保险相关权益的主张成立，法院依法予以支持，一审将保险合同的相关受益权确定由王某乙继承有误，法院依法予以改判。①

【案件评析】投保人指定保险的受益人为法定，但其立有遗嘱，按照遗嘱书且将其遗产赠与其侄女即被告，但其后事的料理和今后墓地的照管，以及生、老、病中的帮抚都由侄女王某甲承担，而其尽到了抚养义务，故该保险金应当由其侄女王某甲继承。

① 【案件来源】中国裁判文书网，案号：（2007）昆民三终字 627 号

例外：投保人指定受益人为法定，后又有遗嘱确定财产归属的，但没有明确更改受益人的，不能根据该遗嘱确定财产归属为更改受益人。①

案例二十八：刘婉清诉某保险股份有限公司某分公司人身保险合同纠纷案

【基本案情】2013 年 12 月 12 日，常凤钢作为投保人、以自己为被保险人，在被告处投保两全保险。投保书上身故保险金受益人姓名一栏为"法定"。保险合同所附的条款 3.1 条约定："您或者被保险人可以变更受益人并书面通知我们。我们收到变更受益人的书面通知后，在保险单或其他保险凭证上批注或附贴批单。"条款 2.3 约定了身故保险金为：若被保险人于 18 周岁的保单周年日之后（含 18 周岁的保单周年日）身故，我们按所交保险费的 105% 给付身故保险金，本主险合同终止。"所交保险费"按照身故当时的基本保险金额确定的年交保险费和保单年度数（交费期满后为交费年度数）计算。常凤钢于 11 月 2 日 15 时 18 分死亡，死亡原因为猝死。

原告主张常凤钢立有口头遗嘱：一、委托女友刘婉清全权办理我常凤钢一切事宜；二、我所有医疗抢救费用由我及刘婉清两人共同经济收入及财产、存款承担，若有剩余财产由刘婉清继承，以报答刘婉清多年来对我的照顾，也便于刘婉清今后生活；三、鉴于常潇冉无视我的存在，我不给女儿留任何遗产。立遗嘱人：常凤钢。2015 年 10 月 25 日于北京市和平里医院。记录人：刘××；见证人：刘××；见证人：龚立全×。刘×、龚立全签名、捺印。原告称，常凤钢于 2015 年 10 月 25 日下午三四点口述该份遗嘱，当时没有立刻记录。刘× 于 10 月 27 日或 28 日将该口述的遗嘱形成电子文档并打印出来，刘×、龚立全进行签名、捺印。证人常×、刘×、张× 出庭作证，证明常凤钢在生前与原告共同生活十余年，以及近几年常凤钢无法和常潇冉取得联系。

【法院判决】本案所涉保险合同身故保险金受益人姓名为"法定"，根据保

---

① 【相关判例】（2016）京 7101 民初 37 号

险法解释三第九条的规定，受益人约定为"法定"或者"法定继承人"的，以继承法规定的法定继承人为受益人。因此本案中，按照保险合同约定，受益人为常凤钢的女儿常潇冉。

原告主张既是投保人又是被保险人的常凤钢在生前主张将受益人由法定变更为原告，其认为证据有二，第一份证据为原告和业务员贾翠华的通话记录，第二份证据为常凤钢口头遗嘱。首先对于通话录音，该份通话录音形成于常凤钢去世之后，通话内容为原告向贾翠华询问常凤钢生前是否和贾翠华打过电话询问变更受益人的事宜，录音中，贾翠华提到"他第一次给我打电话，问到这个问题了""我不记得你和我说了，不记得给我打过电话了，是被保险人亲自给我打的电话，我也和他说了，这个我记得，他说行，回头联系我，他就没有联系我""他没有和我说要办理"等，这些回答比较模糊、不清晰，无法得出贾翠华在录音中明确承认常凤钢生前作出了将受益人变更为原告的意思表示。故该份证据法院不予采信。第二份证据为常凤钢口头遗嘱，该份口头遗嘱由常凤钢于2015年10月25日下午进行的口述，由刘×于10月27、28日左右将口述内容记录下来，形成电子文档。从口头遗嘱的内容上看，其侧重于常凤钢将保险金作为遗产进行了处理，而并不是将受益人变更为原告。保险法解释三第十条第一款规定："投保人或者被保险人变更受益人，当事人主张变更行为自变更意思表示发出时生效的，人民法院应予支持。"而原告的两份证据均无法得出常凤钢在生前明确作出了主张将受益人变更为原告的意思表示，故原告关于变更了受益人的主张法院不予支持。①

【案件评析】因保险金并非属于遗产，原投保人指定受益人为"法定"，本案中能确定受益人即为其女儿常潇冉，而原告主张投保人已将受益人变更为原告，投保人仅在口头遗嘱中说明财产处理，并未明确表明更改受益人的意思，所以原告的请求不能成立。

---

① 【案件来源】中国裁判文书网，案号：（2016）京7101民初37号

第三节　法商智慧

一、投保人死亡保单处理的法商智慧

（一）投保人死亡后保单处理的基本原则

1. 意思自治原则

意思自治原则是民法基本原则之一，也是合同法重要原则之一。而本章的纠纷大多是合同纠纷，从合同的磋商、订立，到纠纷解决机制无一不体现这一基本准则，所以，避免纠纷的最好路径就是在合同的订立阶段双方都投入一个合理的普通人的最大注意，这样避免合同条款的不确定性或不合理性，另一方面，即使出现纠纷，也可借助合同中的纠纷解决条款进行解决。

2. 有益于投保人或受益人原则

这一原则体现在《保险法》第30条"采用保险人提供的格式条款订立的保险合同，保险人与投保人、被保险人或者受益人对合同条款有争议的，应当按照通常理解予以解释。对合同条款有两种以上解释的，人民法院或者仲裁机构应当作出有利于被保险人和受益人的解释"。这一原则的确立原因是在投保人与保险人订立合同的过程中，在二者之间的关系中，明显投保人处于弱者地位，而且保险合同多是格式合同，是保险人预先拟定的并未和投保人进行商讨的条款，如果对于这类条款仍然进行中立解释的话与法律所要追求的公平的效果不符。

3. 诚实信用原则

诚实信用原则作为民法基本原则之一，要求当事人在民事活动时守信，以主观上的善意心理状态从事民事活动，行使民事权利，履行民事义务。诚实信用原则也是保险法基本原则之一，《保险法》第5条规定："保险活动当事人行使权利、履行义务应当遵循诚实信用原则。"不论是投保人还是保险人都应当遵循这一基本原则，履行法律规定的义务。诚实信用原则不仅要体现在缔约上，也要体现在履约过程中。① 保险合同为最大诚信合同，最大诚信原则在保险合同各个阶段，都对保险合同当事人具有约束力。在合同关系的全过程中，当事人都要忠实守信、恪守诺言，以最大的善意履行其义务。②

（二）投保人死亡保单处理方式集锦

投保人与被保险人不重合时，目前有三种处理方式。当然，这三种处理方式与投保人指定的受益人或者其继承人无关而取决于投保人与保险人签订的保险合同，若保险合同中附有豁免条款则投保人身亡后，被保险人可以豁免保险费用而继续防范风险，但若豁免条款并未出现在保险合同中，保险合同在难以为继时，只得终止。但有一点例外，投保人死后，在保险人和投保人的继承人双方合意下，可以变更投保人，并且变更投保人这一行为属于变更保险合同，在民法上属于要式行为，需要新的投保人与保险人之间的明确合意才能完成，履行完这一系列程序后，即出现了一个新的法律关系，即新的投保人与原保险人之间的保险合同关系，但是在实际操作中，保险人很有可能因为继承人不止一人而并非得到全部继承人的同意而拒绝变更投保人，此时，原保险合同只能解除，原保险合同关系因投保人的死亡而归于消灭，保险人根据保险合同中的约定支付受益人或者投保人的继承人全部保险费用或者保险单的现金价值。但是，在最大诚信原则的要求下，投保人滥用权利及规避法律或合同规定的义务，损害社会利益或他人合法利益来追求自身利益，及擅自变更或解除合同等行为都是不允许的。基于诚实信用原则，继承人应该以其最大的善意履行其在

---

① 王静. 投保人死亡后保险合同的效力. 人民司法，2008，85.

② 贺析一. 投保人死亡时合同解除权的归属. 中国保险报，2014-11-27（007）.

保险合同中的义务，不得随意使用合同解除权。[①] 因此，在相关法律的规定和法定原则下，投保人应当在投保时就懂得并且规避风险。

若投保人与被保险人不重合，则投保人死亡即出现被保险人死亡是否赔偿保险金以及赔偿给谁的问题，基于上述案例以及解析，应当分情况处理，法院在处理实际纠纷时根据不同案情进行具体分析，但应当明确的是，是否赔偿应当依据保险合同和当事人情况进行具体分析判断，投保人与保险人在签订保险合同时都应该对保险合同尽最大注意，特别是涉及免责条款时，投保人应当仔细分析和判断，保险人应当就之向投保人详细解释。

（三）在保单的缴费期间，投保人先于被保险人死亡，保险单应当如何处理

目前投保人可以采取的规避风险的方式有两种：

1. 采取"保单 + 遗嘱"的方式

投保人在遗嘱中明确死亡后由谁来担任投保人或由谁继承保单等。但是这种方式属于曲线救国，依然无法避免继承人之间的争产纠纷，同时与保险公司办理投保人变更手续或继承手续时未必能一帆风顺。

2. 投保时附加保费豁免

这种方式可以避免保单失效，让投保目的不至于落空，但是保单的现金价值本身还是属于投保人的遗产，依然无法避免继承人之间的遗产争夺。为较为彻底地解决这个问题，可以借鉴国外的处理方式，即允许设置第二投保人。

一旦投保人身故，第二投保人就能申请变更成为保单的投保人，不用提供《公证书》，也不用提供全体继承人同意变更的声明书。因此，设置第二投保人能简化投保人变更的程序，避免投保人身故导致的财务风险，避免继承人的争产风险，可把保单的传承功能发挥到极致。

当然，还要防范第二投保人擅自退保的风险，"保单 + 法律文件"的方式

---

① 贺析一 . 投保人死亡时合同解除权的归属 . 中国保险报，2014-11-27（007）.

依然不能放弃，例如投保人可以通过遗嘱的方式来进行限制或者在签订保险合同时即签订保费豁免条款防范此风险。在上述案例中，无论投保人是否有确认受益人，其都可以用遗嘱或者遗赠抚养协议来确认其死亡后保险单的归属，如果投保人和被保险人为同一人的，继续保险合同则再无可能，此时该保险金即归属于投保人根据有效的遗嘱或者其他法律文件设定的受益人，若投保人和被保险人不一致的，则为让该保险合同继续履行，投保人与保险人在拟定合同时则应当签订豁免条款避免保险合同失效的风险。

二、投保人死亡保单处理的经典问答

（一）保险费可以分期支付吗？

根据我国《保险法》第 35 条的规定："投保人可以按照合同约定向保险人一次支付全部保险费或者分期支付保险费。"虽然答案是肯定的，但对于保险费的分期缴纳我国法律亦有规定，"合同约定分期支付保险费，投保人支付首期保险费后，除合同另有约定外，投保人自保险人催告之日起超过三十日未支付当期保险费，或者超过约定的期限六十日未支付当期保险费的，合同效力中止，或者由保险人按照合同约定的条件减少保险金额"。这一条实际上是对于保险人合法权益的保护，即保障其保险费用能够得到及时支付，如果投保人在一定时间内未缴纳相应的保险费用，则合同效力可能中止，而在中止时期内如果被保险人发生保险事故的，保险人不承担保险责任。但是合同效力中止后，投保人补交保险费用合同恢复效力的，被保险人发生保险事故后，保险人无疑应当承担相应保险责任。

关于恢复效力，《保险法司法解释（三）》第 8 条第 1 款作出规定："保险合同效力依照保险法第三十六条规定中止，投保人提出恢复效力申请并同意补交保险费的，除被保险人的危险程度在中止期间显著增加外，保险人拒绝恢复效力的，人民法院不予支持。"也就是说，除了被保险人的危险程度在中止期间显著增加的除外情况，保险人不能拒绝投保人关于恢复合同效力的请求，并且在有除外情况的条件下，其应当在三十日内予以拒绝，否则其视为默认同意恢复效力的申请，并且恢复效力之日从投保人补交保险费之日起算。

（二）投保人的受益人或者继承人应当如何获得保险赔偿金？

《中华人民共和国保险法》第 21 条规定："投保人、被保险人或者受益人知道保险事故发生后，应当及时通知保险人。故意或者因重大过失未及时通知，致使保险事故的性质、原因、损失程度等难以确定的，保险人对无法确定的部分，不承担赔偿或者给付保险金的责任，但保险人通过其他途径已经及时知道或者应当及时知道保险事故发生的除外。"

故被保险人发生保险事故后，受益人或者其继承人应当及时报案，及时通知保险人进行勘察，确认被保险人的死亡是否属于保险事故，如果略去这一步，导致被保险人的死亡原因无法确定的，将导致自己失去主动地位而胜诉概率大大降低。

若被保险人因第三者的行为发生保险事故的，受益人应当如何救济？

《保险法》第 46 条规定："被保险人因第三者的行为而发生死亡、伤残或者疾病等保险事故的，保险人向被保险人或者受益人给付保险金后，不享有向第三者追偿的权利，但被保险人或者受益人仍有权向第三者请求赔偿。"

也就是说，在被保险人的保险事故是由第三人行为引发时，被保险人死亡后，受益人可以依法向保险人要求保险金赔偿，在获得保险人的赔偿后，其仍然可以依法向第三人请求相应赔偿，即其可以获得双赔偿，但是保险人不可以因此而向第三人追偿。

（三）投保人于投保时应尽何种注意？

想要防范法律风险，降低之后可能发生的法律纠纷可能性，投保人在投保时需得注意保险合同的条款，因保险合同大多是保险公司预先拟定好以提升工作效率，另外可以掌握主动权，而投保人在这个过程中多处于被动地位，特别是大多保险合同中含有大量格式条款，格式条款中又不可避免地包括免责条款，保险公司用免责条款来降低赔率、降低自己的风险，但是，其必须对投保

人作足够提示免责条款才能对投保人生效，在这一点上这是法律对于公正的追求。此外，投保人必须在签订保险合同时注意到格式条款，特别是免责条款的内容，如若保险人的工作人员作了相应提示，必须对之作足够了解，这关乎最后是否能防范风险，得到预期效果，否则很有可能失去初衷。

另一方面，有一类保险合同存在投保资格问题或者某些情形的存在会影响到保险费用或者是否能投保的问题，这种情形经常出现在某些疾病不能投保的情况，此种情况下，保险合同中一般会涉及类似条款，以明知或者故意为免责条件，若投保人明知而故意不履行如实告知义务的，保险人可因此而免负赔偿责任，但大多数情况下，需要保险工作人员进行明确询问才可免责，如果在签订保险合同时未注意到类似条款，保险纠纷发生后，可以此条进行抗辩。

（四）保险人在签订保险合同时该如何防范法律风险？

保险人大多在保险合同中预设大量格式条款以减少签订合同浪费的时间而提升工作效率，但是格式条款很可能会因其未对投保人作足够提示而无效，此时保险人就失去了以此抗辩免责的胜诉机会，故其在签订保险合同时因保有善意的心态向投保人进行提示，此外，对可能出现争议的条款，需得对投保人进行详细说明，否则最后也有可能因为利益的衡量，法官会对该争议条款作对投保人或者受益人有益的解释。

《中华人民共和国保险法》第 17 条规定，"订立保险合同，采用保险人提供的格式条款的，保险人向投保人提供的投保单应当附格式条款，保险人应当向投保人说明合同的内容。对保险合同中免除保险人责任的条款，保险人在订立合同时应当在投保单、保险单或者其他保险凭证上做出足以引起投保人注意的提示，并对该条款的内容以书面或者口头形式向投保人做出明确说明；未作提示或者明确说明的，该条款不产生效力。"并且规定了说明义务是否完成的标准，《最高人民法院关于适用〈中华人民共和国保险法若干问题的解释（二）〉》第 11 条规定："保险合同订立时，保险人在投保单或者保险单等其他保险凭证上，对保险合同中免除保险人责任的条款，以足以引起投保人注意的文字、字体、符号或者其他明显标志做出提示的，人民法院应当认定其履行了保险法第十七条第二款规定的提示义务。保险人对保险合同有关免除保险人责任条款的概念、内容及其法律后果以书面或者口头形式向投保人作出常人能够理解的解释说明的，人民法院应当认定保险人履行了保险法第十七条第二款规定的明确说明义务。"同时，据《保险法解释（二）》第 12 条之规定，保险人与投保人通过网络、电话等方式订立的保险合同，保险人以网页、音频、视频等形式对免除保险人责任条款予以提示和明确说明的，可以认定其履行了提示和明确说明义务。

另外，保险事故发生后，若受益人或投保人的继承人及时通知保险人的，保险人应当及时勘察，确认被保险人的死亡原因是否属于保险责任事故，确认保险责任事故的，及时赔偿保险受益人或者继承人，确认非保险责任事故的，保险人应作出并向受益人发出拒绝赔偿或者拒绝给付保险金通知书。

投保人在投保时，如若保险合同的成立生效与否与被保险人自身条件关系重大或者其关乎保险人是否与投保人签订保险合同或者关乎保险费用和其他保险条款的确定时，保险人应当予以重大注意，其工作人员应当对投保人详细询问。另一方面，应当在保险合同中列明该条款，如果这类条款与被保险人本身的身体状况相关，应当在投保时对其进行身体检查，在其投保时即规避风险，否则保险合同成立两年后，即使此类情形出现其以此抗辩的权利即归于消灭。

投保人存在故意不履行如实告知义务的，保险人应当及时作出解除保险合同决定书并让保险受益人知晓，否则保险人知道合同解除事由后 30 日内不行使解除权的，其解除权即归于消灭，即使投保人存在主观恶意，保险人此时仍应赔偿其受益人。这一点，我国法律有明文规定，《中华人民共和国保险法》第 16 条规定至于这里的保险费是保险单的现金价值还是投保人所缴纳的全部保险费取决于保险合同中的约定。

第四节　结　语

如前所述以及相关案例，一般条件下，投保人死亡，其继承人可以解除保险合同或变更投保人，但变更投保人作为一种新的法律关系，需要投保人的继承人和保险人双方同意。保险合同中若有保费豁免，则可根据该条款保险公司应当豁免后续保险费用，若并未规定保费豁免，则该合同终止。

投保人和被保险人为同一人为此种特殊情况，但又因其案例之多，导致其具有非常态普遍性。被保险人死亡，指定受益人的，保险金不作为遗产分割，由受益人享有。受益人约定为"法定"或者"法定继承人"的，以继承法规定的法定继承人为受益人。没有指定受益人且无遗嘱的，保险金作为被保险人的遗产进行分割；没有指定受益人但遗嘱中对保险金进行分配的，依据投保人的遗嘱对该保险金进行处理。

这个处理过程实际上是尊重当事人意思自治的体现，无论是解除合同、变更投保人，或是豁免保险费，抑或是受益人指定或指定不明，如若保险合同中有相关约定，则应依据保险合同约定，实际上是当事人意思自治的体现，很大程度上体现了当事人在私法上的自治权，故投保人和被保险人在其投保时应当进行磋商以减少累讼，为自己减少不必要的麻烦。

六

受益人
死亡保险单处理

BIG DATA

前　言

　　就数据而言，本章的有效案例大大少于上一章，而这两章的关键字基本一致，但是得出的结果大相径庭，一方面体现受益人死亡的案件相对较少，另一方面因为相关法律相对健全，受益人死亡后纠纷产生的概率相对小。

　　跟上一章的基本相同的是，被保险人与受益人会存在重合的情况，故情况大体分为两种，被保险人与受益人重合的情况为一拨，这一部分关系相对简单，保险金由受益人和被保险人的继承人继承，但是当中会发生一些法定事由或者约定事由导致继承人无法继承保险赔偿金而只能得到退还的保险单现金价值。另一方面，被保险人与受益人不重合时，受益人先于被保险人死亡的，保险赔偿金作为被保险人的遗产，后根据继承法由其继承人进行继承；受益人后于被保险人死亡的，其已经得到该受益的保险赔偿金，故应当由其继承人继承；受益人与被保险人同时死亡无法区分先后的，先根据保险法确认死亡先后，至于是新保险法还是旧保险法则在所不问，然后按照继承法进行分配。

　　下文通过对这些案件进行大数据整合和分析，以达到为读者去除疑惑，防范法律风险的目的。

第一节　受益人死亡保险单处理大数据

一、全国受益人死亡类案例大数据分析

（一）受益人死亡类案件的数据来源

案例来源：中国裁判文书网、无讼案例

期限：2006 年至 2017 年 6 月 30 日（以最后一次访问裁判文书网和无讼案例为止）

法院：全国各级法院

限定案件类型：保险纠纷

检索关键词：保险、投保人、受益人、死亡、受益人死亡

案例收集截止日期：2017 年 4 月 22 日

数量：采样 18837 件

其中裁判观点整理：103 件

【数据剖析】本报告所统计的时间跨度从 2007 年至 2017 年，十年间的数据和有效案件，空间上包括中国大陆的 31 个省份（除港澳台地区），从案件数量来看和有效案件来看，比例不足 0.55%。检索关键词为民事案件、保险、投保人、受益人死亡，本章和上一章的关键词大体相同，在相对较大的数据中，本章有效案件的比例相对较小。

（二）受益人死亡类案件的年度变化

案件数量

【数据阐明】根据以上折线图，可以较清晰地看到案件数量的年份变化，从 2009 年至 2011 年呈逐年上升走势，到 2012 年有少许下降，但到 2013 年又回升，2014 年则呈现整个年份数量的峰值，2014 年后，2015 年和 2016 年较 2014 年数据有少许下降后持平。

【数据剖析】根据前文提到的 2014 年我国保险费用的收入同比增速达到 17.5%，而从年份数量变化来看，确实在 2014 年达到峰值，与此数据相符，而之后虽然有些许下降，也几乎持平在 20 多件，一方面证明在经济发展下国人购买力增强，另一方面体现国人的风险意识增强。

（三）受益人死亡类案件的全国地域分布

【数据阐明】下面图标清晰表明案件数量地区之间的变化，大部分沿海发达省份并不是案件数量最多的省份，河南省作为人口大省居于第一位，四川省居于第二位，接下来才是沿海的广东省和首都北京，山东省和浙江省紧随其后，中部的湖南省和上海市持平，后几个省份都维持在较少数量之内，西藏自治区和青海省无有效案例。

案件数量

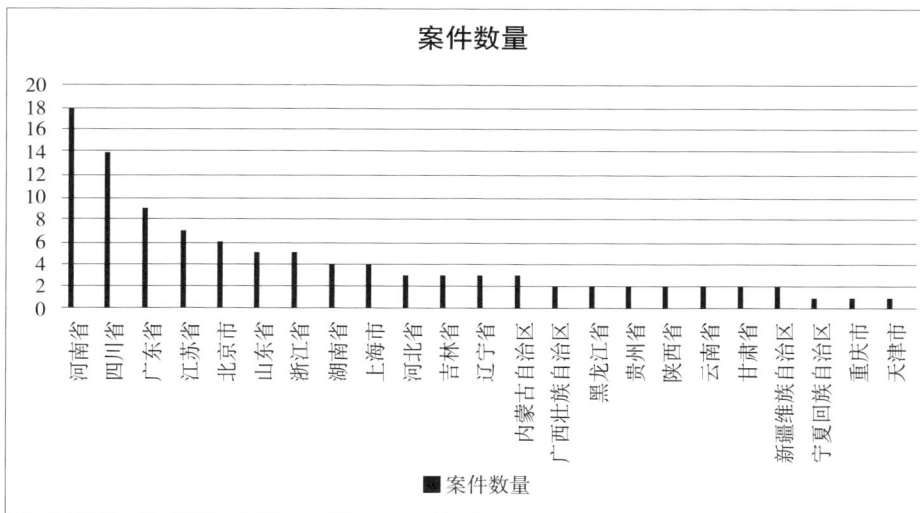

【数据剖析】由图可知，案件数量的多少并不与 GDP 总量完全成正比，但是 GDP 总量最多的省份广东、江苏、河南、浙江都属于数量相对较多的省份，尤其是河南，位于第一位，所以相对来讲，虽不是完全成正比的数学关系，但是从总量上看，还是经济总量较多地的省份，人们对保险的购买量较多。

（四）受益人死亡类案件的审理程序概况

【数据阐明】一审案件在案件数量中所占比重最大，二审次之，相比上一章，此章二审案件稍多，占到 32% 的比重，但改判数量很少，再审和执行案件各占 2%。

【数据剖析】在本章案件中，虽然总量较少，但是二审案件相对稍多，一方面表明受益人死亡的情形对一审不服的争纷相对较多，另一方面对一审判决不服的数量多也表明法律问题较多，就现状来讲当事人大多对该法律点不是相对明确。

（五）受益人死亡类案件的案由分布

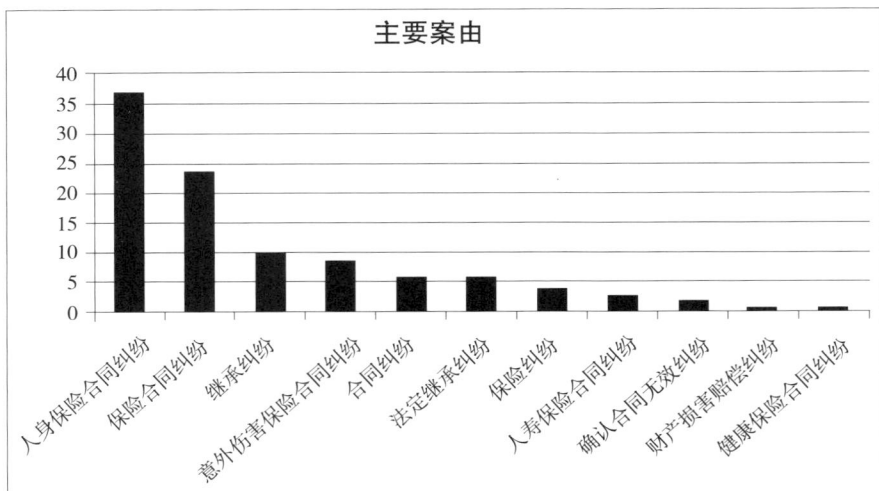

【数据阐明】在所有案由中，人身保险合同的比重最大，占到36%，保险合同纠纷紧随其后，比重达23%，继承纠纷次之，达10%，意外伤害保险合同纠纷比重为9%，法定继承纠纷和合同纠纷所占比重相同，都为6%，其中比重最小的是健康保险合同纠纷和财产损害赔偿纠纷，比重仅为1%。

【数据剖析】在本章的纠纷中，继承纠纷占了比较大的比重，表明了在继承法领域和保险法领域产生了较多的重合，有部分案件需要依据继承法判断继承人再解决保险纠纷问题。

（六）受益人死亡类案件的主要险种

【数据阐明】在所有险种中，占比最大的是终身寿险，占比达到24%，其次是两全保险，占比21%，再次是定期寿险，占比20%，意外伤害保险次之，占比达11%，人身保险所占比重为7%，重大疾病保险所占比重保险为4%，占比最少包括人寿保险、人身意外保险、年金保险、防癌保险，都仅占1%的比重。

【数据剖析】在本部分，寿险的比重较大，意外伤害保险所占比重相对少，相对上一章，二者区别甚大，体现了两个部分在法律关系、判断标准上的诸多区别。

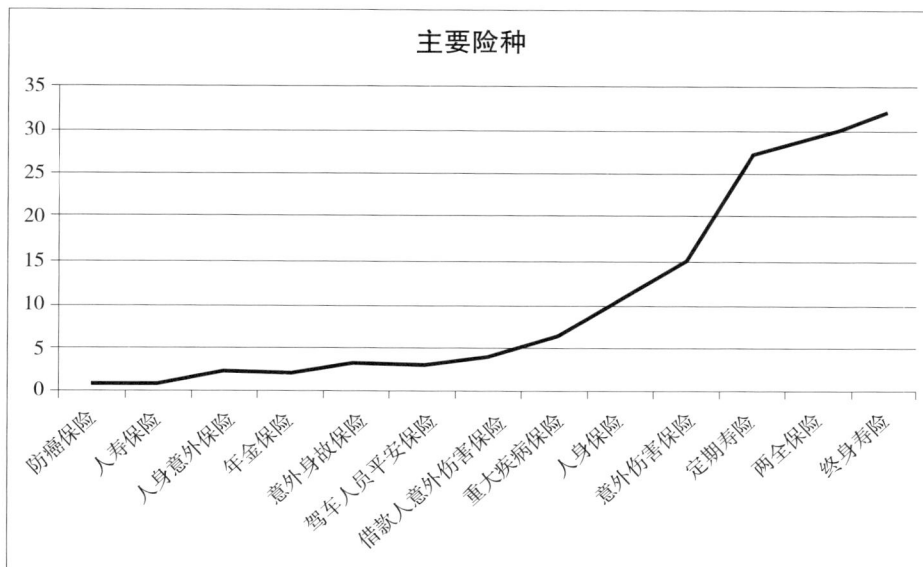

主要险种

（七）受益人死亡类案件的争议点分析

在继承纠纷案件中，争纷多出于继承人之间对于保险赔偿金的继承问题，继承人之间的纷争起于认为自己应该继承或者对方无继承权，或者在例外情况下，申请继承部分遗产。在其他纠纷案件中，格式条款因不可避免出现在保险合同中，免责条款经常会成为保险人免责的依据，保险金的继承者出于自己利益的考虑则诉诸法院。除此之外，被保险人的死亡是否属于保险合同规定范围内的死亡也常常出于纷争风暴之中，而此时被保险人的死亡原因有时会处于无法确认的状态，这时原被告双方也会产生纠纷，双方各执一词无法调和。

二、受益人死亡类案件裁判观点概览

（一）法院裁判观点综述

总体来说，本章的法律关系相对简单，并且纷争常常可以直接援引法条加以解决，这为法院解决了不少难题。受益人死于被保险人之前的，则保险赔偿金属于被保险人的遗产，由其继承人加以继承；受益人死于被保险人之后的，

由于保险利益已经形成，则该笔保险赔偿金属于受益人的遗产；无法区分受益人与被保险人死亡顺序的，根据适用的保险法确认死亡先后，再根据继承法确定继承人和继承份额。另外，受益人与被保险人存在重合的情况，此时，当二者因为免责条款发生纠纷时，如果保险人已作明确说明义务并且发生免责事由，则其无须承担保险责任；若保险人未明确向投保人说明免责条款的，则免责条款不生效，即使发生免责事由，保险人仍应承担保险责任。另一方面，被保险人或者受益人的继承人承担初步举证的义务，举证被保险人的死亡属于保险责任范围内，初步举证后，如果保险人认为其不应当承担保险责任的，应当举出相反证据，否则其应当承担保险责任。

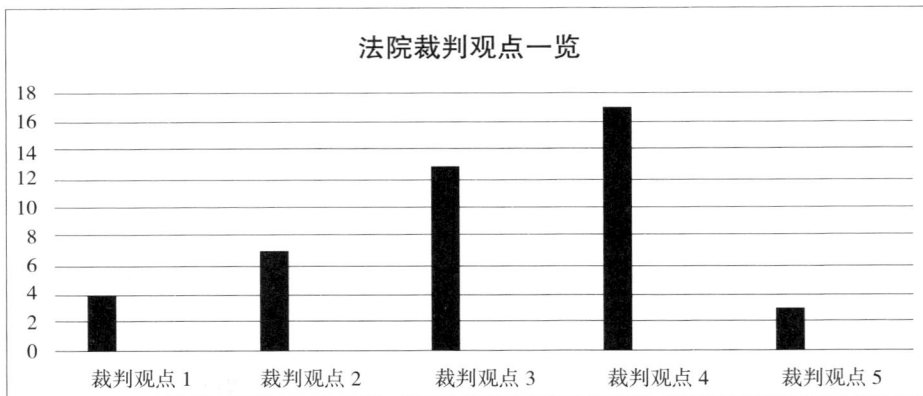

法院裁判观点一览

裁判观点 1	裁判观点 2	裁判观点 3	裁判观点 4	裁判观点 5
4	7	13	17	3

（二）法院裁判观点

1. 受益人先于被保险人死亡时，没有其他受益人的情形

法院裁判观点①：受益人先于被保险人死亡，没有其他受益人的，保险金属于被保险人的遗产，由被保险人的继承人继承。①

2. 受益人先于被保险人死亡，存在其他受益人时的情形

法院裁判观点②：受益人部分死亡，还存在其他受益人时，其他生存受益

---

①【相关判例】(2016) 津 0105 民初 6272 号、（2016）鄂 0591 民初 565 号

人仍然有权受益该保险金。①

3. 受益人后于被保险人死亡时的情形

法院裁判观点③：受益人后于被保险人死亡，保险赔偿金金属于受益人的遗产，由其继承人继承。②

4. 被受益人与被保险人同时死亡的情形

法院裁判观点④：不能分清受益人与被保险人谁先死亡的，推定受益人死亡在先，保险金属于被保险人的遗产。③

法院裁判观点⑤：事故发生在新发颁布以前，根据法不溯及既往的原理，按照原保险法确定遗产归属，再根据继承法解决遗产继承。④

例外：保险人和受益人在同一事件中死亡，无法确定死亡顺序，存在多份保险，保险人和受益人又分别互为受益人和保险人的，将两份保险分别认定确认死亡顺序与保险金的归属。⑤

---

① 【相关判例】（2011）南商初字第 20677 号、（2014）青金商终字第 75 号、（2014）西民商金初字第 51 号、（2013）莲民三初字第 00103 号、（2014）西中民一终字第 00259 号

② 【相关判例】（2014）黔六中民商终字第 00072 号、（2016）粤 2071 民初 1121 号、（2014）宛龙金初字第 62 号、（2014）济中民二终字第 187 号、（2015）邯市民三终字第 9 号

③ 【相关判例】（2015）突商初字第 8 号、（2014）北民初字第 245 号、（2013）宁商终字第 167 号、（2014）济民再字第 43 号、（2016）豫 1426 民初 2287 号、（2013）巴法民初字第 09614 号、（2014）郴北民二初字第 644 号、（2013）天民初字第 3559 号

④ 【相关判例】（2014）济中民申字第 79 号、（2010）济民二初字第 388 号、济中民二终字第 187 号

⑤ 【相关判例】（2012）台临民初字第 590 号、（2013）台临执异字第 6 号

第二节　经典案例

一、受益人部分死亡存在其他受益人

观点一：部分受益人死亡，在存在其他受益人的情况下，该保险金归其他受益人所有。①

案例一：叶克与某保险股份有限公司某支公司健康保险合同纠纷案

【基本案情】2003 年 1 月 7 日，原告叶克丈夫朱某某在被告处投保重大疾病保险，投保人和被保险人均为朱某某，受益人为朱某某本人、妻子叶克、儿子朱杰，三人均分，保险期间为 2002 年 12 月 31 日零时起至终身止，或合同约列明终止性保险事故发生时止。该保险条款第 3 条保险责任约定："被保险人因意外伤害身故或全残，或者在本合同生效（复效）180 天后因疾病身故或全残，保险人按保险金额的 2 倍给付身故或全残保险金，本合同终止……被保险人于本合同生效（复效）180 天后经保险人认可的医疗机构确诊初次罹患本合同列明的重大疾病（无论一种或多种），或在保险人认可的医疗机构接受了本合同列明的重大手术，保险人按保险金额的 3 倍给付重大疾病保险金，本合同终止"。重大疾病保险条款约定："急性心肌梗死指因冠状动脉阻塞导致的相应区域供血不足造成部分心肌坏死……"

2014 年 4 月 24 日，朱某某在家中突然发病，经医护人员到家中抢救无效

---

① 【相关判例】（2011）南商初字第 20677 号、（2014）青金商终字第 75 号、（2014）西民商金初字第 51 号、（2013）莲民三初字第 00103 号、（2014）西中民一终字第 00259 号

死亡医院出具居民死亡医学证明书，推断朱某某死亡原因为急性心肌梗死。

【法院判决】原告叶克丈夫朱某某在被告保险公司处投保重大疾病保险，双方存在合法有效的保险合同关系。原告叶克、朱杰作为保险合同约定的受益人，在保险事故发生后向被告主张权利，被告应当按照保险合同的约定履行自己的义务。保险条款约定被保险人因疾病身故支付2倍基本保额的保险金，患重大疾病支付3倍基本保额的保险金，现被保险人朱某某因患重大疾病身故，原告依据保险合同约定向被告主张3倍基本保额的保险金，符合保险合同的约定，也不违反法律规定，法院予以支持。①

【案件评析】受益人部分死亡的，在存在其他受益人的情况下，被保险人死亡后，保险金归属于其他受益人。

案例二：王振羽与某保险股份有限公司某分公司保险合同纠纷案

【基本案情】王振羽系投保人王明亭之子。2007年3月22日，王明亭作为投保人向某保险公司投保意外伤害保险。2007年3月30日，太平洋寿险青岛公司签发保险单。该保险单载明投保人王明亭，被保险人王明亭。身故受益人及分配方式：（顺位）王明亭，王振羽。险种名称意外伤害保障计划。保险期限：自2007年3月30日零时起至2008年3月29日二十四时止，或本合同列明的终止性保险事故发生时止。保险金额：意外伤害身故，残疾（短期意外伤害保险）：人民币10万元。《短期意外伤害保险》条款第四条约定了责任免除：因下列情形之一，造成被保险人身故、残疾或住院治疗，保险人不负给付保险金责任：……七、被保险人因整容、住院或门诊手术导致的事故；八、被保险人未遵医嘱，私自服用、涂用、注射药物；……十四、非因意外伤害事故而发生的治疗。第十七条释义约定：意外伤害指遭受外来的、突发的、非本意的、非疾病的使身体受到伤害的客观事件。2007年3月30日，投保人王明亭向被告公司支付保险费。保险期限到期后，投保人王明亭按时进行了续保，保

---

①【案件来源】中国裁判文书网，案号：（2014）西民商金初字第51号

险期限直至 2011 年 3 月 30 日。

2011 年 1 月 11 日，投保人王明亭因感冒在当地诊所输液过程中出现呼吸、心跳停止。诊所用针刺涌泉穴、按压人中等抢救，并呼叫 120 送到胶州市人民医院。经抢救投保人王明亭心跳恢复，无自主呼吸，为求进一步抢救，胶州市人民医院收住院。初步诊断：1.CPR 术后；2. 猝死；3. 上呼吸道感染。2011 年 1 月 18 日，投保人王明亭因抢救无效死亡。死亡医学证明书中载明的直接死亡原因为猝死。

【法院判决】王明亭生前在某保险公司处投保了综合意外伤害保障，并按约交纳了保费，双方存在合法有效的保险合同关系。本案争议的焦点是投保人王明亭的死亡是否符合保险公司的承保范围。王明亭意外死亡，死亡医学证明书载明的死亡原因为猝死。被告公司认为投保人的死亡是因为住院，因住院导致的事故不属于保险公司的理赔范围。对此法院认为，王明亭虽然在住院期间死亡，但王明亭的死亡医学证明书所载明的直接死亡原因并非医疗事故，而是猝死。此外，本案保险条款中约定的"意外伤害"的定义，是指外来的、突发的、非本意的、非疾病的使身体受到伤害的客观事件。对于王明亭而言，其因感冒到诊所输液，王明亭所输药品应为"外来的"物质；王明亭在输液时出现异常反应至猝死，不仅王明亭自己难以预料，诊所也是在王明亭发生异常反应后才知道，王明亭的死亡对于王明亭来说，具有"突然的"因素；王明亭去诊所是为了治疗感冒，其死亡具有"非本意"的因素。至于王明亭的死亡是否属于"非疾病"，结合本案查明的事实，不能明确王明亭死亡的主要、直接原因是身体疾病造成，亦不能明确王明亭的死亡是一起医疗事故。综合上述四个因素，王明亭的死亡符合"意外伤害"的定义，被告保险公司应当向保险合同约定的受益人王振羽支付保险金 10 万元。①

【案件评析】受益人部分死亡，剩余受益人为个人的，保险金归属于该生

---

① 【案件来源】中国裁判文书网，案号：南商初字第 20677 号

存受益人，且该受益人可以自己的名义向保险公司主张。关于猝死是否属于意外伤害，应当根据具体案件进行判断，如果有免责条款则在所不问，若没有，则应根据相关合同条款和法律规定判定被保险人死亡是否属于约定的保险事故范围。

二、受益人先于被保险人死亡没有其他受益人

观点二：受益人先于被保险人死亡，且无其他受益人存在时，保险金属于被保险人的遗产，由被保险人的继承人继承。[①]

案例三：马某与闵某 1、刘某继承纠纷案

【基本案情】原告马某与其夫闵福泉婚后育有一子闵某 2，闵福泉于 2004年 9 月 27 日死亡，闵某 2 于 2015 年 4 月 8 日自杀身亡。2007 年 1 月 18 日闵某 2 祖父闵尚义作为投保人购买两全保险一份，被保险人为闵某 2，生存保险受益人为闵某 2，身故保险金受益人为闵尚义，闵尚义于 2014 年 9 月 6 日死亡。2015 年 4 月 16 日，闵尚义的女儿，闵某 2 的姑姑闵某 1 在未通知原告马某的情况下，向保险公司提出理赔申请，保险公司给付身故保险金 146 520 元，给付累积红利及利息 6 121.45 元，合计 152 641.45 元，该款由闵某 1 领走。以上事实，双方当事人没有争议，法院予以确认。同时，原告认为被告闵某 1 在未通知原告的情况下将保险理赔金 152 641.45 元采取非法手段冒领并占为己有，根据保险法律规定，该理赔金应归原告所有，被告闵某 1 则认为保险的受益人是闵尚义，出资人也是闵尚义，与原告没有任何关系，所以被告闵某 1 不同意原告的诉讼请求，被告闵尚义妻子，闵某 2 祖母刘某认为其未经办保险理赔手续，所以，不清楚该理赔问题。

【法院判决】根据法律规定，被保险人死亡后，受益人先于被保险人死亡，没有其他受益人的，保险金作为被保险人的遗产。本案中，受益人闵尚义先于

---

① 【相关判例】（2016）津 0105 民初 6272 号、（2016）鄂 0591 民初 565 号

被保险人闵某 2 死亡,而且该保险金 152 641.45 元又无其他受益人,所以该保险金应当作为闵某 2 的遗产,由闵某 2 的合法继承人依法继承,原告作为唯一继承人应享有该遗产的继承权,同时,被告闵某 1 在未通知原告的情况下将该保险金领走并占为己有,没有法律上的依据,应当将保险金返还给原告。①

【案件评析】受益人先于被保险人死亡,没有其他受益人时,保险金应当作为被保险人的遗产,由被保险人的继承人继承。

案例四:枝江市白洋镇官大堰村民委员会与某保险有限公司某支公司人身保险合同纠纷案

【基本案情】李家金于 2013 年 11 月 23 日、2013 年 11 月 27 日与被告保险公司签订了二份终身寿险(分红型),合同生存期受益人为李家金,身故受益人为李洪修。2016 年 1 月 5 日 20 时许,李家金在宜昌市高新区白洋镇舒家咀村二组一山坡触电身亡,经刑事现场勘查,排除他杀可能。李家金生前无配偶、无子女、无兄弟姐妹,父母、祖父母、外祖父母均已死亡。

【法院判决】本案争议焦点为原告主体是否适格。投保人李家金所投保的保险,保险金指定的身故受益人为其父亲李洪修,没有其他受益人。李洪修已先于投保人死亡,保险金应当作为李家金的遗产,按照法定继承办理。李家金死亡后,无第一顺序、第二顺序继承人,按照《中华人民共和国继承法》第 32 条之规定"无人继承又无人受遗赠的遗产,归国家所有;死者生前是集体所有制组织成员的,归所在集体所有制组织所有",李家金生前所在的集体所有制组织即本案原告有权主张被告依照保险合同支付保险金。对于赔付金额,因涉及分红,法院委托被告公司进行核算,被告公司经核算确认保险金、分红、多缴纳的保险费合计 104 305 元,虽超出了原告的诉讼请求,但被告表示自愿按其确认的金额赔付,法院予以确认。②

【案件评析】受益人先于被保险人死亡,没有其他受益人的,故保险金应

---

① 【案件来源】中国裁判文书网,案号:(2016) 津 0105 民初 6272 号
② 【案件来源】中国裁判文书网,案号:(2016)鄂 0591 民初 565 号

当作为被保险人的遗产，但是若被保险人没有继承人的，其所在集体组织可以
申领该保险赔偿金。

三、受益人后于被保险人死亡

观点三：受益人后于被保险人死亡，保险赔偿金属于受益人的遗产，由其
继承人继承。[①]

案例五：某保险股份有限公司某分公司与禄永华保险合同纠纷案

【基本案情】禄绍锋在被告公司业务员丁某某的动员下，以其本人为投保
人和被保险人、以禄友祥为受益人与被告公司签订保险合同，险种为终身保
险，保险金额为 30 000 元，保险期间为终身，保险费为 2 640 元。禄绍锋在购
买两份保险时，保险单上除签名处是禄绍锋亲笔书写，其余各种事项选择填空
均为被告公司业务员丁某某填写。2011 年 9 月 5 日因禄绍锋视神经萎缩，双
眼完全失明，原告向被告提起理赔申请，在此之前经被告委托司法鉴定所对禄
绍锋是否高残进行法医学鉴定，鉴定认为禄绍锋双眼无光感到该保险公司保险
条款中高度残疾鉴定标准。被告认为禄绍锋在投保时有既往病史，未履行如实
告知义务拒绝理赔，并于 2011 年 10 月 13 日向被保险人之妻禄永华送达拒付
通知书二份，解除保险合同通知书二份。2011 年 10 月 14 日，被告向禄绍锋
退还保费 10 560 元和 7 280 元。2005 年，禄绍锋因肺心病、肝硬化、肺部感
染住院治疗。2007 年 3 月，禄绍锋又因肝性脑病、肝硬化失代偿期、肺心病、
心衰Ⅲ心功能Ⅳ级住院治疗。2012 年 2 月 10 日，禄绍锋因小脑扁桃体下疝、
多器脏急性衰竭经抢救无效死亡。原告系禄绍锋的妻子，禄绍锋父亲禄光奎；
母亲陆庆姐。保险合同中约定受益人为禄友祥，禄友祥于 2013 年 3 月 30 日因

[①]【相关判例】（2014）黔六中民商终字第 00072 号、（2016）粤 2071 民初 1121 号、（2013）
莲民三初字第 00103 号、（2014）沭商初字第 0121 号、（2014）宛龙金初字第 62 号、（2014）
鄞民初字第 01718 号、（2015）鄞民初字第 01718 号、（2014）梅中法民三终字第 64 号、（2013）
天民初字第 3559 号

他杀死亡并被注销户口，生前未婚育。

【法院判决】根据《中华人民共和国保险法》第42条"被保险人死亡后，有下列情形之一的，保险金作为被保险人的遗产，由保险人依照《中华人民共和国继承法》的规定履行给付保险金的义务：（一）没有指定受益人，或者受益人指定不明无法确定的；（二）受益人先于被保险人死亡，没有其他受益人的；（三）受益人依法丧失受益权或者放弃受益权，没有其他受益人的。受益人与被保险人在同一事件中死亡，且不能确定死亡先后顺序的，推定受益人死亡在先。"的规定，本案投保险禄绍峰已明确指定了受益人为其子禄永祥，且受益人禄永祥后于投保人、被保险人禄绍峰死亡，当人身保险合同约定的相关保险金给付条件成就后，保险人应向合同指定的保险受益人给付保险金，基于受益人禄永祥已故，因此本案所争议的保险金应作为受益人的遗产由其法定继承人禄永华取得，故禄永华作为本案唯一当事人参与诉讼并无不当，上诉人认为本案遗漏诉讼主体的上诉理由不能成立。

被上诉人禄永华之夫禄绍峰分别于2007年1月19日、2008年8月30日与保险公司签订的两份保险合同，意思表示真实，不违反法律规定，且被保险人依照合同约定按时足额交纳了保费，该合同为有效合同，上诉人应当按照合同约定履行自己的保险义务。本案中，被保险人禄绍峰已构成人身高度残疾，上诉人就应按合同约定给付保险金。虽然上诉人上诉称被保险人禄绍峰在投保时未履行如实告知义务，其已在法律规定的期间行使了合同解除权，退还了保费，不应承担本案保险责任，但根据相关法律及司法解释规定，上诉人应于2009年10月1日起两年内解除合同，超过两年不得解除合同。由于上诉人一、二审中并未提供充分有力证据证明其已在法定期限内解除了与投保人禄绍峰之间的保险合同，理应承担举证不能的法律后果，故其主张合同已解除的上诉理由不能成立。①

---

① 【案件来源】中国裁判文书网：案号：（2014）黔六中民商终字第00072号

【案件评析】因受益人死亡在被保险人之后，故保险赔偿金属于受益人的遗产，应当作为受益人的遗产在受益人的继承中之间分配，且保险人在除斥期间未行使自己的合同解除权，故解除权已然消灭，其须支付受益人的继承人保险金。

案例六：黄瑞兰与某保险股份有限公司某支公司人身保险合同纠纷案

【基本案情】2012 年 8 月 31 日，庄汝育为梁坤明向保险公司投保，被保险人为梁坤明，生存保险金受益人为梁坤明，身故保险金受益人为庄汝育。平安人寿中山支公司向庄汝育签发了保险单，双方成立人身保险合同关系。

保险单所适用的《终身寿险（万能险）条款》第 3.2 条约定："在本主险合同有效期内，我们承担如下保险责任：被保险人身故，我们按身故当时的保险金额给付'身故保险金'，本合同终止……"第 3.3 条约定："因下列情形之一导致被保险人身故的，我们不承担给付保险金的责任：……（5）被保险人酒后驾驶、无合法有效驾驶证驾驶，或驾驶无有效行驶证的机动车；……"第2.4 条约定："因下列情形之一导致被保险人身故、伤残的，我们不承担给付保险金的责任：……（4）被保险人酒后驾驶、无合法有效驾驶证驾驶，或者驾驶无有效行驶证的机动车；……"上述《终身寿险（万能险）条款》第 3.3 条以及《附加意外伤害保险条款》第 2.4 条等免责条款均以阴影标示出来，以区别于其他条款，并且条款中"酒后驾驶""无合法有效驾驶证驾驶"等内容均以加黑加粗字体显示，与其他字体明显不同。后梁惠娟驾驶货车与梁坤明发生碰撞导致交通事故，事故造成车辆损坏及梁坤明庄汝育受伤死亡。

2014 年 1 月 28 日，中山市公安局交通警察支队港口大队出具道路交通事故认定书，认定梁惠娟驾驶机动车未按操作规范安全驾驶、驾驶机动车左转弯不让直行的车辆先行，是导致此次事故发生的一方面过错，承担此事故的同等责任；梁坤明驾驶机动车未按操作规范安全驾驶、饮酒后驾驶机动车、驾驶机动车超速行驶、摩托车驾驶人及乘坐人员未按规定戴安全头盔，是导致此事故发生的另一方面过错，承担此事故的同等责任；无证据证明庄汝育有导致此事故的过错，庄汝育不承担此事故的责任。

梁坤明、庄汝育受伤后抢救无效，先后于 2013 年 12 月 31 日、2014 年 1 月 7 日死亡。庄汝育死亡后，其四名继承人（分别是庄锡顺、黄瑞兰、梁沛玲、余景起）就领取梁坤明的死亡保险金的相关事宜未能达成一致意见，黄瑞兰遂于 2015 年 12 月 7 日向平安人寿中山支公司发出律师函，后又向法院提起本案诉讼，主张前述实体权利。

【法院判决】庄汝育在保险公司为其丈夫梁坤明投保终身寿险（万能险），被告保险公司经审核后向庄汝育签发了保险单，庄汝育与被告公司之间存在合法有效的人身保险合同关系。作为受益人，庄汝育后于被保险人梁坤明死亡，故其保险金受益权应由其继承人继承。庄汝育的四个第一顺序的继承人均同意每人各主张四分之一的保险金，故黄瑞兰提起本案诉讼主体适格。

《中华人民共和国道路交通安全法》第 22 条第 1、2 款规定："机动车驾驶人应当遵守道路交通安全法律、法规的规定，按照操作规范安全驾驶、文明驾驶。饮酒、服用国家管制的精神药品或者麻醉药品……不得驾驶机动车。"结合该法第 91 条的规定可知，我国法律明文禁止酒后驾驶机动车的行为，并对此规定了严厉的处罚措施。《最高人民法院关于适用〈中华人民共和国保险法〉若干问题的解释（二）》第 10 条规定："保险人将法律、行政法规中的禁止性规定情形作为保险合同免责条款的免责事由，保险人对该条款作出提示后，投保人、被保险人或者受益人以保险人未履行明确说明义务为由主张该条款不生效的，人民法院不予支持。"依照该规定，保险公司将被保险人酒后驾驶机动车作为其免责事由，仅需履行提示义务。《最高人民法院关于适用〈中华人民共和国保险法〉若干问题的解释（二）》第 11 条规定："保险合同订立时，保险人在投保单或者保险单等其他保险凭证上，对保险合同中免除保险人责任的条款，以足以引起投保人注意的文字、字体、符号或者其他明显标志作出提示的，人民法院应当认定其履行了保险法第十七条第二款规定的提示义务。"

本案中，梁坤明饮酒后驾驶机动车，属于道路交通安全法禁止的行为。涉案的保险单所适用的《终生寿险（万能型）条款》第3.3条及《附加意外伤害保险条款》第2.4条明确约定被保险人酒后驾驶机动车的属于保险免责情形，且这些免责条款均以阴影标示出来，"酒后驾驶"等关键词语也均以加黑加粗字体显示，与保险合同的其他条款具有明显区别，故应认定符合上述关于"以足以引起投保人注意的文字、字体、符号或者其他明显标志作出提示"的规定，据此法院认定保险公司对该项免责条款已履行提示义务，故该免责条款合法有效。

饮酒后驾驶机动车导致梁坤明死亡的原因占15%，属于免责事由；梁惠娟的过错行为和梁坤明的其他过错行为导致梁坤明死亡的原因共占85%，属于保险责任范围。因此保险公司就梁坤明的身故应当支付的保险金共为425 000元。另外，黄瑞兰虽然曾向保险公司发送过律师函，但其并未举证证明其有向保险公司提供过完整的索赔资料，故其主张利息没有依据，法院不予支持。[①]

【案件评析】受益人在被保险人之后死亡，故保险金受益权应当由受益人的继承人继承，如果被保险人在事故发生过程中存在过错，那么应当考虑过错的程度来衡量保险人赔偿范围。

案例七：蔺茂君、蔺茂伟、蔺茂菊、蔺茂栋、蔺茂松、蔺崇康与某保险股份有限公司某支公司人身保险合同纠纷二审民事判决书

【基本案情】2009年6月22日，杨书芬（已死亡）作为投保人以其儿子蔺茂葱（已死亡）为被保险人在被告公司投保了终身寿险（分红型）及定期寿险两份保险合同，两份保险合同的受益人均是杨书芬，杨书芬在两份投保单投保人处签字确认。

2010年2月25日，被保险人蔺茂葱因急性脑出血死亡，同年3月13日，受益人杨书芬向被告申请理赔，被告于同年3月31日作出理赔决定通知书2份，其主要内容为"因投保人故意为未履行如实告知义务，保险人依照《保险

---

① 【案件来源】中国裁判文书网，案号：（2016）粤2071民初1121号

法》的规定解除合同，对解除合同前发生的保险事故不承担给付保险金的责任，并不退回保费。"并于 2010 年 4 月 2 日将该理赔决定通知书用邮政特快专递邮寄发出，邮寄单载明的收件人姓名"杨书芬"，该邮件于 2010 年 4 月 7 日由蔺茂松的妻子郭小转签收。

2011 年 2 月 15 日，杨书芬因突发心梗去世。杨书芬生育有蔺茂君、蔺茂伟、蔺茂菊、蔺茂栋、蔺茂松及蔺茂葱，蔺茂葱 1999 年与妻子申小红离婚，二人婚后生子蔺崇康随父亲蔺茂葱生活。杨书芬父亲于 1960 年去世，母亲于 1974 年去世。原告蔺茂君、蔺茂伟、蔺茂菊、蔺茂栋、蔺茂松系杨书芬的第一顺序继承人，蔺茂葱先于其母亲杨书芬死亡，蔺茂葱之子蔺崇康系代位继承人，也是杨书芬的继承人。

【法院判决】《中华人民共和国保险法》第 16 条规定"订立保险合同，保险人就保险标的或者被保险人的有关情况提出询问的，投保人应当如实告知。投保人故意或者因重大过失未履行前款规定的如实告知义务，足以影响保险人决定是否同意承保或者提高保险费率的，保险人有权解除合同。前款规定的合同解除权，自保险人知道有解除事由之日起，超过三十日不行使而消灭。自合同成立之日起超过二年的，保险人不得解除合同；发生保险事故的，保险人应当承担赔偿或者给付保险金的责任。投保人故意不履行如实告知义务的，保险人对于合同解除前发生的保险事故，不承担赔偿或者给付保险金的责任，并不退还保险费。投保人因重大过失未履行如实告知义务，对保险事故的发生有严重影响的，保险人对于合同解除前发生的保险事故，不承担赔偿或者给付保险金的责任，但应当退还保险费。保险人在合同订立时已经知道投保人未如实告知的情况的，保险人不得解除合同；发生保险事故的，保险人应当承担赔偿或者给付保险金的责任。保险事故是指保险合同约定的保险责任范围内的事故。"

最高人民法院关于适用《中华人民共和国保险法》若干问题的解释（二）第 5 条规定"保险合同订立时，投保人明知的与保险标的或者被保险人有关的情况，属于《保险法》第 16 条第 1 款规定的投保人'应当如实告知'的内容。"

由上述规定和查明的事实看，投保人杨书芬未履行如实告知义务。

最高人民法院关于适用《中华人民共和国保险法》若干问题的解释（二）第 7 条规定："保险人在保险合同成立后知道或者应当知道投保人未履行如实告知义务，仍然收取保险费，又依照保险法第十六条第二款的规定主张解除合同的，人民法院不予支持。"从查明的保险公司调取蔺茂葱生前于 2006 年 5 月 22 日在南阳市第一人民医院住院病历的事实看，保险公司属于应当知道投保人未履行如实告知义务。综合本案的具体情况，从公平原则出发，双方的责任比例按 5：5 划分为宜，据此被上诉人应对上诉人赔偿保险金 90 000 元（180 000 × 50%）。①

【案件评析】受益人在被保险人之后死亡的，保险金属于受益人的遗产，由受益人的继承人予以继承，本案中由于投保人在投保时未履行如实告知义务，但保险公司存在应当知道其未履行如实告知义务的情形，故从公平原则出发，应当二者各承担一般责任，对该保险金由受益人的继承人以原保险金的一半予以继承。

案例八：原告左代华、张金水诉某保险股份有限公司某分公司意外伤害保险合同纠纷案

【基本案情】2007 年和 2010 年，二原告的女儿张林陆续为其子贾锦豫在被告处投保了五份人身意外保险，受益人均为张林；2007 年 12 月，张林为自己在被告处投保了人身保险一份，保险金额 14.7 万元，受益人为贾锦豫；2009 年 10 月张林又为自己在被告处投保了两全保险，保险金额 1 万元，没有约定受益人。上述七份保险还需退还保费及增值 3.5 万元。故原告左代华、张金水诉至法院，请求判令被告在保险责任限额范围内赔偿保险金、保险费及增值 16.8 万元并承担本案的诉讼费用。1999 年 11 月 5 日，张林与第三人贾春雷协议离婚，婚后贾锦豫随张林生活。离婚协议约定：贾春雷已决定放弃继续为贾

---

① 【案件来源】中国裁判文书网，案号：（2014）南民三金终字第 00078 号

锦豫参保。张林愿继续为贾锦豫续保至投保期满为止。保险金以及投保中的相关事宜及支配权，也将由张林全权负责，与贾春雷无任何关系。2011 年 1 月 19 日，张林与王伦宣结婚。2011 年 11 月 10 日晚，王伦宣趁张林和贾锦豫熟睡之机，在其与张林的卧室内，采用扼颈、捂口的方式致张林死亡。随后，王伦宣又来到继子贾锦豫的卧室，采用捂塞口鼻的方式致贾锦豫死亡。案发后，经法医鉴定，张林的死亡原因为扼颈、捂口致机械性窒息死亡；贾锦豫死亡原因为捂塞口鼻致机械性窒息死亡"。

【法院判决】依据《中华人民共和国继承法》第 10 条的规定，贾春雷作为贾锦豫的第一顺序的继承人，其当然享有对贾锦豫遗产的继承权利。但左代华、张金水作为贾锦豫的外祖父母与贾锦豫长年共同生活，虽然是基于家庭成员的亲情纽带而共同生活，但不可否认的是，在共同生活中，左代华、张金水对于贾锦豫的生活起居、陪伴、上下学等方面甚至经济支出等，均给予尽心的照顾及付出，是传统"家文化"的具体表现，符合中国社会传统的家庭纽带亲情关系。值得法律给予充分的肯定。依据最高人民法院《关于贯彻执行民事政策法律若干问题的意见》第 40 条"在没有第一顺序继承人或者第一顺序继承人全部放弃或者丧失继承权时，遗产由第二顺序继承人继承。在有第一顺序继承人继承的情况下，如第二顺序继承人对被继承人尽过较多义务或不能独立生活、依靠被继承人抚养的，在分割遗产时应给予适当照顾"的规定，左代华、张金水作为第二顺序的继承人，其对贾锦豫尽过较多的义务，应当适当分得贾锦豫的遗产。[①]

【案件评析】受益人后于被保险人死亡的，该保险金已归属于受益人，受益人死亡只能发生受益人的继承人对保险金继承的法律后果，若有第一顺序继承人继承的情况下，如第二顺序继承人对被继承人尽过较多义务或不能独立生活、依靠被继承人抚养的，在分割遗产时应给予适当照顾。本案中，原告二人

---

① 【案件来源】中国裁判文书网，案号：（2016）川 01 民终 6829 号

作为第二顺序的继承人，对被继承人尽过较多的义务，故其应当适当分得被继承人的遗产。

四、受益人与被保险人同时死亡

观点四：不能分清受益人与被保险人谁先死亡的，推定受益人死亡在先，保险金属于被保险人的遗产 ①

案例九：李芬与某保险股份有限公司某支公司人身保险合同纠纷案

【基本案情】原告李芬的继母李某女于 2009 年 3 月 27 日，在被告公司投保了终身寿险，保险金额为 30 000 元，约定生存受益人为李某女，身故受益人为李某男。2015 年 2 月 20 日，原告李芬的父亲李某男与继母李某女在突泉县突泉镇发生交通事故，二人经抢救无效于当日死亡，未确定死亡的先后时间。

原告李芬的父亲李某男与继母李某女于 1999 年 1 月 15 日登记结婚，身故受益人为当时原告李芬未满 18 周岁，在原告李芬读书期间，其继母李某女对原告李芬尽到了抚养支助教育义务，原告李芬与继母李某女已形成抚养关系，继母李某女无其他子女，其父母也已过世。原告李芬以法定继承人的身份向被告公司申请理赔，被告公司认为，被保险人李某女身故受益人不明确，拒绝向原告李芬支付保险赔偿金。原告李芬诉讼到法院，要求被告公司向原告李芬支付保险赔偿金 30 000 元。

【法院判决】被保险人李某女与被告公司签订的人身保险合同合法有效。被保险人李某女与身故受益人李某男因交通事故同时死亡，保险金该向谁支付是本案的争议焦点。被保险人李某女与受益人李某男在同一起交通事故中死亡，不能确定死亡先后顺序，应依法推定受益人李某男死亡在先，受益人先于

---

① 【相关判例】（2015）突商初字第 8 号、（2014）北民初字第 245 号、（2013）宁商终字第 167 号、（2014）郴北民二初字第 644 号、（2014）济民再字第 43 号、（2014）高新民初字第 1658 号、（2016）豫 1426 民初 2287 号、（2013）巴法民初字第 09614 号、（2016）粤 20 民终 4777 号、（2016）粤 20 民终 4776 号

被保险人死亡，并且没有指定其他受益人的，保险金作为被保险人的遗产，由保险人根据《中华人民共和国继承法》的规定履行给付保险金的义务。继承法规定，遗产按照下列顺序继承：第一顺序：配偶、子女、父母；第二顺序：兄弟姐妹、祖父母、外祖父母。继承开始后，由第一顺序继承人继承，第二顺序继承人不继承。没有第一顺序继承人继承的，由第二顺序继承人继承。所说的子女，包括婚生子女、非婚生子女、养子女和有扶养关系的继子女。原告李芬系李某男的女儿，被保险人李某女在与李某男结婚时，原告李芬系未成年人，在原告李芬读书期间，李某女对原告李芬尽到了抚养支助教育义务，原告李芬与李某女已形成抚养关系，是李某女有抚养关系的继子女，被保险人李某女自己没有子女，父母也已过世，所以，原告李芬应作为被保险人李某女的第一顺序继承人继承保险金。①

【案件评析】被保险人与受益人在同一件保险事故中身亡且无法确认二者死亡先后的，推定受益人死亡在先，保险赔偿金应当由其继承人继承。

案例十：胡某某，唐某某、温某甲、温某乙与邓某某继承纠纷案

【基本案情】被继承人唐某甲系原告胡某某、唐某某之女，被继承人温某丙系被告邓某某之子。温某丙、唐某甲系夫妻关系，生育温某甲、温某乙二子女。温某丙之父温某丁已于2006年12月死亡，温某丙、唐某甲于2011年12月19日死亡。温某丙、唐某甲于2011年12月5日在保险公司1投保团体人身意外险，被保险人温某丙、唐某甲，死亡保险金额每人为30万元，未指定受益人；温某丙在保险公司2投保意外死亡险，受益人唐某甲，保险金额32万元，受益人唐某甲，保险金额18.5万元；唐某甲在保险公司2投保，意外死亡险，保险金额为12.25万元，受益人温某丙，以上保险赔付金额已经过保险公司确认。另温某丙在保险公司3购买四份保险，保险责任涵盖住院津贴、重大疾病、满期生存及身故责任，该四份保单均未指定身故保险金的受益人。因

---

① 【案件来源】中国裁判文书网，案号：（2015）突商初字第8号

尚未确定继承人及继承份额，故该四份保险尚未办理保险理赔。

2012 年 8 月 10 日，重庆市巴南区花溪街道岔路口社区居委会指定唐某某、胡某某为温某甲、温某乙的监护人。原、被告因继承份额发生纠纷，原告遂提起诉讼，要求原告温某乙在温某丙、唐某甲死亡遗产中继承 45% 的遗产份额；原告温某甲在温某丙、唐某甲的遗产中继承 25% 的遗产份额；胡某某、唐某某与被告邓某某对温某丙、唐某甲的遗产中各继承 10% 的遗产份额。对温某丙、唐某甲的遗产被告邓某某认为应与温某甲、温某乙享有同等继承份额。双方各持已见，调解未果。

【法院判决】公民的合法财产，在其死后由其合法继承人继承。被继承人温某丙、唐某甲因意外死亡，温某丙、唐某甲生前在保险公司 1 投保，均未指定受益人，每人应获死亡保险金 30 万元，以及夫妻共同存款 66 995.92 元应属温某丙、唐某甲的夫妻共同财产，进行平均分割后，由享有继承权的原告胡某某、唐某某、温某甲、温某乙及被告邓某某分别继承；被继承人温某丙、唐某甲在保险公司 2 投保，指定互为受益人，温某丙、唐某甲均同时死亡，且不能确定死亡的先后顺序，推定受益人死亡在先，因此，被继承人温某丙应获得的死亡保险金 50.5 万元，应由享有继承权的原告温某甲、温某乙及被告邓某某继承。被继承人唐某甲应获得的死亡保险金 12.25 万元应由享有继承权的原告胡某某、唐某某、温某甲、温某乙继承。综合以上被继承人应获取的死亡保险金和存款为 1 294 495.92 元，其中属被继承人唐某甲的遗产为 455 997.96 元，属被继承人温某丙的遗产为 838 497.96 元。鉴于原告温某甲尚未成年，温某乙年幼，二人尚无生活来源，对被继承人温某丙、唐某甲的遗产分配，原告温某甲、温某乙应适当多分。法院酌情对被继承人唐某甲的遗产 455 997.96 元，由原告温某甲继承 27% 计 123 119.45 元，温某乙继承 35% 计 159 599.28 元，胡某某、唐某某各继承 19%，即各 86 639.61 元；对被继承人温某丙遗产 838 497.96 元，由原告温某甲继承 35% 计 293 474.28 元、温某乙继承 45% 计 377 324.08 元、被告邓某某继承 20% 计 167 699.59 元。综上，各继承人继承

的遗产金额为：温某甲 416 593.73 元、温某乙 536 923.36 元、胡某某 86 639.61 元、唐某某 86 639.61 元、邓某某 167 699.59 元。对被继承人温某丙在保险公司 3 投保四份保险，温某丙在投保时未指定受益人，对该保险理赔金需待继承人及继承份额确定后，由继承人向中美联泰大都会保险有限公司重庆分公司申请保险赔付。法院按原告温某甲继承 35%、温某乙继承 45%、被告邓某某继承 20% 的比例确定三继承人对保险公司理赔保险金的分割。审理中，被告邓某某认为应与温某甲、温某乙享有同等继承份额的理由不符合法律规定，法院不予支持。①

【案件评析】被保险人与受益人同时死亡，且不能确定死亡的先后顺序，推定受益人死亡在先，应由享有继承权继承人继承，在存在未成年人的情况下，应酌情对其给予适当多分遗产。

观点五：事故发生在新发颁布以前，根据法不溯及既往的原理，按照原保险法确定遗产归属，再根据继承法解决遗产继承。②

案例十一：上诉人某保险公司某支公司与被上诉人孔栓林、李喜英、马起民、高世凤保险合同纠纷案

【基本案情】2008 年 5 月 10 日，马芳（系孔栓林、李喜英的儿媳、儿子孔忠粮的妻子）作为投保人在某保险公司某支公司投保了 1 份定期保险及住院费用补偿医疗保险（B）。合同约定被保险人为马芳，受益人为孔忠粮。2009 年 1 月 11 日马芳和孔忠粮在临桂县打工期间因煤气中毒经抢救无效死亡，不能确认两人死亡的先后顺序。2009 年 4 月 20 日保险公司将 70000 元理赔款分别支付给马起民 23 800 元、高世凤 23 100、孔冰倩 23 100 元，其中孔冰倩的 23 100 元由其监护人孔栓林领取。后中国人寿济源支公司又支付孔栓林、李喜

---

① 【案件来源】（2013）中国裁判文书网，案号：巴法民初字第 09614 号
② 【相关判例】（2014）济中民申字第 79 号、（2010）济民二初字第 388 号、济中民二终字第 187 号

英 5 000 元。但是在庭审中，双方对该 5 000 元是何性质均说不清楚。另查明：马起民、高世凤系马芳的父母，孔栓林、李喜英系孔忠粮的父母，孔冰倩系马芳和孔忠粮的女儿。马芳和孔忠粮死亡后，确定孔栓林为孔冰倩的监护人。

【法院判决】本案保险事故及理赔均发生在 2009 年 10 月 1 日新保险法实施前，且属于理赔行为本身产生的争议，因此，新保险法对本案不具有溯及力。根据最高人民法院关于贯彻执行《中华人民共和国继承法》若干问题的意见第二条规定："相互有继承关系的几个人在同一事件中死亡，如不能确定死亡先后时间的，推定没有继承人的人先死亡。死亡人各自都有继承人的，如几个死亡人辈分不同，推定长辈先死亡；几个死亡人辈份相同，推定同时死亡，彼此不发生继承，由他们各自的继承人分别继承。"在本次事故中，马芳和孔忠粮辈分相同且不能确定死亡先后时间，根据上述规定，应推定该二人同时死亡。

根据 1995 年施行的《保险法》第 64 条："被保险人死亡后，遇有下列情形之一的，保险金作为被保险人的遗产，由保险人向被保险人的继承人履行给付保险金的义务：（一）没有指定受益人的；（二）受益人先于被保险人死亡，没有其他受益人的；（三）受益人依法丧失受益权或者放弃受益权，没有其他受益人的"的规定，本案情形并不符合保险人向被保险人的继承人履行给付保险金的条件。本案中保险金不应认定为被保险人的遗产，故原审判决认定本案争议的保险金属于受益人孔忠粮的遗产由其继承人继承，并无不当，且一审判决后，马芳的继承人马起民、高世凤并未提出上诉，应视为对一审判决的认可。某保险公司某支公司在未确定保险金如何分配的情况下私自将保险金支付给被保险人马芳的继承人，存在过错，对孔栓林、李喜英权利构成侵犯，因此某保险公司某支公司与马起民、高世凤共同侵犯了孔栓林、李喜英的合法继承权。根据《中华人民共和国民法通则》第 130 条的规定，两人以上共同侵权造成他人损害的，应当承担连带责任。因此一审判决某保险公司某支公司承担连带返还责任，符合法律规定。综上，原审判决认定事实清楚，适用法律正确，

判决结果并无不当，法院应予维持。①

【案件评析】根据法不溯及既往的原则，保险事故发生在新发颁布以前的，适用旧法，新法颁布前，受益人与被保险人同时死亡无法区分先后的，根据相关法律规定，推定二者同时死亡，而本案情形并不符合保险人向被保险人的继承人履行给付保险金的条件，该保险金不属于被保险人的遗产，故该保险金仍然属于受益人的遗产，由受益人的继承人对该保险金予以继承。

例外：保险人和受益人在同一事件中死亡，无法确定死亡顺序，存在多份保险，保险人和受益人又分别互为受益人和保险人的，将两份保险分别认定确认死亡顺序与保险金的归属。②

案例十二：王基林生命权、健康权、身体权纠纷执行案裁定书

【基本案情】申请执行人王基局、郭文珍系夫妻关系，系受害人王孝军的父母。被执行人王基林、李梅仙系夫妻关系，系受害人王其望的父母。被执行人奚茂熙、奚美娇系夫妻关系，系受害人奚爱军的父母。经父母同意，未成年人王孝军到腾翔轮胎翻新门市部为王其望、奚爱军夫妇做工。2011 年 9 月 5 日凌晨 4 时 42 分，腾翔轮胎翻新门市部突发大火，居住在二楼的王其望夫妇一家四口（王其望、奚爱军、女王冰洁、子王鑫磊）及王孝军被大火烧死。2009 年 1 月 7 日，王其望与某保险股份有限公司某分公司签订个人保险投保单，以投保人的名义为自己投保年金保险（分红型），指定事故保险金受益人为妻子奚爱军，受益份额 100%。2009 年 1 月 7 日，王其望又与中国人寿保险股份有限公司徐州市分公司签订个人保险投保单，以投保人的名义为被保险人奚爱军投保终身保险（2007 修订版），指定事故保险金受益人为王其望，受益份额 100%。

【法院判决】《中华人民共和国保险法》第 42 条第 1 款规定："被保险人死

---

① 【案件来源】中国裁判文书网，案号：（2014）济中民二终字第 187 号

② 【相关判例】（2012）台临民初字第 590 号、（2013）台临执异字第 6 号

亡后，有下列情形之一的，保险金作为被保险人的遗产，由保险人依照《中华人民共和国继承法》的规定履行给付保险金的义务：（一）没有指定受益人，或者受益人指定不明无法确定的；（二）受益人先于被保险人死亡，没有其他受益人的；（三）受益人依法丧失受益权或者放弃受益权，没有其他受益人的。该条第2款规定"受益人与被保险人在同一事件中死亡，且不能确定死亡先后顺序的，推定受益人死亡在先"。

本案中，2009年1月7日，投保人王其望与某保险股份有限公司某分公司分别签订年金保险合同、终身保险合同，该二份合同均系双方真实意思表示，且符合法律规定，应属有效合同。因二份保险合同的被保险人王其望与奚爱军为夫妻，且双方互为自己保险合同的事故保险金的指定受益人。根据《中华人民共和国保险法》第42条的规定，因被保险人王其望、奚爱军分别与指定受益人双方在同一火灾事故中死亡，不能确定死亡先后顺序的，推定受益人死亡在先。受益人先于被保险人死亡，没有其他受益人的，保险金作为被保险人的遗产。故上述二笔保险金应作为王其望和奚爱军的个人遗产，用于赔偿申请执行人因儿子王孝军死亡所造成的各项费用。[①]

【案件评析】上述案例中，存在两份保险，夫妻双方互为受益人，而二人又在同一事故中身亡，无法确定死亡顺序的情况下，应当分别推定受益人死亡在先，再根据继承法确定遗产继承。

---

①【案件来源】中国裁判文书网，案号：（2013）台临执异字第6号

第三节　法商智慧

一、受益人死亡保险处理的法商智慧

（一）受益人的指定

本章研究的是受益人死亡的情形，那么首先就得确定受益人，才能进行进一步的研究与分析。根据我国《保险法》第 39 条的规定："人身保险的受益人由被保险人或者投保人指定。投保人指定受益人时须经被保险人同意。"从此规定可以看出在我国受益人是基于被保险人或者投保人的指定而产生，并非是基于投保人与保险人或被保险人与保险人的约定产生，指定是受益人产生的唯一先决条件。由于投保人指定受益人时须经被保险人同意，实际上由被保险人享有实质指定权。

对于受益人的指定，需要在保险合同中予以记载，我国保险法规定记载受益人的名称和住所。保险实务中可能出现的情形大致包括：（1）明确指定受益人的名字、性别、与被保险人的社会关系及证件号码等；（2）仅抽象指明受益人与被保险人的社会关系，如丈夫、妻子、配偶、父母等。对于第一种情形具体指定了受益人，在实务当中基本上不会产生纠纷。第二种情形由于受益人与被保险人的社会关系会发生变化，订立保险合同之时与被保险人具有某种社会关系的人到保险事故发生之时并不一定仍然具有此种社会关系。[1]

---

① 王燕 . 论中国保险受益人制度 .2013，28（4），139-140.

（二）受益人的变更

《保险法》第 41 条规定："被保险人或者投保人可以变更受益人并书面通知保险人。保险人收到变更受益人的书面通知后，应当在保险单或者其他保险凭证上批注或者附贴批单。投保人变更受益人时须经被保险人同意。"

和受益人指定一致，变更受益人无须保险人同意，并且同样以被保险人的同意为先决条件，但是变更通知应该到达保险人，并由保险人在保险单或者其他保险凭证上批注或者附贴批单时才可以对抗保险人。但是，根据《保险法司法解释（三）》第 11 条的规定，变更受益人仍然有时间限制，在保险事故发生后，投保人和被保险人即无权要求变更受益人。

（三）受益人死亡的保单处理情况集锦

受益人先于被保险人死亡，没有其他受益人的，该保险金归属于被保险人的继承人。在受益人死亡的情形下，部分受益人死亡不影响其他受益人继续享有保险金给付的权利。受益人后于被保险人死亡的，即使是后一秒死亡，仍应受益该保险金，那么该保险金已经归属于该受益人，受益人死亡后，该保险金转化为受益人的遗产，由受益人的继承人予以继承。如果保险事故发生在 2009 年 10 月 1 日之后的，受益人与被保险人同时死亡，不能区分谁先死亡的，则推定受益人先死亡，保险金归属于被保险人，该保险金属于被保险人的遗产，由被保险人的继承人继承。若该保险事故发生在 2009 年 10 月 1 日新保险法之前的，则依据原保险法先判定死亡先后顺序，推定受益人与被保险人死亡之先后，然后按照继承法的规定确定该保险金的归属。

二、受益人死亡保单处理的经典问答

（一）如何指定和变更受益人？

由上可知，具体指定了受益人，在实务当中基本上不会产生纠纷。而仅抽象指明受益人与被保险人的社会关系，由于受益人与被保险人的社会关系会发生变化，订立保险合同之时与被保险人具有某种社会关系的人到保险事故发生

之时并不一定仍然具有此种社会关系。基于这种情形产生的纠纷该如何处理，我国现行《保险法》并未做出规定，司法实务上比较容易产生纠纷，如夫妻二人离婚的，离婚后如果投保人再婚，那么被保险人发生保险事故时，该保险金又该何去何从？由此可知，与其以某种抽象的可能会变化的社会关系来设定受益人，不如确定指定受益人归属，一方面在保险理赔时减少纠纷可能性，另一方面可以提高保险理赔的效率，不论是对投保人或者是保险人都可以节约资源。同理，变更受益人与指定受益人一致，都应当采取确定方式而非模糊方式以减少法律风险。

（二）保险当事人对受益人存在争议时，如何确定受益人？

当事人最受益人的确定存在争议时，受益人的确定问题，我国司法解释有明确阐释，若受益人约定为"法定"或者"法定继承人"的，以继承法规定的法定继承人为受益人；若如上文，受益人仅约定为身份关系，则先区分投保人与被保险人为同一主体的，根据保险事故发生时与被保险人的身份关系确定受益人；投保人与被保险人为不同主体的，根据保险合同成立时与被保险人的身份关系确定受益人；受益人的约定包括姓名和身份关系，保险事故发生时身份关系发生变化的，认定为未指定受益人。"

（三）受益人如果先于被保险人死亡的，没有其他受益人的情形下，被保险人的继承人该如何做？

被保险人的继承人应当以自己的名义请求保险人给付保险金。如果有多个继承人的，则在多个继承人中间平均分配，每个继承人均可主张自己的份额，在继承人中有丧失劳动力或者年老体迈者或者未成年人的，可以酌情多分，如果继承人中存在这种情形的，继承人或者其法定代理人应当及时提出主张。

（四）多个受益人中部分死亡，保险单如何处理？

依据我国《保险法》第40条的规定，"被保险人或者投保人可以指定一人或者数人为受益人"。按照该规定，受益人可能为多人，在此情况下出现部分受益人死亡的情形，其他受益人是否有权请求支付相应保险金？

《保险法》第 40 条第 2 款规定："受益人为数人的，被保险人或者投保人可以确定受益顺序和受益份额；未确定受益份额的，受益人按照相等份额享有受益权。"出现部分受益人死亡的情形，死亡受益人享有的保险金份额作为被保险人的遗产，部分受益人死亡不影响其他受益人继续享有保险金给付的权利，其他受益人应该按照合同规定的确定份额享有保险金请求权。而部分受益人死亡时，在没有被保险人或者投保人确定收益顺序和受益份额的情况下，全部保险金应由存活保险受益人平均分配。因此部分受益人死亡只是丧失受益资格，并不影响其他受益人受益资格。存活受益人当然可以平均分配全部保险金。所以，在部分受益人先于被保险人死亡时，存活的受益人仍然可以参与保险金的分配，并且，投保人或者被保险人可以约定受益顺序和受益份额，在没有响应约定的情况下，生存的受益人之间可对该保险金平均分配。

（五）受益人如果后于被保险人死亡的，保险金的归属如何？

受益人后于被保险人死亡的，即使是后一秒死亡，仍应受益该保险金，那么该保险金已经归属于该受益人，受益人死亡后，该保险金转化为受益人的遗产，由受益人的继承人予以继承，如果继承人有多个的，则在多个继承人之中平分。受益人的继承人应当以自己的名义向保险人主张对应的保险金，同时应当注意的是保险金请求的诉讼时效的问题，根据我国《保险法》第 26 条第 2 款的规定："人寿保险的被保险人或者受益人向保险人请求给付保险金的诉讼时效期间为五年，自知道或者应当知道保险事故发生之日起计算。"据此，受益人的继承人应当在知道或者应当知道保险事故发生之日起五年之内向保险人提请支付保险金。

（六）受益人与被保险人同时死亡的，保险金的归属如何？

如果保险事故发生在 2009 年 10 月 1 日之后的，受益人与被保险人同时死亡，不能区分谁先死亡的，则推定受益人先死亡，保险金归属于被保险人，该保险金属于被保险人的遗产，由被保险人的继承人继承。但是此时可能存在保险法与继承法相互冲突的情形，最高人民法院关于贯彻执行《中华人民共和国

继承法》若干问题的意见第 2 条的规定与《保险法》第 42 条第 2 款的规定相互冲突的情形，此时就需要法院根据具体案情判断。

如果该保险事故发生在 2009 年 10 月 1 日新保险法之前，则依据原保险法先判定死亡先后顺序，推定受益人与被保险人死亡之先后，然后按照继承法的规定确定该保险金的归属。

（七）针对受益人的继承人或者被保险人的继承人，保险人可以什么抗辩？

如前所述，受益人先于被保险人死亡的，有两种情形，在没有其他受益人的情形下，该保险金归属于被保险人的遗产，在存在其他受益人的情形下，生存受益人可以向保险人主张相应保险金额；受益人死亡在被保险人之后的，该保险金当然归属于受益人，只不过是受益人死亡，那么该保险金应当归属于其继承人。故无论是哪种情况，发生的结果只能是两种，即保险金归属于被保险人的继承人或者受益人的继承人，那么关于诉讼时效的规定，当然可以对抗各自的继承人。另外，保险人依法或依合同的主张的抗辩（如合同无效之抗辩、免责之抗辩）也可以对被保险人的继承人或者受益人的继承人主张，具体抗辩情况，在上一章有具体提及，再此不再赘述。除此之外，在实务中，保险人应当尽力注意，根据相关法律，确定保险金的具体归属情况，免受后续诉累。

第四节　结　语

作为保险当事人之一，受益人是保险制度中的重要概念，且仅适用于人身保险中。因此，受益人的指定或变更都由法律规制。

投保人在投保时可能会存在误解或者偏差而未指定受益人或者仅仅以身份来指定受益人。未指定受益人或者指定为"法定"或"法定受益人"时，受益人推定为其法定继承人，若仅仅以身份来指定受益人的，则可能会因为身份关系的变化而出现纠纷，因此，相对来说，投保人于投保时应指定确定的受益人为上上之策。

在人寿保险中，若能明确受益人的，受益人比被保险人先死亡且不存在其他受益人时，保险金由保险人的继承人继承；当部分受益人死亡而存在其他受益人时，保险金则在现存的受益人之间平均分配；若受益人在被保险人之后死亡时，则该保险金已经属于受益人而归属于其继承人所有；受益人与被保险人死亡先后顺序无法确定时，则先适用《保险法》解决保险金应属于谁的遗产，再适用《继承法》解决该项遗产的归属问题。

但是，在规则之下仍然可能会出现各种纠纷，受益人死亡后，受益人的继承人或者被保险人的继承人与保险公司之间或者继承人之间也可能会发生各式纠纷，继承人之间的纠纷往往根据《继承法》定分止争，继承人与保险公司的纠纷多借助于《保险法》，特殊情况下也可能会指向《继承法》。因此，虽然保险金并不属于遗产，但是在分配的过程中很可能参照遗产的分配标准与方式。